浙江师范大学非洲研究文库
非洲人文经典译丛
总主编 洪 明 刘鸿武
副总主编 胡美馨 汪 琳

# 面具之外：
## 种族、性别与主体性

# Beyond the Masks:
## Race, Gender and Subjectivity

Amina Mama
[英]阿米娜·玛玛 著
徐佩馨 许成龙 译

浙江工商大学出版社 | 杭州
ZHEJIANG GONGSHANG UNIVERSITY PRESS

图字:11-2018-293号

## 图书在版编目(CIP)数据

面具之外:种族、性别与主体性 / (英)阿米娜·玛玛著;徐佩馨,许成龙译. —杭州:浙江工商大学出版社, 2018.12

(非洲人文经典译丛 / 洪明,刘鸿武总主编)

书名原文:Beyond the Masks: Race, Gender and Subjectivity

ISBN 978-7-5178-3085-6

Ⅰ. ①面… Ⅱ. ①阿… ②徐… ③许… Ⅲ. ①非洲—历史—研究 Ⅳ. ①K400.7

中国版本图书馆 CIP 数据核字(2018)第275711号

Beyond the Masks: Race, Gender and Subjectivity 1st Edition / by Amina Mama / ISBN:9780415035446


**面具之外:种族、性别与主体性**

MIANJU ZHIWAI ZHONGZU XINGBIE YU ZHUTIXING

[英] 阿米娜·玛玛 著

徐佩馨　许成龙 译

**出 品 人**　鲍观明
**策划编辑**　罗丁瑞
**责任编辑**　张莉娅　姚　媛
**封面设计**　林朦朦
**封面插画**　张儒赫　周学敏
**责任印制**　包建辉
**出版发行**　浙江工商大学出版社
(杭州市教工路198号　邮政编码310012)
(E-mail:zjgsupress@163.com)
(网址:http://www.zjgsupress.com)
电话:0571-88904980,88831806(传真)
**排　　版**　杭州朝曦图文设计有限公司
**印　　刷**　杭州高腾印务有限公司
**开　　本**　880mm×1230mm　1/32
**印　　张**　11.125
**字　　数**　209千
**版 印 次**　2018年12月第1版　2018年12月第1次印刷
**书　　号**　ISBN 978-7-5178-3085-6
**定　　价**　36.00元

本书的版权购买和翻译出版获浙江师范大学外国语学院学科建设经费、浙江省“2011协同创新中心”非洲研究与中非合作协同创新中心支持。

# 总　序

非洲文学作为世界文学的重要组成部分，既拥有灿烂的口头文明，又不乏杰出的书面文学，是非洲不同群体的集体欲望与自我想象的凝结。非洲是个多民族地区，每个民族都有自己的语言。仅西非的主要语言就多达100多种，各地土语尚未包括在内。其中绝大多数语言没有形成书面形式，非洲口头文学通过民众和职业演唱艺人“格里奥”世代相传，内容包罗万象，涵盖神话传说、寓言童话、民间故事、历史传说等，直到今天依然保持活力。学界一般认为非洲现代文学诞生于19世纪末20世纪初，五六十年代臻于成熟，七八十年代形成百花齐放的局面，迎来了非洲文学繁荣期。这一时期的一大特点是欧洲语言（英语、法语、葡萄牙语等）与非洲本土语言（阿拉伯语、斯瓦希里语、豪萨语、阿非利卡语、奔巴语、修纳语、默里纳语、克里奥尔语等）文学并存，有的作家同时用两种语言写作。用欧洲语言写作是为了让世界听到非洲的声音，用本土语言写作是为了继承和发扬非洲本土文化。无论使用何种语言创作，非洲的知识分子奋笔疾书，向世界读者展现属于非洲人民自己的生活、文化与斗争。研究非洲文学，就是去认识非洲人民的生活历程、生命体验、情感结构，认识西方文化的镜像投射，认识第三世界文学、东方文学等世界经验的个体表述。

20世纪末，世界各地的图书出版业推出各区域、各语种“最伟大的100本书”，如美国现代文库曾推出“20世纪最伟大的100部英语作品”，但是其中仅3部为非裔美国人所创作，且没有一位来自非洲本土。即便是获得20世纪诺贝尔文学奖的非洲作家也榜上无名。在过去百年中，非洲作家用不同的语言，以不同的形式和风格，创作了不同主题的作品。尽管这些作品被翻译成多种语言在世界各国出版，但世界对于非洲文学的独创性及其作品仍是认知寥寥，遑论予其应有的认可。在此背景下，在出生于肯尼亚、现任纽约州立大学宾汉姆顿分校全球文化研究所所长的阿里·马兹瑞（Ali Mazrui）教授的推动下，评选“20世纪非洲百部经典”的计划顺势而出。津巴布韦国际书展与非洲出版网络、泛非书商联盟、泛非作家联盟合作，由来自13个非洲国家的16名文学研究专家组成的评委会从1521部提名作品中精选出“百部”经典，于2002年在加纳公布了最终名单。这可以说是迄今为止最权威的、由非洲人自己评选出来的非洲经典作品名单。

细读这一“百部”名单，我们发现其中译成中文的作品只有20余部，其中6部为诺贝尔文学奖获得者所著，11部在20世纪80年代（含）之前出版。许多在非洲极具影响力的作家不为中国读者所知，其作品没有中文译本，也没有相关研究成果。相对欧美文学、东亚文学，甚至南美文学，非洲文学在我国的译介与传播远远不足。

非洲文学在我国的译介历史可追溯至晚清，但直到20世纪50年代才真正起步。这既有文化方面的原因，也有政治方面的原因。非洲虽然拥有悠久的口头文学历史，但书面文学直到殖民文化普及才得以大量面世。书面文学起步晚，成熟自然也晚，在我国的译介则更晚。中华人民共和国成立以后，非洲国家逐渐摆脱殖民枷锁，中非国家建交与领导人互访等外交往来带动了上世纪五六十年代的非洲文学翻译热潮。当时译入的大部分作品是揭露殖民者罪恶的反殖民小说或者诗歌，这和我国当时的意识形态宣传需求紧密相关。70年代出现了一段沉寂。自80年代起，非洲数位作家获诺贝尔奖、布克奖、龚古尔奖等国际文学奖，此后，非洲英语文学、埃及文学逐渐成为非洲文学译介的重心。进入90年代以来，我国学界开始从真正意义上关注非洲文学的自身表现力，关注非洲作家如何表达非洲人民在文化身份、种族隔离、两性关系、婚姻与家庭等方面的诉求。非洲文学研究渐有增长，但非洲文学译介却始终不温不火，甚至出现近30年间仅有2部非洲法语文学中译本的奇特现象。此外，我国的非洲文学译介所涉及的语种也不均衡。英语、阿拉伯语文学的译介多于法语、葡语文学，受非洲土语人才缺乏的局限，我国鲜有非洲本土语言创作的作品译本。因此，尽管非洲文学进入中国已有数十年，读者对其仍较为陌生，“非洲文学之父”阿契贝在我国的知名度也远不及拉美的马尔克斯、博尔赫斯。

不了解非洲文学，就无法深入理解非洲文化，无法深入开展中非文化交流。2015年初，浙江师范大学外国语学院策划了“20世纪非洲百部经典”译介工程，并计划经由翻译工作，深入解读文本，开辟“非洲文学研究”这一新的学科发展方向。经过认真研讨、论证，学院很快成立了“非洲人文经典译丛学术组”，协同我校非洲研究院，联合国内其他高校与研究机构，组织精干力量，着手设计非洲人文经典作品的译介与研究方案。学院决定首先组织力量围绕“20世纪非洲百部经典”撰写作家作品综述集，同时，邀请国内外学者开办非洲文学研究论坛，引导学术组成员开展非洲经典研读，为译介与研究工作打好基础。

2016年5月，由我院鲍秀文教授、汪琳博士主编的近33万字的《20世纪非洲名家名著导论》出版。这是30余位学者近一年协同攻关的集体智慧结晶，集中介绍了14个非洲国家的30位作家，涉及文学、社会学、人类学、民俗学、哲学等领域。同年5月，学院主办了以“从传统到未来：在文学世界里认识非洲”为主题的

“2016全国非洲文学研究高端论坛”，60余名中外代表参会。在本次会议上，我们成立了“浙江师范大学非洲文学研究中心”——这也是国内高校第一个专门从事非洲文学研究的研究机构。中心成员包括校内外对非洲文学研究有浓厚兴趣且在该领域发表过文章或出版过译作的40余位教师，聘任国内外10位专家为学术顾问，旨在开展走在前沿的非洲文学研究，建设非洲文学译介与研究智库，推进国内非洲文学研究模式创新与学科发展。

与此同时，我们从百部经典名单中剔除已经出版过中译本的、用非洲生僻语言编写的，以及目前很难找到原文本的作品，计划精选40余部作品进行翻译，涉及英语、法语、阿拉伯语、葡萄牙语与斯瓦希里语等多个语种，将翻译任务落实给校内外学者。然而，译介工程一开始就遇到各种意想不到的困难。仅在购买原作版权这一环节中，就遇到各种挑战。我们在联系版权所属的出版社、版权代理或作者本人时，有的无法联系到版权方，有的由于战乱、移居、死后继承等原因导致版权归属不明，还有的作品遭到版权方拒绝或索要高价。挑战迭出，使该译介工程似乎成了“不可能完成的任务”。但我们抱着“20世纪非洲百部经典值得译介给中国读者”的信念，坚持不懈，多方寻找渠道联系版权，向对方表达我们向中国读者介绍非洲文学和文化的真诚愿望。渐渐地，我们闯过一个又一个看似不可能闯过的难关，签下一份又一份版权合同，打赢了版权联系攻坚战。然而当团队成员着手翻译时，着实感受到了第二场攻坚战之艰难。不同于大家相对较为熟悉的欧美文学作品，中国读者对非洲文学迄今仍相当陌生，给翻译工作带来巨大挑战。在正式翻译之前，每位译者都查阅了大量的资料，部分译者还远赴非洲相关国家实地调研。我们充分发挥学校的非洲研究优势，与原著作者所在国家的学者、留学生，或研究该国的非洲问题专家合作，不放过任何一个疑惑。译介团队成员在交流时曾戏称，自己在翻译时几乎可以将作品内容想象成电影情节在脑海里播放。尽管所费心血不知几何，但我们清楚翻译从来都不可能尽善尽美，译文如有差错或不当之处，我们诚挚邀请广大读者匡正，以求真务实，共同进步。

在中非合作越来越紧密的今天，人文领域的相互理解也变得越来越迫切，需要双方学者进行全方位、多角度、深层次的系统研究。我们希望在中国文化走向非洲的过程中，也将非洲经典作品引介给中国读者。丛书的出版得到了浙江师范大学非洲研究院的大力支持，长江学者、院长刘鸿武教授是国内非洲研究领域的领军学者，对本项目的设计、推进提供了十分重要的指导意见，王珩书记也持续关心工作的进展。杭州电子科技大学非洲及非裔文学研究院院长谭惠娟教授在本项目设计之初就给出了宝贵的指导意见。借此机会，我代表学院向他们一并表示衷心的感谢！

“非洲人文经典译丛”的出版是我们在非洲文学文化研究的学术道路上迈出的第一步。随着我们对非洲人文经典作品的译介和研究的深入，今后将会有更多更好的成果与读者见面。谨希望这套丛书能够为中国读者了解非洲文化、促进中非人文交流尽一份绵薄之力。

浙江师范大学外国语学院院长

洪　明

2017年12月于金华

致阿比安和努如德丁，给你们无限的爱

# 致谢

首先感谢所有与我交流对话的女性，我的理论建立在她们陈述的基础之上。同时我也要再次感谢我的父母兄弟，以及在我动笔撰写论文并在此基础上发展成如今这份修订稿的过程中以各种方式给予我帮助的朋友。我要特别感谢我的导师温迪·霍尔维（Wendy Hollway），是她帮助我将各种想法条理化、具体化；还有瓦莱丽·沃克戴恩（Valerie Walkerdine），是她建议我将论文扩展成一本专著，并且坚信我的智力才能，耐心地等待多年直到我最终完稿。另外，我也特别感谢亚巴·巴窦儿（Yaba Badoe），夏尔曼·佩雷拉（Charmaine Pereira），帕特里夏·默罕默德（Patricia Mohammed）及库姆-库姆·布哈瓦尼（Kum-Kum Bhavani），他们在多个章节的早期版本中给出了建设性的意见，感谢塞西尔·古兹莫尔（Cecil Gutzmore）提供加维罗尼归档工具（Garney-Roney Archive），还有派特·黑沃德（Pat Haward），在审稿和校对阶段给予了我无私的帮助。最后，我也要感谢我的丈夫，是他的坚强和温柔支撑着我，直到最后一周我将书稿付梓并诞下爱女。毋庸置疑，其他任何人无须为文中的缺漏和错误承担后果，那都是我一个人的责任。

阿米娜·玛玛

# 目 录

/ 第一章

# 引　言

《面具之外：种族、性别与主体性》是一项探索主体性建构的研究，提出了主体性形成过程的理论解释。这是通过对黑人主体性的双重研究来进行的。本书的前三章致力于科学心理学对黑人主体的解构，余下章节则阐述了一种理论方法，用以探讨后殖民时期特殊的黑人主体性建构。

我首先研究了西方学术成果，尤其是心理学在历史上是如何一成不变地贬损黑人来建构黑人主体，从而支持白人至上的政权的。我认为主流心理学（白人主导的心理学）和黑人心理学[1]对后启蒙时期心理学假想的依赖可以用于解释狭隘而简化的“黑鬼”“黑人”概念，这一假想将人类主体视为理性、单一和固定不变的实体。殖民地居民的主体和白人主导的关于非洲人和黑人的心理学话语经解构，揭示了这些主体和话语显然不是客观的事实，而是更广泛的社会条件和不平等权力关系的产物，体现了白人至上主义的论调和惯例。我进而研究了当代美国黑人心理学家发展的新身份理论。我认为这些理论已经为修正心理种族主义做了很多，但仍局限于经验主义范式。

紧接着，运用源自后结构主义和心理动力学理论领域最新进展的概念性工具，我着手开发一种与众不同的方法，探究历史上被种族化的身份并将其理论化。我使用的是主体概念而非心理学术语“身份”和“自我”，表明我并不认同将心理和社会看作两个完全独立领域的二元论观点，即一个本我，一个超我。相反，由于存在着一种相辅相成的递归关系，我认为二者都处于不断形成和变化的过程中。主体是概念化的这一观点贯穿于这项研究，但出于介绍的目的，在此值得一提的是，术语的使用我是沿袭《改变主体》（*Changing the Subject*）[①]一书，这是后结构主义心理学的开篇之作。在这里主体性用来指代“个性和自我意识——成为主体的条件”（Henriques et al.，1984: 3）。威登将此概念及其用法简洁地阐释如下：

① 该书于2004年出版，*Changing the Subject:How the Women of Columbia Shaped the Way We Think About Sex and Politics*（《改变主体——哥伦比亚地区女性如何塑造了我们思考性别与政治的方式》），作者是罗莎琳德·罗森堡（Rosalind Rosenberg)，哥伦比亚大学巴纳德学院历史学教授，20世纪美国妇女史专家。

> “主体”和“主体性”这两个术语是后结构主义理论的核心，是对人文主义“个体”概念的重要突破，而后者在西方哲学、政治和社会组织中仍占据着中心地位。“主体性”用来指称个体有意识和无意识的思想情绪，是个体自我感悟的意识及理解个体与世界关系的方式。后结构主义提出的主体性概念是不稳定的，矛盾的和发展着的，不断产生于每次我们内心思考或口头表达的话语中。
>
> （Weedon，1987: 32–33）

通过案例我研究了20世纪80—90年代英国当代黑人妇女如何在特殊的社会背景下构建自身主体性的方式，以及她们所经历的种族和性别之间的矛盾在其个人发展过程中产生的作用，在此调研基础上得出主体性的产生过程。我的做法是观察她们在历史上和社会中使用过的材料，研究她们是如何创造性地进行转变的，尽管仍受到历史上强加于生活在西欧的黑人妇女头上的某些言论的影响。通过对大量黑人妇女的主体性的探索研究，我开发应用了一种主体性的理论方法，即从本质上不假定主体是单一静态的对象，而将其视为多变、动态的，在自我调整和矛盾不时出现的社会关系发展过程中得以持续产生的。

从认识论的观点来看，一切知识均有社会性。因此不存在与价值无关的社会理论，而且知识严谨这一目标的最佳实现方式不是标榜客观，忽视作为智力工作基础的价值观，而是承认承诺、动机和条件在目标实现过程中极有可能发挥了作用。抱着这一宗旨，我着重研究了影响本书创作的一些社会变化和理论变化。

## 黑人政治，黑人女性主义

在工党赢得大伦敦议会控制权的前几年时间里，作为本书创作重点的黑人奋斗舞台已经演变成了黑人政治运动，虽始发于外，但之后便涌入院校及管理机构。

参与黑人妇女运动极大地提高了我对事实的认知：身份问题其实是20世纪70年代末80年代初黑人种族和妇女政治的中心。1979年抵达伦敦以后，为了解我所生活的伦敦南部社区的种族与性别动态，我加入了离我在布里克斯顿（Brixton）中心的出租房最近的组织，当时被简单地称为“黑人妇女组织”（BWG）。

20世纪60年代末70年代初黑人权力运动组织如雨后春笋般在伦敦涌现，布里克斯顿黑人妇女组织（正如后来为人熟知的那样）由当时参与其中的妇女在1973年组建，成了最早成立的组织之一。黑人运动中涉及的性别压迫问题激怒了当时的妇女，20世纪70年代初，在决定成立自治组织表达黑人妇女的诉求之前，她们便开始召开内部核心成员会议。随后，因妇女解放运动（WLM）不愿直面阶层内外的种族主义现状，对此颇为失望的妇女便逐渐加入了这些组织。紧接着，黑人妇女组织在英国各地都被组建了起来。除了上述基于社区的组织，很多居住在英国的黑人妇女活跃于一些国立组织中，如民盟妇联（ZANU Women's League），厄立特里亚和埃塞俄比亚妇女研究团体（Eritrean and Ethiopian Women's Study Groups），黑人女性南非联盟（Black Women's Alliance of South Africa）等。

1978 年 2 月首次会议之后，非洲和非洲裔妇女组织（OWAAD）——一个全国性的联盟组织正式成立，致力于优先处理非洲和加勒比黑人妇女问题。OWAAD 中央委员会发送了一条时事通讯“FOWAAD!”，将各类新出现的当地黑人妇女组织召集在一起举行年度会议。在地方一级，黑人妇女组织了政治运动和文化活动，并通过建立妇女中心，开设咨询热线，成立受虐妇女保护所等方式为团体成员提供服务。在所有这些活动的过程中，许多妇女经历着自我发现和改变，以多样方式找寻着自己的身份，其中的一些案例将在第四到第八章中详细说明。在集体层面，通过竞选工作和一些学习、增强自我意识的活动，大家的政治意识得以增强。例如，早在 1981 年，布里克斯顿黑人妇女组织（BBWG）就阐明了自己作为女权主义一分子的立场，相关言论记录于刊登在集体通讯《畅所欲言》（*Speak Out*）上的一篇立场声明中：

> 黑人妇女的状态将我们置于种族压迫、性别歧视和

> 经济剥削等各种形式社会迫害的交集点。这意味着兼具黑人和妇女双重身份的我们很自然地必须参与到各类纷争之中。我们之所以被称为黑人女权主义，正是基于对性别、种族和阶级压迫的理解及我们的斗争是解放所有遭受各种形式压迫的人民这一更大斗争的重要组成部分的认识。
>
> （BBWG，1981）

黑人妇女运动早期历史及其在广泛的反种族主义、反性别歧视斗争中的积极参与有迹可循（BBWG，1984a；Bryan et al.，1985；Williams，1993）。还未得到充分探讨的是为何身份问题在黑人妇女运动中会成为纠纷不断的焦点。该运动倡导团结理念，然而其本身面临各阶层文化和政治的多样性。这一多样性逐渐削弱了黑人一体化的政治诉求和团结自主地开展黑人女权主义运动的理念，也是导致OWAAD在1983年，成立仅5年时便解体的因素：

> 要整合这么多复杂多变的因素，特别是在缺乏基本立足点和对每一特殊组织的具体认识的情况下，任务是十分艰巨的。
>
> （BBWG，1984b）

在同一份声明中，详细记录了产生这一难题的各种起因。首先，这些分散组织里的妇女对彼此知之甚少且互相抱有历史成见，要实现非洲联合和维护加勒比黑人利益的预定承诺本就困难重重。毕竟，直到后来随着黑人研究的发展，非洲和加勒比血统的人才像西方人一样有了对来自同一殖民地和种族教育体系的彼此有了一定认识。主张“客观现实”的团结一致并没有在多样的主体现实和带有英国黑人团体特征的政治优势的驱使下，自觉地建立起一个联盟。

在第一年内，该组织开始关注在英国的生活现状，到这个时候，大约有一半的非白人人口来自亚洲。1978年末，非洲和非洲裔妇女组织更名为亚非裔妇女组织（Organisation for Women of African and Asian Descent），它承诺将团结加勒比黑人妇女和亚洲妇女作为其核心原则之一。随着这一焦点的转变，情况发生了其他的变化。以1978—1982年召开的年度全国会议为例，与反帝国主义和非洲民族解放斗争相比，亚非裔妇女组织成员对英国反种族主义和女性主义倾注了更多的关注。虽然这可能在政治上有很大的意义，但它未能解决其成员在文化历史差异性方面遇到的难题。人们高度关注特定历史，对探索文化根源的兴趣也越来越大，因此在政治公共性被坚决拥护时，身份的差异就逐渐被发现了。黑人团结和姐妹情谊的政治主张是伴随黑人妇女作为单一身份类别[2]的产生而产生的。

1981年4月和7月市中心的动乱扩大了黑人妇女运动的影响，一场由各种矛盾冲突而导致的大爆发近在眼前。伴随这些运动而来的是大规模的逮捕和激烈的团体对抗，亚非裔妇女组织最大的成员组织BBWG在布里克斯顿防御战役中投入了很大的精力：在法院和警察局抗议，反对斯卡曼调查[3]，支持在这次动乱前后受到压迫和不公正法律监管的男女。

和大伦敦市政会提供社区资源一样，这些事件也发生在市政社会主义的早期。这导致了一些针对组建、管理黑人妇女相关的实践活动，而不是政治活动和竞选工作的思考。除了少数例外，许多激进组织可以说已经变得越来越“突出”，也就是说，在这一时期，他们被吸收进了受资助的公益项目管理工作中。成为资助项目的其中一个结果是积极分子成了志愿者；在社区服务及同资金接管相伴而生的官僚主义工作的牵引下，他们可以用于脑力和政治活动的时间便减少了。

到1982年，亚非裔妇女组织的状态下滑，中央委员会不再团结一致，成员组织更加关注当地社区而不是国家或国际政治，从而导致了这一组织的衰落。事后，我们可以看出黑人妇女运动的历史重要性在于它创造了一个新的话语空间，在此空间内许多黑人妇女能够分享和探索她们的身份，通过集体的方式发展她们的政治意识。至少在英国，黑人女权主义最先在该运动[4]中出现。

亚非裔妇女组织消失后的很长一段时间里，在黑人社区，随后在更广泛的社会内，新的文化形式和社会身份在不断地产生。

这一新兴运动面临的很多困难涉及身份与政治间的关系、个人主体性与其公开身份间的矛盾。“个人的便是政治的”这一有影响力的女权主义口号，通常被解读为人与人是相同的，因此，如果一个人能有正确的政治分析，那么其他人也可以有。历史已经证明，没有什么可以比真理走得更远。以一种严谨认真的方式采用政治修辞和象征手法，无疑能改变一个人。

20世纪70年代末和80年代初，是一个与阶级、种族和性别问题紧密联系的时期。类似的进程发生在欧洲少数民族的反种族主义斗争中。这些新得到的后殖民身份是动态的和变化的，并且迫使欧洲身份得到更广泛的复议。不久，许多国家便重新评估种族和民族之间的关系（Gilroy，1987)。新的黑人身份在压迫与反抗的新形势下诞生了。英国正处于一个政治运动的时代，其中包含反对严厉治安和针对多例在押黑人青年死亡的抵抗运动，在入境口岸进行的反移民抗议及在声名狼藉的场所钓鱼袭击。社区团体也在教育体系、住房、健康福利服务和就业市场方面组织了反种族主义运动。在各种各样的社区组织中，人们试图重新定义自己，阐明作为在英国的黑人意味着什么，并要求他们作为英国公民的权利。在这些斗争中，黑人还试图以自豪和自信，而不是自卑和病态的方式，重新定义自己和自己的文化。政治变革被视为一种生活现实，个人和文化变迁则被视为种族平等社会大转型中的一个组成部分。

20世纪80年代早期，黑人身份的主张体现在后殖民时期大都市反对种族主义和白人至上斗争的心理和文化层面，这一斗争不仅包含非洲的解放运动，也包含在野兽腹部——帝国中心地带进行的斗争[5]。比这更重要的是，黑人身份的前后衔接是要将其改造成一种不同的人种——改变个人对自己在世界上所处地位的认知，构建新的主体性，否认几个世纪积累的消极观念。

在20世纪80年代，我在伦敦的黑人社区发生的变化是我自己不断增长的政治意识的一部分，并影响了这项研究的方向和主题，成了其内容的一部分。后几章所提出的主体性分析和理论依据是在研究文化和个体持续变化过程的基础上得出的，这些变化在个体、集体和社会层面同时发生着。

## 女性主义的出发点

20世纪70—80年代，女权主义理论和研究的兴起发展，以及黑人与主流女性主义之间的特殊关系，是《面具之外：种族、性别与主体性》一文受到的另一个重要影响。在最广泛意义上，妇女解放的认同是这项研究的核心，跟我之前讨论过的反帝国主义和反种族主义承诺一样重要。在智力层面上，这意味着要找到一种方法，一种不会繁衍出种族或性别方面的新分支，干扰对我的研究对象群体的现有认知的方法。

我把整个项目立足于黑人妇女的经历上，不仅是因为我自己是一个黑人妇女和女性主义者，还因为这似乎是一个较好的方式来纠正延续至现有社会理论中的种族和性别的不平等，特别是在身份和主体性方面的工作。因此这一作品是以黑人妇女为中心创作的。我早期的文献调查表明，黑人心理学家和女权主义者都同等程度地忽略了黑人妇女。因此，在前三章中讨论的历史材料揭示了不作为的第一个过错。黑人妇女的不受重视，表明在知识生产领域弱势群体大多处在一个更为边缘化的境地。三章之后，我们离开对早已存在的话语的探讨，进而发展出一种有关主体性的非传统理论，在此之后，黑人妇女占据了中心舞台[6]。

女性主义认同影响了理论和实践的方法，这些方法是我在20世纪80年代初以其他的一些方式采用的，值得一开始就提出来。近10年来，女权主义理论和方法论有了巨大的发展。其中的一些发展与我在论文开头采用的方法有异曲同工之妙，也有一些在关键点上有所不同。因此，这里所讨论的，我在1982年提出的立足点，是与女权主义理论体系在理论和方法上取得的进展相关的，这些进展对任何想要研究或思考主体性的人来说意义重大。我所定义的方法论包括理论和方法两个方面，二者密切相关，但在这里我关注的是女性主义政治和源于政治的女性主义理论方法。我从黑人和女性主义政治理论的认同中得出的研究方法，其实际步骤将在第四章中详细阐述，我自己的主体性理论也会开始阐发。

女性主义理论总是发源于女性主义政治。女性主义者看待世界的角度反映了一些理解世界的新方法，使女性遭受冲突、矛盾和压迫的经历变得有研究价值。女性主义学者已经找到了一些方式，来阐发男权、女性特质、男性特质、性征与主体。它一直强调女性经验在政治和理论发展上的重要性。在政治层面上，这意味着通过女性组织的集体发声，来建立个体政治。也就是说，这意味着将妇女定义为一个社会群体，这个群体遭受着男权压迫，面临着维护自身利益，寻求自我解放的艰巨任务。20世纪70年代的口号“个人的便是政治的”提出了一个集体号召，让女性聚集起来，分享各自的经历，她们发现：许多她们个人生活中最棘手的问题也是其他女性在生活中同样面临的问题，这些问题不能说是个例或个体失败，而是压迫着女性的社会体制的产物。克莉丝·威登（Chris Weedon）是这样说的：

> 大多数女性主义者认为理论和实践之间是完整的关系链。在个体政治中，妇女的主体性和日常生活经历成了重新定义男权制意义和价值的场所，以及她们对此反抗的缩影，由此开始，女性主义产生了新的理论视角，在该视角下可以批判特权，可以构思新的可能性。
>
> （Weedon，1987：6）

不久，世界范围内的妇女组织形成了大量女性主义世界观，多角度的女性主义理论也相伴而生。

特别地，女性主义理论已经试图挑战男性对学术界及知识生产过程的控制权。女性主义者认为，这种男性统治影响了知识生产的类型，带有男权色彩而且以偏概全。出现这种批判的一个主要因素是性别假设巩固了社会理论且带有男权特征。

女性主义知识分子都强调理论对女性的忽视和缺乏关心，并指出那些宣扬人道的理论已经不适用于女性了。女性主义哲学家已经注意到一个事实，即由“男人都是科学家”观念表现和发展起来的社会理论，其核心单一理性主体是男人。社会理论虽然声称是客观的，但已经充满了男性的假设。换句话说，普遍主义者对知识的诉求已经变得特殊化和部分化了。女性主义理论也因此挑战了现有社会理论的普遍性及其宏伟意义。补充一句，这里值得一提的是，不单单是女性主义理论家否认社会世界宏大理论的可行性，其他许多人也认为，理论在历史和文化上是特殊的，是植根于社会现实的（Glaser，Strauss，1967）。这也是后现代主义的一个中心原则。并非所有的女性主义者都拒绝宏大理论，很多人都提出了自己的宏大理论，其前提都是以单一的女性主体取代男性主体。

很多人认为没有一个理论是价值中立、不偏不倚的，因此男性科学家的客观性主张就被视为谬误而遭到拒绝。男性科学家和理论家被指责自认为对社会世界有一个“上帝的视野”，而事实上，他们不可避免地是社会世界的一部分：

> 客观性其实是特别明确的具象，绝不是能超越一切界限和责任的错误幻象。
>
> （Haraway，1989：582）

在这一最普遍的层面之外，还存在着许多不同的建议。

一些人不接受理论和理性概念，将其视为典型的男性思维方式及用于压迫女性的手段而不予认同。（Daly，1979；Griffin，1984）一些人认为我们需要不同的方法和概念，用罗德的话说，大师的工具不能用于拆除大师的房子（Lorde，1984）。作为一个必然结果，这些思想家主张，女性如果要把自己从男权制中解放出来，必须采纳和发展一种本质上不同的女性主义的思维和交流方式。一些人非常反对将理论作为男性对抗女性的手段的全部观念，他们认为女性的经验构成了知识生产最好的基础，任何理论都没有必要调节经验和知识之间的关系（Stanley，Wise，1983）。

偏理论派的女性主义思想家选择“不把婴儿和洗澡水一起泼出去”。相反，他们重新定义了科学和客观性的全部概念。这一思想学派是革命性的，因为它改变了整个知识观念，将其从空洞的或纯客观的真理观中解放出来，而且认为知识生产是可以被提高的，更广泛的客观性是可以被实现的，只要我们承认知识不是绝对的和通用的。哈拉维在下述措辞中表达了这一点：

> 女性主义客观性是关于有限的场所和特定的知识的，而不是客体和主体的超然性和分裂性。它使我们可以明白自己学到了什么，如何去看待事物。
>
> （Haraway，1989：583）

早期的女性主义理论，例如早期的女性主义政治认为，女性的存在是有着共同而明确的利益和目标的。作为早期女性主义话语核心的女性主体是波伏娃（Beauvoir）、费尔斯通（Firestone）、格林·米利特（Green Millet）等人的作品中描述对象的典型对立面，是一个男性主导和在男性欺压下的单一主体。社会由父权制主导，为实现妇女主体共同利益而组织起来的单一运动会成功地将女性从男性统治和压迫中解放出来。20世纪70年代的主流女性主义显然是乐观、自信的，它坚信由一个共同的事业而团结起来的坚强的女性，将挑战和摆脱男性统治。跨社会科学学科的女性主义理论家以普遍主义者的笔写道，他们发表的言论无论是有关心理的还是有关经济的，总是论述有力且充满政治影响力地假定女性和女性压迫的整体观念（Barrett，1980；Chodorow，1978；

Gilligan，1982；Mitchell，1974）。

然而，到了20世纪80年代，在一些前沿阵地，事情不再那么简单了。即使在其内部，女性主义也不是一个解放女性的单一方法，而是一系列不同的政治和理论视角，每一个视角以不同的，有时甚至矛盾的方式来看待世界和女性压迫，以及什么才是解决这一问题的最好策略。在女性主义学术领域，这一点也很明显：单一的女性主义世界观或方法论是不存在的，就像在女性主义研究的早期文本中所陈述的那样（例如Stanley，Wise，1983）。总体上，女性主义话语并没有像之前所想的那样是统一的，由此推论，位于其中心的女性主体被证明并非所有女性的代表。在社会主义者、自由主义者和激进的女性主义者之间，以及异性恋和女同性恋女性主义者之间已经存在很大的争论。如今黑人和白人女性主义者之间的矛盾浮出了水面。

我已经指出，黑人女性主义政治的出现是为了纠正业已存在的黑人和女性运动的不足，二者要么强调种族，要么强调性别，因而忽视了那些感到自己同时是这两种运动的一分子的群体——黑人女性——的经验与利益。黑人女性对白人女性主义者的不满，就像对黑人男性一样，是可能引起彼此关系破裂的。双方（白人女性与黑人男性）都试图行使他们对黑人妇女的霸权，他们也非常注意维护彼此的团结和关注点，而这些正是他们的政治说辞所紧紧依靠的。将自己定义为男性压迫的受害者后，白人女性很快发现，她们也可能被指责为压迫他人，这真是令人难以置信。她们最初对黑人女性公然尝试挑战白人占优霸权的反应是高度警惕的并且有时是带有对抗性的。一些人继续无视有关种族的所有问题，将其视为是黑人妇女应该去解决的，一些人仍然无法接受女性主义者也可能是种族主义者这一事实[7]。

但现在很显然的是，黑人女性的主观经验和政治利益与那些妇女解放运动中的多数白人女性的关注点是不同的。有时这些利益是共通的，但更常见的是黑人女性和白人女性的利益不仅不同甚至相反。20世纪80年代初，卡比（Carby，1982）已经能详细阐述这些不同点了。当白人女性为争取堕胎权利而斗争时，很多黑人女性未经同意就被注射了避孕药水，造成生殖能力大大下降甚至不孕不育。虽然许多黑人女性同样需要堕胎权利，但她们更想要能生出和抚养健康的孩子的能力。这一争取堕胎权利的呼声响彻大西洋两岸，最终使争论转移话题，成了国际女性主义者为争取“生殖权利”的斗争，这一斗争将满足女性的需要，使她们能自由地选择，掌控生殖能力的方方面面（Davis，1982: 202–221）。

与此类似，当白人家庭主妇正为工作权利斗争时，常常作为家庭唯一经济支柱的黑人妇女正遭受长期过度工作、被剥削和低报酬就职（Mama，1984）的压迫。对女性与工作的争论及对国内劳动条款的争论焦点已经完全被黑人女性与和所有发达国家、发展中国家的工作女性的处境改变了。

类似白人女性解放运动是如何定义性征的问题也出现了，特别是那些作为女性遭受压迫的根源的色情文学和男性暴力的问题。种族主义话语早已将黑人男性视为暴力强奸犯，而黑人女性正面临这种危险。黑人女性也意识到自己遭受的性剥削，但同时发现有必要去反对将黑人男性视为侵犯女性的原型这样的种族主义话语。黑人妇女很难理解那些将暴力男性化的理论，因为她们知道黑人男性自己经常遭受性虐待和侮辱，虽然他们常常被描述为纵欲过度者。在大西洋彼岸，非洲裔美国女性正关注私刑和黑人男性阉割的历史，以及白人男女在将黑人男性塑造成性暴力野兽的情况（Davis，1982，1990）。在性别领域，激进的女性主义者认为“女性主义停留在理论上，女同性恋才是实践”，这一观点使很多致力于改善自己与黑人男性的关系而非以女同性恋身份面世的黑人女性大为不满。因此，黑人女性开始创建一个非种族主义的空间，以解决非常现实的问题，即黑人女性在男性压迫下遭受的性别关系不平等、虐待和性剥削[8]。

在国际论坛上，来自非洲、亚洲、拉丁美洲和加勒比海地区的女性冲击着西方白人女性主导的局面，挑战这种帝国主义般的统治，并以一定的方式表达自己的关切。女性主义是更先进的西方女性所拥有的、可以在全球姐妹情谊的运动中告知其“社会地位低下的姐妹们”的这一观念在《联合国妇女十年》和之后的研究中受到全面挑战，这些研究记载了世界上许多不发达地区女性反抗男权统治的悠久历史；大量研究揭露出女性主义观念是完全白人化的西方产物（Jayawardena，1986）。在20世纪80年代初我创造了“帝国女性主义”这个词，这个词是为了表明白人女性大多否认自己在历史上参与过殖民统治和对黑人的种族统治，甚至否认自己曾参与解放女性的斗争，也是为了更多地去除国际妇女运动中的帝国主义元素（这一方式被Amos和Parmar采用）。

在认识论层面上，尽管摒弃了白人假设，作为女性主义理论核心的西方女性主体仍旧不是一个轻松的话题。以非西方女性主义者身份写作的莫汉蒂（1988）曾指出，女性主义认识论的话语主体仍旧是西方女性，因此非西方女性被划为一类，称为“第三世界妇女”，她们再次被提及，而不是自我发声。她强调了这对女性主义研究的影响：

> 西方女性主义者就成了反历史的真正“主体”。在另一方面，第三世界妇女，从来没有突破她们“客体”地位变弱的普遍性特征。
>
> （Mohanty，1988: 80）

一些女性主义思想家已对非西方女性主义者的批评做出回应，主张女性思想应该来自最弱小的女性团体，因为她们现在有了自己的少数女性精英。更宽泛的客体性，不仅是一个理解知识情境性和位置性特征的问题，更是一个扭转现状的问题，以便于从最受压迫的角度看待世界。这种观点赋予了那些处于被压迫和被边缘化的社会地位的民众认知的特权（Haraway，1989；Harding，1991）[9]。

纳拉扬（Narayan，1989）将非西方女性的“认知优势”归因于一个事实，即她们常常同时处于多个环境，占主导地位的群体成员难以形成。认知优势是历史上不平等的结果，将西方世界观强加给非西方民众，而逆向传输从未发生。她继续指出，多重经验并不一定意味着一个人打算批判性地处在两个环境中，更多的时候，面临这种情况的人会压抑一个方面，以更舒适地生活在这个或那个环境中，因为这两个环境往往是不兼容的。或许他们选择性地将自己的生活一分为二，因此他们在一些活动领域表现得“西方化”，在另一些活动中则较为“传统”。对于那些进退两难地生活在两个世界的人，纳拉扬警告说，他们可能要付出无归属或同时疏远两方的代价，这或多或少可以是一种瞬息万变的感觉，也可以是压倒性的和消极的。

在这项研究中，我认为都市生活是多样性的而不是二元的，大多数人同时处于多个而不是一个环境中，因此这成了后殖民世界的正常状态。在这个世界上，不存在摩尼教和用以平衡西方与非西方的二元殖民框架所假定的不变或静态的环境。相反，文化和社会条件正不断发生着变化和交流。在这样的背景下，有必要在脑力劳动中动用丰富的想象力，使多样性的观点在研究实践与理论建设中得以具象化。

到20世纪90年代初，女性是一个整体范畴的观念不再在活动家中占据主导地位，当代女性主义理论（例如，Butler，1990；Nicholson，1990）如今不断质疑早期女性主义中的单一主义和民族中心主义的前提。这不仅仅是黑人和非西方女性主义干预的结果，也是受到了后结构主义思想的影响。在这里作为西方哲学核心的同一主体观念也受到质疑。男性和女性，黑人和白人，西方和非西方的二元对立，在有着黑色欧洲人、白色非洲人及各种文化、种族和哲学混合的后殖民世界也被认为是不充分的。

作为一个兼具非洲和欧洲、黑人和白人的教育与成长背景的女性主义者，同时和其他许多地方和许多民众有着密切的关系，我总是可以摆脱所有这些二元论的影响。在这一作品中，我以知情人和局外人的眼光来审视历史上出现的“黑人女性”类型，看到了个体之间和内部的多样性和差异性，以及在潜在的无限可能性的驱使下致力于构建连贯性和共性的努力。

总结这次讨论，我们可以说，女性主义者都认为主观经验是重要的、有效的，女性经验在社会分析和理论中应该被严肃对待。他们这么做，是在向客观对主观的二元对立性和统一普遍的观念发起挑战。对女性主义理论家来说，更多地关注研究过程中的主观因素就可以确保更多的客观性。当研究人员是受压迫组织的成员时，客观化便使现有的权力关系和现实定义得以巩固，使人们顺从于压迫。女性主义和反帝国主义的理论家们因此坚持认为，从属组织有权阐明他们的现实处境，成为主体，而不是知识生产过程中的客体。在这个过程中，涵盖黑人和白人、西方和非西方、男性和女性的二元框架被证明并不足以解释后殖民现实的复杂性。从女性生活开始谈起，也即从所有女性的生活谈起，这意味着承认女性的多样性，拒绝接受绝对主义和基础主义理论以寻求揭示新的知识和真理。

这本书是讲述历史的和个人的经验在主体性建设中的中心地位的。然而，我认为仅仅描述经验还远远不够。这项研究参与者的具体经验，并不是所有妇女的经验，仅凭这一点，除参与者以外的人想要了解这本书的话，主体性形成的大致过程就需要被理论化。换言之，我同意这样的观点：

> 单纯地依靠经验是不够的……我们需要一个涉及经验、社会权力与阻力关系的理论……该理论必须能够通过揭露其起源，阐释其与社会物质实践、与初始权力关系的方式来解决女性经验问题。
>
> （Weedon，1987：8）

在某种程度上，理论化就是概括化。我开始针对个人、社会组织成为主体的过程及黑人在战胜种族主义言论的过程中个人、集体所采取的方式做出一些概括。在我描述、分享经验信念的驱使下，我开始创建理论，但即便它可能十分丰富和重要，也不足以改变压迫性的社会关系。

**尾注：**

[1] 黑人心理学是指欧洲和北美洲的黑人心理学家进行的心理学研究。黑人心理学家把黑人心理学从白人主导的主流心理学中区分了出来，以普遍关注黑人中心视角的发展，黑人群体需求和群体利益的阐明，以及他们所采取方法中的反种族主义（见第三章）。

[2] 英国黑人女性，这种单一的身份类别在《种族的核心：黑人女性在英国的生活》中是显而易见的。三位作者在整个叙述中使用“我们”这个词来指明黑人女性的集体身份。然而，事实上，具体来说其是指黑人女性的“非洲—加勒比”小团体，在加勒比海有其历史根源（Bryan et al.，1985）。

[3] 斯卡曼调查是关于布里克斯顿骚乱起因的官方调查，由斯卡曼勋爵主持，在当地社区许多人看来，是为掩饰警察暴力和种族歧视问题的一种尝试，而这些才是真正的起因。

[4] 应该说，不是所有的黑人女性都接受“女性主义者”的称呼，一些人更喜欢艾丽斯·沃克（Alice Walker）的“黑人女性主

义者”的说法，也并不是所有的人都愿意被称为“黑人”，一些人更喜欢“有色女性”这一源自美国的称谓。

[5] 杰姆斯和哈里斯（教育专家）1993年出版了另一部有关英国这一时期的具有研究价值的作品。

[6] 在这本书的结构方面，第二章和第三章仅对女性进行了心理话语测试，但事实上，已经出现了许多女性主义批评，有关女性心理学的书籍也越来越多，而在黑人和殖民地人民心理学建设方面的进展一直较慢。女性主义作品和殖民统治研究一样，是忽视种族、洋溢着民族优越感的，而殖民和黑人主题则存在性别盲点和男性中心主义思想。

[7] 巴雷特和麦金塔（1985）就《女性主义者评论》（*Feminist Review*）关注黑人女性主义的特刊做出的反应，阐明了许多人对女性主义中种族歧视指控的观点。他们否认女性主义者成为种族主义者的可能性，但是探讨和承认了女性主义者在西方女性运动中体现的“民族优越感”。

[8] 黑人女性很快便反对黑人男性的种族主义，但正如米歇尔·华莱士（1979）所观察到的，黑人男性通常不会挑战这样的种族主义神话——将黑人女性视为丧失力量的女强人。虽然她谈到了非洲裔美国人的经历，但大西洋两岸的黑人都对她这一主题的作品充满敌意。

[9] 在审查了那些想为自由知识的生产做贡献的主流团体成员的

情况以后，哈丁对这一观点做出了合乎逻辑的总结。在书中，哈丁得出的结论是，他们将自己彻底改造成了“他者”。她解释说，这意味着他们应该努力展现和运用被压抑的自我的方面。

# / 第二章 对他者的精神奴役

## 引言

在这一章里，我们将以批判的眼光来看待在非欧关系背景下，非洲人作为主体的建构方式，而这种非欧关系早在大西洋两岸的奴隶制和殖民主义时期就已出现。我们将重点关注新兴西方心理科学（心理学和精神病学）在传播黑人民族的独特思想的过程中所扮演的角色（这些黑人民族是在非洲大陆上与欧洲人冲突对抗的人）。这一情形并不简单，因为非洲人和欧洲人之间发展起来的关系，不仅差异很大，而且在17至20世纪的进程中转变巨大，在贸易经济关系、政治关系或社会心理关系上皆是如此[1]。

值得指出的是，奴役和殖民不仅在物质上掠夺了非洲资源，在政治上控制了非洲人的生活方式，同时还改变了非洲人，使之屈从于帝国文化与心理的构想和任性恣意的淫威。得力于雄厚的军事和商业力量，殖民扩张政权无情地进行了贸易、征服和奴役的实践。正因如此，帝国主义势力才能够在全球范围内宣扬、维护和复制白人至上主义。白人至上主义因而得以概念化为一整套话语和主张，用以征服欧洲以外的民族，将其置于不利的“他者”（Others）地位，与此同时促进欧洲各民族的利益发展。在帝国主义语境下，由欧洲人创建的一整套有关非洲人的知识和理念中有一个专门术语——“非洲民族主义话语”（Miller，1986）。

将这些论述与“泛非主义者”（pan-Africanist）的观点（也就是散居犹太人和本土非洲人的观点，通常产生于对西方非洲民族主义话语的回应）区分开来，是有益处的。两者之间的一个主要区别是，非洲民族主义话语将其主体具体化的非洲人视为“他者”种族，而泛非主义话语将非洲人作为其核心主体并经由非洲人加以清晰表述。这不是否认两种话语常常会有相同的观点，但事实是各种形式的泛非主义在对抗帝国主义和种族主义的过程中得到了发展，并寻求从根本上挑战西方统治，包括挑战欧洲人将非洲人主体建构为“他者种族”的设想[2]。本章我将阐述一些想法，探讨有关非洲人的思想智慧，以及非洲人和欧洲人的全部的疯狂与理智。这些想法有助于解释被奴役、被殖民的人民的从属地位。

米勒在名为《空洞的黑暗》（*Blank Darkness*，1986）一书中详细记录了最早关于非洲人的一些观念，书中他论述了法国传统的非洲主义话语。这些关于非洲和非洲人的法国观念可以追溯到荷马时代。对荷马时代的法国人来说，埃塞俄比亚是一个遥远的地方，位于世界的另一端，那里的人们发现了众神，并将圣筵、崇拜、祭祀的实践演化为艺术。这种理想化状态随后由希罗多德（Herodotus）和狄奥多罗斯（Diodorus）进行了阐发，他们不仅描绘了出身高贵的人们，还更多地描绘了野蛮可怕的部落中“衣衫褴褛”和“毫无头脑”的人，据说一些人还炫耀他们发达的肌肉。米勒观察到了这些幻想的奇怪和不可思议的重复性特征，注意到是持续不断的矛盾心理造就了古希腊对非洲人的描绘，这些描绘既显示出黑人贵族化的一面，也显示了其非人性化的一面。

几百年过去了，在1677年，一位荷兰人报道说看到了一个有着一英尺长尾巴的黑人。这种明显带有离奇色彩的形象不断被众人口耳相传，所有的报道都宣传15世纪的非洲是一个充满了非人怪物、邪神崇拜、行为野蛮和纵欲无度的地方。埃塞俄比亚国王也被高度神化，这反映出人们对早期基督教国家的矛盾对立情绪。像基督教祭祀王约翰国王（Prester John）和他的儿子扎加-克里斯（Zaga-Christ）这样的人物为虚幻小说故事提供了丰富的素材，他们与事实互相交织，真假难辨。米勒指出，甚至在扎加-克里斯的墓碑上反映了这种不确定性，因为它上边刻了这些文字：

这里躺着埃塞俄比亚国王，

本人，抑或是替代品。

（Miller，1986：38）

米勒（1986）认定重复主题是毫无意义的：非洲如同一块空白的画布，那上面很容易沾染上欧洲人的奇幻色彩，不管他们反复做的是荷马式的美梦还是希罗多德式的噩梦。

到了18、19世纪，非洲民族主义思想在欧洲科学家、哲学家和诗人的著作中明显体现出类似两极分化的现象。比如，让-雅克·卢梭描绘的“原始”居民拥有高贵自由的灵魂，摆脱了对文明的迫切需要和文明带来的压力，体现出“原始”生活的理想化，也是一种发展成为“高贵的野蛮”（noble savage）理念的浪漫化，伏尔泰的作品、波德莱尔（Baudelaire）的诗歌和布甘维尔（Bougainville）对塔希提（Tahitian）“原住民”的描绘中都出现过类似的思想[3]。米勒提到波德莱尔的观点，“美丽的事物总是稀奇古怪的”。在美学世界里，法国傲慢地霸占着中心地位，将野蛮世界提供的原材料精巧地制作成艺术品，或者如他所言，“原始人显而易见是美学经济的原材料”（Miller，1986: 93）。在这种神话中，原始人的与己不同被美誉为异域风情，欧洲人从未主张过与非洲人平等。

霍布斯（Hobbes）时常被称道的反神话观点是：欧洲人到达之前的非洲是一个亘古不变之地，没有艺术，没有文学，也没有社会组织，与此相反，仅有恐惧、危险和暴力死亡。曾创作出被公认为19世纪欧洲种族主义杰作《人种不平等论》（*L'essai sur l' inegalite des races humaines*）的法国学者戈比诺（Gobineau），和波德莱尔观点相同，认为非洲是艺术的起源，但是他不像波德莱尔说得那么巧妙。戈比诺表明非洲人完全缺乏智慧。他认为黑人不具备任何反思能力，却具有植根于血液的想象力。艺术，在事物发展体系中，是理智的对立面，是一个只需要感官反射的简单活动。在戈比诺和他的追随者看来，非洲人缺乏精湛的语言技巧，也没有欧洲人的科学和政治才能，他们感伤、深情，最适合跳舞、打扮和唱歌。同样，人们普遍认为女性卑贱低微，只适合做家庭妇女。

在这一时期，我们可以见到两个不同观点的学派，一种是休姆（Hume）的，另一种是卢梭（Rousseau）的。前者是完全负面的野蛮人形象：一种近似于人的饱受折磨的生物，只配受到怜悯或蔑视。这是病态地将黑人建构为一个退化变异的物种。卢梭的观点是“高贵的野蛮人学派”，把非洲人当作一种工具，用以追寻欧洲犹太基督教怀旧想象中“失去的纯真”，这种观点在启蒙运动和工业革命期间表现得尤为明显。虽然这两个学派专注于种族差异，他们在一些关键问题上也有所不同。例如在有关疯狂的问题上，布甘维尔和卢梭都认为“原始人”不会罹患精神病，因为他们可以生活在充满欢乐、毫无压力的和谐环境中，但是其他种族就存在天生的精神缺陷，这种有害的观念一直延续到20世纪的精神病学中。

本章的剩余部分将探讨这些关于非洲的矛盾性描述与奴役殖民实践间的递归关系。

### 心理学对新世界奴隶概念的建构

直到18世纪，美国仍是一个蓄奴制社会，把非洲人完全置于白人这一“优等民族”之下，这种从属关系由人类历史上最残酷政体的支撑，实行惩罚和强制制度。白人奴隶主期望他们的奴隶能接受他们所创造和建立的秩序，相当重要的原因是他们对抵抗行为的惩罚是极其苛刻的。然而，尽管许多人接受了自己作为奴隶的命运，但抵抗运动不断爆发，使得白人推测这种难以置信的顽抗可能的来源；尽管运用了压制性的极端手段（包括阉割、经常性的鞭笞、截肢和就地处决），但反抗仍在继续。精神病学历史的一个版本认为是奴隶坚持不懈的反抗使当时的心理科学家总结得出反抗本身起源于精神疾病，一种他们称之为“漫游狂”的大脑疾病，其主要症状是产生一种想逃跑的冲动。相似地，一种叫作“懈怠症”的疾病只影响了奴隶，使染上该病的那些人不再忠实、随遇而安，并开始怠慢他们的工作和干预监督者的活动（Thomas，Sillen，1974）。

很明显，这种奴隶患了特有疾病说法的产生是为了宣扬奴隶的身份对黑人来说是正常而快乐的状态，将那些反抗、拒绝接受被奴役地位的人病态化。认为奴隶出现这些“症状”事实上是残忍制度引发的说法在当时并不盛行[4]。“漫游狂”症在奴隶主的世界观中显然更有意义。在很多地区，奴隶的人数远比奴隶主多，这样的解释在心理上有助于缓解白人对暴动的恐惧。

像这样的例子为我们提供了一些科学话语和更广泛的社会种族主义思潮之间最显而易见的巧合，因为科学可以解释社会实践（此处指对奴隶的残酷迫害），使其合理化，从而巩固特定政权。不仅白人至上的思想得以重申和延续，而且黑人对此的反抗被视为是病态的。这一情况与阴谋论不同，因为从压迫的微观机制来看，它一天又一天地重现。

很长一段时间里，心理学理论既不切实际又缺乏专业性，通过关注黑人心理上的不适和异常状态来诠释“黑人”概念，因而将注意力从种族不平等性上转移开了[5]。社会上存在施行强制奴役的做法，这一体系也明显并不完备，于是新的问题产生了，需要有新的回答和解释。和各种各样的骨相学家、生物学家、遗传学家和体质人类学家一样，心理健康科学家有责任根据他们自己的愿望和设想提出一些建构“黑人”主体的新真理。黑人奴隶被认为不仅在智力上和道德上逊于白人，而且容易生发一些特殊的疾病。当时，精神病的概念主要定位在道德的败坏方面，所以人们认为黑人会表现出更暴力的心理障碍形式。

大部分精神失常的奴隶由他们的主人处理，大概是为了省下送他们去精神病院的花费，这些精神病院在18世纪末19世纪初正处于建设之中。唯一一家愿意接纳黑人的医院是1774年建成的弗吉尼亚州威廉斯堡的东部州立医院——这是唯一一家不特别排斥黑人的医院。那时大部分医院不愿意接纳黑人，那些被认为精神失常的黑人不幸地被隔离在监狱和救济院里，这种现象在美国北方各州十分普遍，一如实行奴隶制的南方（Prudhomme，Musto，1973）。

1788年进口奴隶的活动被禁止，在接下来的80年里是否保留奴隶制成了主要的争议点，在此期间，美国爆发了南北战争。直到1863年才宣布解放所有剩余奴隶。

在1869年，美国内战结束后不久，中央医院在弗吉尼亚落成，在这里，一间老砖房改装后用于收纳黑人，这是第一个专门为黑人准备的收容所。毫无疑问它很快住满了不幸的黑人，此前他们一直被关押在各级监狱里（Prudhomme，Musto，1973）。从19世纪到20世纪初，涉及黑人心理健康的各种争论为协调科学与政权巩固之间的关系提供了更多的例证。在19世纪中叶南北战争正酣时，种族差异不仅仅是科研机构的兴趣所在。在大西洋的另一侧，戈比诺发表了种族差异论述，各地有影响力的医学期刊开始刊登各类证据，证明皮肤色素的差异是因脑部大小，肌肉组织、神经、细胞膜、性器官各方面的不同而不同的。为了对比黑人和猩猩，罪犯、“低劣种族”和精神欠正常之人的不同，大量解剖非洲人尸体的活动得以开展。医生认为治疗黑人的疾病需要特殊的技能。[6]黑人的低劣性被一次又一次地强调，所有新的科学测量和校准的重心放在这里，所有的精神病学家和医生都专攻那些据说会摧残黑人的疾病。

数据作为一种明确真相的方式越来越流行，新技术被用于科学地证实黑人病态的低劣性。然而，与此不相适应的是，早期的统计调查显示，印第安人和黑人患有精神疾病的比例要比白人低很多。心理健康理论直到那时才关注引起精神错乱的道德和宗教因素，该框架假定在“道德败坏”的群体中存在着更高比例的精神病人，黑人被包含其中。黑人患精神疾病的低概率创造了这样一个热潮，使精神错乱的来源得到重新定义，研究的方向转向了生物科学领域。精神错乱不再被认为是与道德的退化有关，而越来越多地归因于大脑中的有机物质。如今精神错乱与“进化的复杂性”而不是与退化密切联系，精神疾病被重新解释为是文明压力下不可避免的结果，是白人种族更高的敏感性和创造性的副产品。在一种重申高贵野蛮人的思想中，黑人的大脑据说因过于简单和迟钝而难以受到外界压力影响，他们精神失常率明显偏低成了精神低劣的进一步证据。

这一新的数据方法被无耻地运用于支持反对废奴主义的运动中。1840年人口普查在一定程度上发现了黑人的区域性变化，因此提出南部黑人（当时大部分仍遭受奴役）患精神失常的概率比已解放的北部黑人要低的观点。反废奴主义者随后利用这些“事实”辩称黑人实际上是不适合享受自由的，应该延续奴隶制来保证所有白人的最大利益。许多支持废除美国黑奴制度的人被这一明显事实难住了，那些拒绝妥协的人有段时间也被忽视了。例如，贾维斯（Jarvis）在1842年发现1840年人口普查的数据是不准确的，尽管不完全是捏造的。他发现，在缅因州北部，黑人患心理疾病的发病率最高（14名中有1名黑人被报告患有精神病），可那里压根就没有黑人。贾维斯的发现被随后的国会调查忽视了，这一事实很好地说明：只有在条件允许的情况下，某些知识才能被人们所相信和接受。

关于如何破坏黑奴解放的争论仍然闹得沸沸扬扬。解放后的30年内，仍然有一些人将蓄奴制阶段解释为黑人的黄金时期，例如像威特默博士（Dr A.Witmer）这样的科学家公开说道：

> 在他们获得解放前，奴隶的健康和道德被小心翼翼地看护着，酗酒、过度纵欲、性病被密切防范；在解放后，由于放纵淫欲、衣着暴露和对健康法则的无知，许多人品尝着这些引起精神错乱因素的恶果。
>
> （引用自Prudhomme，Musto，1973：37）

到了19世纪末，精神疾病几乎普遍归因于器官出现问题。从

“文明压力”的说法中可以得出一个结论，患精神疾病的概率的增长意味着黑人确实逐渐变得文明了，有些人则提出新论据，比如有关头骨测量和“早期颅闭合”“皮质层浅薄”及其他人体天然构造的结论。所有人都认为，黑人在生理上不如白人，因此不太可能适合享有自由。

对污染的担忧和早期医学对种族纯度明显的不良成见也助长了心理学对黑人不利的言论。若在美国，卡尔·古斯塔夫·荣格（Carl Gustav Jung）将会发现自己多么不受欢迎，因为在1910年他提出存在一种“美国情结”，这种美国情结的出现是由于美国人住得离劣等种族特别是黑人很近，是一种“拖累”效应。有人可能会想，每天进行种族主义的残忍行为，对自身造成心理伤害的可能性比仅仅与黑人和美洲印第安人比邻而居要大得多。毕竟，在荣格创作的时期，虽然奴隶制已被谴责，但当众用私刑处死黑人仍然是白人的一个日常消遣。毋庸置疑，这不是他认为的症状行为之一，他也没有提到什么内疚情结。他依然是最早思考种族关系对白人心理影响的理论家之一。这一方面在接下去的许多年里都被忽视了，因为在整个20世纪前半期，注意力都集中在白人种族主义对黑人精神生活的破坏性影响上了（见第三章）。

对于白人和黑人有机会在学习中亲密共处的可能性，埃瓦茨和林德表现出了和荣格一样的激动。按照精神分析学本体论的方法及人类从低级向高级发展的达尔文进化论，他们开始研究较低进化水平下的种族心理学。于是，怀着为弗洛伊德开发的进化阶段模型提供系统化证据的希望，黑人研究从此得以开展。

林德有一个独特的黑人情结，他将此称为“肤色情结”，并认为是由白人统治引发的。他的观点来源于自己的观察，他接触到的黑人将上帝假想为白人，幻想死后在天堂的入口，他们的黑色皮肤将褪去。林德进一步推测，那些通过坚持上帝和天使是黑色人种（就像加维[①]主义者和全球黑人促进协会不久前做的那样）的方式来构想相反模式的黑人，暗藏着反抗的力量，也不会游离在已证实的规则之外。当他注意到并不是所有黑人都患有精神病的时候，他发现“黑人情结”是所有自我表现出精神异常的关键所在[7]。

我们可以从这个讨论中总结出，早期心理学以简单化和明显便利的方式将黑人构想成一个单一主体，创造虚化的观念，以重申现实状况，在那里只有白人有能力下定义，表达出被视为科学真理的认知。对已出现反面证据（例如贾维斯的）的有效抑制表明现有的认知（黑人心理学）、占据主导地位的社会秩序（白人至

① 马库斯·加维（1887—1940），黑人民族主义者，生于牙买加。1914年，他在牙买加创建了全球黑人促进协会，宣扬黑人优越论。1916年，他去美国纽约为该组织招收美国黑人，四处演讲，并创办了《黑人世界报》，宣扬黑人经济独立、种族自豪，提倡外地非裔黑人返回非洲，协力创建一个统一的黑人国家。1921年他声称其组织有几百万成员。尽管他所发起的运动并没有取得成功，但他的思想后来成为黑人反歧视斗争的动力。（译者注）

上）和实践（奴隶制的和医学的）是相互交织的。虽然时代在不断变化，认知、权力和实践之间的动态关系总是维持着一个特定政权，并伴随着这个政权的逐渐瓦解而继续存在。贾维斯在1842年可能已经不受重视，但1863年1月1日《解放奴隶宣言》还是得到了公布，由凝聚的力量带来的成果实在太多，这里不便列举。在接下来的一章中我们可以看到，变化持续到20世纪，然而，心理学和精神病学在建构有关黑人精神生活的认知方面仍然发挥着矛盾性的作用。但在进入后现代奴隶制和后殖民时期之前，让我们来看看非洲殖民地的心理学领域发生了些什么，是如何与欧美提出的理念遥相呼应的。

## 比马克沁机枪（Maxim Gun）①意义更重大：非洲殖民地心理状态

西方奴隶制社会产生的黑人心理学与在殖民地发展起来的非洲人心理学之间的联系是值得考虑的。是为了强调黑人的无辜也好，还是为了突出黑人的劫难也罢，美国黑人研究总是频繁引用非洲起源。所有引用的材料有一个共同特点，那就是对非洲进行简单化假设。非洲一直被认为是有原始部落居住着的丛林，对于

① 马克沁机枪是世界上第一种真正以火药燃气为能源的全自动武器。海勒姆·史蒂文斯·马克沁于1883年发明了该枪，并进行了原理性试验，于1884年获得专利。该枪在“一战”中出尽风头，成为战争利器。（译者注）

他们来讲，时间是静止的，发展是不可想象的。一些证据，与对非洲及其人民的描绘不相符合，就被认为是受到了外界影响或被视为例外。即便是黑人心理学，出于各种原因，只提及一个简单化了的非洲（见第三章）。在全世界黑人眼里，永恒的非洲母亲是非洲基础文化和哲学的源头，在那里他们可以扎根，可以复兴民族。

事实是非常不同的。在美国黑人经历蓄奴制之时，非洲大陆也发生着巨大的变化。然而，在非洲人民文化和心理方面发生的深刻变化并没有成为殖民地心理学的主体。相反，这里也出现了一种种族样式，掩盖了殖民过程的整个现实，使最终发展成的"非洲人"与美国人建构的"黑人"相差不多。事实上我们可以认为二者相辅相成。然而，殖民和殖民统治的实际要求和对战争前在美国南部工作的科学家的要求是不同的，这使有关非洲思想的知识产出沿着不同的方向发展。

对非洲心理学的科学兴趣可以追溯到这片大陆刚开始遭到殖民入侵的时候。在引言中，我提到了被解读成黑色大洲的非洲是如何发挥像一个仓库一样满足白人幻想和自我探索要求的巨大作用的，这在早期和晚期的殖民文学中都很明显。一直到19世纪，早期报道的"空白黑暗"不断被填充，但与涉及非洲人实际的或人类学的认知及梦幻般的幻想无关，而是关于源自殖民者情感、政治和管理需求的猜想，那时殖民者扮演着管理殖民地的角色。

殖民主义的早期阶段采取了奴隶贸易和军事征服的手段，非洲人的头脑中思考着什么与欧洲人关系不大。实际上，欧洲殖民者没有理由去考虑非洲人会有这样的想法。军事硬件的优势，结合强大的西方文明承担着征服和统治神圣使命的绝对信念，使他们不再去考虑是否存在着本土文化，本土文化是否会成为反抗的源头。这种情况一直持续到20世纪，为各种神学家和人类学家的研究结果所支持。著名的新教神学家拉乌尔·阿列（Raoul Allier），代表性地公布了19世纪种族价值观，这种价值观在20世纪20年代末仍然盛行：

> 黑人满足于模糊的概念，不愿被其包含的极度矛盾所困扰。黑人不求精确，不会推理，对逻辑一无所知，从不细究任何事情……他们没有理论甚至信仰，只有习惯和传统。
>
> （Allier，1929：27）

对于阿列和他的支持者来说，信仰人性的普遍是一种可恶的想法。他抨击了高贵野蛮人的学派思想：

> 将未开化之人的生活描述为欢乐的牧歌，还伴有抑扬顿挫的鼓声和班波拉舞疯狂的姿势，就是在承认我们

没有用心去考察他惊恐的灵魂。

（Allier，1929：20）

在阿列看来，非洲人是“落后的个体，对我们的文化一无所知，他们的习惯有时近乎兽性”（Allier，1929：21）。对他来说这不是一个教育或发展的问题，而是有关“开化”和“未开化”心理的种族差异。他孤身一人对高贵野蛮人理论和一些人的假设发起了挑战，他指控那些人让人性的普遍性而不是白人至上原则变得众所周知。

殖民统治时期，在最早意识到洞悉非洲人思想的重要性的殖民者中也有传教士的身影。不单受追求军事力量和经济野心的纯粹欲望的驱使，这些教会的传教士怀有更高尚的目标。许多深切关注“异教徒”信仰变迁和救赎的传教士发现，现存复杂多样的宗教文化体系阻挠了他们的美好意愿。他们明智地将此视为许多非洲人抵制变迁的关键举措。当地人不愿意“领悟”，这激发了他们的好奇心，激怒了祷告者，也引起了研究与反思。普拉西德·坦佩尔斯神父（Placide Tempels），这个20世纪前半叶在刚果生活多年的比利时传教士，深知自己的著作《班图哲学》（*Bantu Philosophy*）的重要性及其政治影响。他清楚地阐明道：

这关系到所有殖民地的宗主国居民，特别是那些以

> 处理非洲人管理和司法事务为职责的人；（关系到）所有将个人与部落法律的合理发展联系起来的人。总之，这关系到所有想让班图变得文明、智慧和发展的人。
>
> （Tempels，1959：23）

换句话说，坦佩尔斯认为若要进行管理和控制就得对目标群体的精神生活有一个好的理解[8]。他富有洞察力，这样的能力来自不断变化的历史条件和他听过的宗教福音。在比利时属刚果，和非洲其他地区一样，殖民地政府正在建设中，为非洲人民提供越来越多的机会，让他们不只是从事简单的体力劳动。调解人和基层管理人员这一类别的合作者是需要的，可以扩大欧洲秩序对非洲社会的管控。一种更仁慈、更家长式的管理作风是实现这一设想更有效的方式。

传教士，直到那时还令殖民地管理者十分恼火，由于其拯救当地人灵魂的奉献精神，如今被证明是施行这种方法的理想人选。为了改变“异教徒”的信仰，传教士势必会关注目标群体的心理和文化生活。比利时人洞悉非洲人思想和心灵的尝试失败了，我们善良的神父表达了他对此的失落：

> 在刚果本地人中我们可以数出多少个完全文明或智慧之人？而亡国者和堕落者的数量却巨大……在白人文

化笼罩之下，本土人不断被同化，成为仅能牙牙学语的婴幼儿。①

（Tempels，1959：27）

坦佩尔斯神父，抛开其明显的历史和种族观念不说，他那“班图人拥有哲学”的思想远远超越了那个时代，当时科学家们坚持认为非洲人的智商是低下的。在许多方面，他的作品开创了非洲的哲学研究，至少在非洲法语区如此。他声称存在非洲哲学的观点在当代争论中仍然占据重要地位[9]。

正是在殖民地统治持续发展，日益发达的劳动力市场产生新的管理和调控需求的时期，非洲思想成了科学研究的主题，我的这一观点为民族利益在心理学中的发展注入了新鲜活力。将人类学的发展视为“帝国主义帮凶”的说法已有记载，这突出了殖民地在题材和殖民地社会科学的方法论假说方面的利益和关切点（Ake，1979；Huizer，Mannheim，1979）。在所谓原始人心理学中发展起来的高层次利益，可以理解为帝国主义变化形式的一个组成部分[10]。人类学家、民族学家、种族生物学家和图解专家跟随着探险家、商人、军人和传教士的脚步。他们中的大多数使用可以被描述为“部落范式”的东西，来探讨动态变化的非洲社会，

① 非洲有一个民族把新生的婴儿叫作“kuntu”（物），到孩子学会说话才叫作“muntu”（人）。（译者注）

就好像它是一个静态的、无关乎历史的分散的单元，忽视了殖民主义的深刻影响和社会的复杂多变这些在数千年来与其他文明的接触过程中演变而来的特点。孤立的和必然增长的偏远群体可以用来代表非洲，在这一受限制的框架内组建而成的非洲更是西方想象和投射的产物。伴随着这个假想的“他者”心理，民族心理病学应运而生，并在很大程度上归功于殖民医学和人类学。

沃恩（1991）在她对殖民医学的深入研究中指出，虽然依靠殖民力量，非洲精神病学得以传播，但它所处的发展条件与那些盛行于欧洲的精神病学大不相同。最明显的区别是精神健康服务资源的不足，所以没有一个时期可以和发生在18、19世纪欧洲的“大禁闭”相媲美。“大禁闭”期间所有被认为是社会不良分子的人群会被关在精神病院和救济院里（Foucault，1967）。在欧洲，精神病学的整个重点是从“正常”中区分出“异常”，但在非洲有一个非常不同的情况存在。在这里，面对没有真正认识或理解的多种多样的文化，欧洲精神病学家发现自己没有做好准备来进行甄别。

这也许可以解释为什么到20世纪60年代，重大的研究发现者有必要将他们的一些资源至少用于建立一些基本的社会事实，而他们正据此进行精神病学的实践和研究。例如，达喀尔的范医院和尼日利亚的阿罗医院团队既包含了社会科学家，也包含医学研究人员和当地合作者（Collignon，1982；Leighton et al.，1963）。

尽管做了这些努力，有关非洲心智的殖民思想仍然深深地受到了早期体质人类学和颅相学的影响。他们保留发展了部落样式，并发展为两个思想学派：一个学派坚持认为非洲人和欧洲人的本质差异植根于先天的民族生物学因素，另一个学派更为自由开放，倡导人类的普遍性。自由派的支持者认为，有必要否认差异，以挑战坚持种族之间根本分歧的殖民地秩序。任何言论，若在这种二元对立中不属于任何一方就会在很大程度上被忽视。直到后殖民时期，由于非洲精神科医生的干预，才出现了更为考究的方法。

由于其对欧洲人和非洲人之间的种族差异的关注，殖民心理学并不十分关注正常与异常非洲人的分别，总体上也不武断评判非洲人的特殊性，因此它成了理论化“非洲人”的场所。而欧洲精神病学大多涉及心理病理学的诊断和治疗，在非洲，精神病学则传播了很多有关非洲人精神健康和精神错乱的理论。这在本书接下来要讨论的内容中可以很好地被证实。

J. C. 卡罗瑟斯（J.C.Carothers）是出生于南非，成长在英国的杰出精神病学家，其职业生涯的大部分时间都在肯尼亚殖民地度过。他在那儿的最初9年担任政府医疗官员，接下来的12年里则接管了肯尼亚马萨里精神病院和内罗毕HM监狱。从殖民地服务岗位退休之后，他开始着手研究并撰写专著《非洲人的心理健康与疾病》（*The African Mind in Health and Disease*，1953年由世界卫生组织出版）。在撰写题记时，卡罗瑟斯发现自己是坚定信服部落范式的。他谨慎地表达了对非洲文化多样性的支持，指出“外来势力”已经深入渗透整个地区，几个世纪以来，几乎全体黑人都受到贸易、入侵和变迁潮流的影响。不过他接着指出，他的专著只涉及了以下几种虚构的人：

> 本书关注的不是基督徒、伊斯兰教徒、城镇非洲人或是受过教育的非洲人，甚至与那些从寻常乡村模式中分离出来的群体（例如约鲁巴人）无关。
>
> （Carothers，1953：8）

不满足于排除所有反驳他的非洲基本理念的人，卡罗瑟斯使用了当代种族类型学以区别非洲的“非黑人种族”，分类列举如下：俾什米人、霍屯督人、含米特人、半含米特人和闪米特人。卡罗瑟斯将自己的工作定义为替那些被遗弃的却依然将自我主体视为“非洲心智”之人找到容身之所。根据卡罗瑟斯的理论，穆斯林、城市居民、俾什米人等其他所有人都不算真正的非洲人。

卡罗瑟斯回顾了西方研究非洲人心理的有关著作，为我们提供了其同事的客观总结：

> 非洲人因此被描述为是传统的：高度依赖情绪刺激；缺乏远见、坚韧、判断和谦卑；不擅长抽象的声音和逻

> 辑；幻想和创造力是外界赋予的；在一般情况下，不稳定，易冲动，不可靠，不负责任，毫无野心、不加思考地生活于现在。除了粗鲁之外，非洲人也被描述为开朗、坚忍、自信、友善、忠诚，感性直观、能言善辩，以及无怨无恨、记忆力超强、词汇量大，具有音乐和舞蹈的天赋。
>
> （Carothers，1953：87）

一个世纪以前，戈比诺及其支持者就夸口说，一个人只要认同科学心理学的结论，无论怎样都可以被原谅。卡罗瑟斯本人就相信非洲人和欧洲人是根本不相同的，还患有“脑皮层懒散”疾病，仅具有“迟钝欧洲人”的智力水平。在比较了非洲人和非裔美国人的基础上，他重申了他的种族主义思想，意味着该证据显示了非洲人智力和欧洲人智力差距在于生物学基础而不是社会学基础（Carothers，1953，1972）。

和许多其他欧洲人一样，卡罗瑟斯视非洲为疾病泛滥的地方，气候恶劣，顽固的“部落”文化阻挠其社会发展。实际上，他很清楚他在肯尼亚期间那里发生的社会变化，但他以殖民精神范式的有色眼镜来看待这一切，甚至在他有关肯尼亚抵抗活动的专著《茅茅党的心理》（*The Psychology of Mau Mau*）中也是如此。

和精神病学家一样，心理分析学家在殖民地心理学中发挥的作用就如他们在早期美国种族心理学中发挥的作用一样。正是法国心理分析学家奥克塔夫·曼诺尼（Octave Mannoni），在逗留被法国占领的马达加斯加期间，用英文创作了殖民心理学领域的第一部重要作品《普罗斯佩罗和凯利班》（*Prospero and Caliban*），于1956年，即卡罗瑟斯出版其专著不久后出版。和卡罗瑟斯相比，曼诺尼并不关心与历史无关的偏远虚构的非洲部落，而是致力于殖民者与被殖民者之间关系的心理学研究。不幸的是，他也持有一个客观的科学家立场，认为“心理学”与更广泛的社会过程无关：

> 殖民地的问题是当今世界面临的最紧迫的问题之一，尤其是对于法国来说。虽然我意图在其心理层面提出一些见解，但这不是因为我希望或渴望寻求实用的解决方案，无论采用直接或间接的方法。
>
> （Mannoni，1956：17）[11]

和他在北美洲的前辈荣格和林德一样，曼诺尼也发现了这种情结问题。据他说，马达加斯加人产生了一种“依赖情结”，表现在对殖民统治者的依赖行为上。他认为这可能不是殖民体系产物，而应该追溯到当地的文化，即马达加斯加宗教和家庭系统，他提到由于对祖先的重视，“死者祭拜”代代相传。他接着说，对于马达加斯加来说，白人到来后很快就扮演着黑人死去祖先的角色，所以那里表现出了婴儿般的对白人的情感依赖。简单地讲，在法国人到来之前，马达加斯加人在心理上就倾向于被殖民化！就如法农（Fanon）所指出的，在曼诺尼对马达加斯加人的梦想的分析中，8万人（占人口总数的1/5）在殖民时期被杀，折磨是一种广泛使用的压迫手段，这样的事实没有被注意到。此外，这种影响当地人心理，或者渗入他所见之人梦境的可能性甚至都没有被考虑到。总之，曼诺尼忽略了殖民化的实际过程，为了分析马达加斯加人的心理，联想到有关邪教和封建迷信的人类学。这是一篇描绘现实的叙事性论文，很大程度上抚慰了法国人的良心，忽略了他们所犯下的暴行。

令法国人不太愉快，但对于曼诺尼理论而言同样具有决定意义的结论是殖民者有了互补情结。他们离开自己的国家（踏入别人的国土），导致殖民地居民流离失所，实现了强烈的支配和控制欲，这些欲望促使他们发现马达加斯加正是一片等待他们开拓的疆土。正是对欧洲人的依赖天性使得马达加斯加人成了欧洲人的资源宝库，被欧洲人威慑和规划，在殖民者家长式制度下像个孩子，并且在殖民者性欲压迫的统治下，逐渐出现了本土人性欲放纵等状况。他的看法在他对马达加斯加女性的描绘中清晰可见，他认为她们荒淫、未开化又有种神秘的力量，让被她们吸引的法国男性意志消沉。简言之，他对女性的评价直接来自瑞德·哈葛

德（Rider Haggard）流派下关于男童的殖民小说。（Stott，1989）

曼诺尼对殖民关系的总结是欧洲人不断沉迷在自己的主观臆想中，这在心理上是不可能健康的。这一观点暗示他并非真正支持殖民体系，尽管他没有说明在被殖民者身上存在什么有害影响。曼诺尼以自己一个法国人的身份（这对声称受到更严重的种族歧视的法国女性来说是带有谴责语气的特殊字眼）来看待马达加斯加人，在心理决定论的参考框架内，没有考虑到殖民主体是殖民体系自身产物的可能性。

### 非洲民族主义及其朝向经验主义的衰退

经验主义心理学发展到顶峰时，殖民时期便结束了，这在后殖民时代的非洲心理学中得到了反映。心理学学科未能像历史和哲学那样应对民族主义转变带来的智力挑战。心理学家们并没有亲自去研究非洲民族主义者话语如何挑战欧洲人对非洲的建构。相反，他们似乎已经撤退到科学主义：不加批判地运用西方科学范式的技术和工具。在西方，科学和工业伴随着战争得到了快速发展，这种心理学便出现在此背景下（Rose，1990），而如今被应用于非洲这一社会和文化背景截然不同的环境中，由于科学观念所具有的客观性和价值中立性，因此也得以普及。

这带来的结果之一是非洲民族主义者和非洲早期[12]心理学的理论基础变化并不明显。而现实发生的是和其他地方一样，非洲的心理学越来越脱离理论，简化论者与经验主义科学方法遵循着一样的原则。在这种意义上，经验主义的科学是反理论的，奠基于“事实”是科学促进认知的唯一方法的理念，以及一种假定这些事实是独立于客观主体（人类科学家及其工具）的戒律和感知之外的方法。在20世纪50年代和60年代，心理学学科在西方世界更为制度化，与此同时采取了一些仅基于浅显观察和测量的方法和实践。

就心理学来说，观察到的是外在的行为。这意味着内部心理过程在人的“黑箱”[①]模型中保持着未被理论化的状态，从而免除了被科学调查的责任。由于心理过程不能直接被观察到，该学科研究主题自身从心理转向了行为。对许多人来说，心理学成了人类（更通常而言，是动物）行为的科学，现在更经常被称为行为科学。在最终能够加以预测和控制的假设前提下，心理学家采用了自然科学的实验方法，设计出大量技术方法来衡量人的行为。在范式的核心，个体被认为是单一的、确定的，并且将会生活在一个单一的结构相互关联的社会里（Henriques et al.，1984）。

新式科学心理学被完全应用于研究非洲人。公平点地说，与研究西方人相比，研究非洲人面临的挑战确实更小，因为20世纪

① 人们通常把看不到的、不了解的或为之困惑的东西（事物）称为“黑箱”。如果这个东西（事物）位于外宇宙，就是自然黑箱；反之，如果位于内宇宙，那么就是心理黑箱。（译者注）

60年代的西方人文主义哲学和激进的社会运动往往产生出冲突性的言论。这些非此即彼的心理学尚未像计量心理学和实验心理学那样，热切地占领殖民地和前殖民地地区。

在殖民时期结束时，非洲大陆的条件发生了深刻的变化。民族主义运动爆发了，旨在各条战线上挑战白人至上主义秩序，抗议只为攫取非洲物质资源而设计的经济系统，抗议排除了绝大多数人口的教育系统，抗议剥夺了非洲人体面生活标准的种族隔离社会制度，乃至抗议整个继续把非洲人视为生来就低于白人的政治秩序。非洲学者开始抗议殖民主义的负面影响，尤其是对“原住民”的心理影响：

> 殖民主义并不满足于只掌握一个民族的命运和清空当地人的头脑。通过一种扭曲的逻辑，它转向了被压迫民族的过去，扭曲、毁损了这个民族。
>
> （Fanon，1967b：169；Memmi，1965）

非洲民族主义的历史是有据可查的，这里就不再重述，只是需要指出的是：这股民族主义意识高涨的热潮也预示着深刻的心理变化，在非洲人和流散黑人知识分子看来，何为非洲，意味全然不同了（Cabral，1980；Fanon，1970；Jarvis，1983；Nkrumah，1964；Padmore，1956；Senghor，1971）。正是在民族主义时期，非洲人重新定义了恩克鲁玛指称的“非洲人格”和黑人存在的意义，并将其推上国际舞台，激化了西方世界因殖民主义消亡而出现的存在主义危机和哲学危机，最终导致后结构主义的出现。在说英语的黑人世界里，黑人民族主义常常被明显地阐释为泛非主义哲学，常常为克瓦米·恩克鲁玛、乔治·帕德莫尔和早期泛非主义会议参与者所认可。在讲法语的地区，黑人民族主义最突出的形式被称为“黑人文化认同”；其支持者包括来自加勒比地区的艾米·塞沙勒（Aime Cesaire）、非洲的利奥波德·赛德哈·桑戈尔（Leopold Sedhar Senghor）和希考伍·多利（Sekou Toure），以及众多来自法语世界的黑人诗人和艺术家（Cesaire，1950；Senghor，1971）。

如果不详细介绍黑人民族主义的许多变种，以及其中包含和争论的许多观点，可以说，黑人民族主义的统一特征在于强迫纠正几个世纪以来非洲人在种族主义和殖民主义中所遭受的耻辱，这样的目标达成既需要阐明以非洲人为中心的对非洲大陆及其人民的理解和愿景，又需要通过政治斗争使该地区所有国家从西方的统治和剥削中解放出来。在这里，非洲个性概念表达了对整体非洲过去的庆祝、对现实的集体意志和未来的憧憬。其中，人格是一个哲学和政治的概念，与个性截然不同，正如它在心理学中被定义的那样（见下文）。现在让我们回到这个问题，心理学家如何回应伴随着非洲民族主义的主要文化和心理的变化。要回答这个问题，特将几十年的工作成果简要罗列讨论如下。

从对非洲人早期发展的研究入手，我们可以看到弗洛伊德思想的持久性影响。然而，这些都没有从理论或历史角度去处理，而是作为抽象的小假设，可以运用测试和测量技术加以研究。例如，大量研究试图通过研究新生儿和断奶的做法，将成年非洲人的特征假设考虑在内。一个可以用于说明这一关键的例子是婴幼儿早熟理论，沃伯（1975）将此归功于格柏（Geber）。格柏表示已经注意到新生非洲婴儿的运动反射比欧洲的婴儿要进步得多。她的观察引发了大量研究，这些研究测试了新生非洲婴儿的反应，其中有许多验证了她的研究结果。研究人员开始调查这一特殊观察的根据所在，主要集中在断奶和早期儿童护理实践方面的研究上。值得注意的是，非洲婴儿的早熟现象使心理学家感到困惑，因为他们原本推断非洲人的发展是更为迟缓的。因此，他们在南非、喀麦隆、埃塞俄比亚、赞比亚、尼日利亚和博茨瓦纳都开展了调查研究。这些研究大部分确认了在非洲婴儿身上先进运动反射的存在，但仍不确定其原因和矛盾因素，即他们所认为的这是受到了成年非洲人的影响。一些研究提供了遗传解释，另一些则进行了社会分析。很少有人提出相反方向的问题，问问自己为什么欧洲婴儿的运动反射比进行测试的所有其他种族婴儿更迟缓。

这项研究的第二个内容是通过心理测验的管理，评估非洲小学年龄阶段儿童的认知发展。这一研究在很大程度上归功于皮亚杰理论，其目的是测试在认知发展中的种族差异。生物和解剖学上的最初调查很快就让位于文化决定因素。例如，尖锐的断奶假设，在文献中反复出现，暗示非洲人与欧洲人的成年智力差异可以归因于非洲断奶的做法——非洲断奶具有普遍较晚、突发和剧烈的特点。另一个最受喜欢的是“青春期假说”，它将成年非洲人和成年欧洲人之间的差异，归因于迈入成人社会时交往行为的启蒙仪式——被欧洲人视为足以延缓非洲人发展的仪式[13]。抛开大量研究，沃伯得出结论，研究未能证明有任何本质缺点的存在，而是指明了早期教育和教养对促进认知发展的作用。非洲文化在大多数研究中受到冷遇，因为与欧洲人相比，非洲人总是被视为低等或落后。

至于成年非洲人，有大量资源用于他们的智力测量。第一批测试据报道已在南非进行了1915次，随后的研究在整个20世纪20年代展开，接着是30年代在肯尼亚，50年代在西班牙和比利时的殖民地（Wober，1975)。这项工作中的大部分假设测试确实测量了智力，可以公正地适用于在社会和文化背景上与被设计和标准化对象有很大不同的人群。这个假设第一次受到挑战是在20世纪40年代，当时南非的比舒维尔（Biesheuvel）开展了关于发展“文化自由”或“文化公平性”测试可能性大小的长期辩论。在智力研究领域，如在婴儿和儿童发展的研究上，非洲人之间出现差异在很大程度上是因为种族差异的发现和测量集中关注在其测试成绩上，争论产生这种成绩差异的可能源头。

关于种族和智力的争论同样吸引了国内外西方研究者的关注。大量研究在欧洲和北美洲进行，研究引起了巨大的争议，因为一些人坚持认为测试分数和遗传组成之间必定存在着联系。因此，较低的测试分数是非洲人种天生低劣的有力凭证（Block，Dworkin，1977；Jensen，1969；Rose，1976）。智力测试促进了旧有论点主张的复兴，即主张与白人相比，黑人是智力低下的。在大多数非洲国家（实行种族隔离的南非例外）这样的争论对教育政策的影响已经不大了，也许是因为一直强调在严峻的经济条件下尽可能公正地实现大众教育和资源的分配。虽然非洲研究人员承认，在所谓智力测试中，非洲人的得分通常比欧洲人要低（Otaala，1971；Yoloye，1971），但他们有不同的理解。其他人（包括作者在内）更倾向于质疑测试本身的有效性及其基础，以及在教育实践中使用智商测试的合理性。一般来说，心理测验在这里的应用比在欧洲受到的限制更多，大概是因为心理学与边缘化的地理位置在非洲教育政策发展与实践方面无法提供足够的支持。

出于选择的目的，研究者对运用心理测试来测定满足军事和企业需求的可能性做了大量的调研。沃伯（1975）报道说，第一次大规模研究是在第二次世界大战时期，由在东非与英军合作的麦克唐纳德（MacDonald）主持[14]。据报道，麦克唐纳德就14项测试结果，将近2000人的测试成绩与他们的军事表现等级对比，发现了其中的相关性。

从20世纪50年代起，实验因工业发展需要已经展开，一些研究引导他们将更多的努力花在矿工的选择技术上，而不是纯手工劳动的工作上。南非国家人才研究所在开发这类测试的过程中发挥了主导作用，这类测试适应了种族隔离社会和工业化的需要，而不是主要针对非裔员工的职业需求[15]。在60年代，西非开展了一些研究，在沃伯（1975）看来，规模最大的一项研究是1961—1963年期间在尼日利亚展开的。该研究得到了美国国际发展项目的资助。施瓦茨（Schwarz）误认为自己的项目是非洲第一个这样的研究项目。他收集了学校里使用的100万句话，其中的20个测试是运用学校里最熟悉的词汇开展的。这些测试在15000名学生间进行。不知幸运与否，测试最终没有完成，因为它没有持续进行，尽管其他人随后在尼日利亚的小学毕业生和在罗德西亚与乌干达的近2000名学生身上进行了类似的实验。结果发现，测试可以作为学校绩效的预测因素，虽然这取决于学校的质量，考试成绩可以预测以后的职业生涯的成功程度。沃伯（1975）回顾了实验的主要过程，他在马克雷雷逗留期间于乌干达进行了选择测试，有几名乌干达心理学家参与其中。

与主体性思想相关性最大的最后一个研究应该是人格研究。我注意到，“人格”一词作为表达集体意志和未来愿景的哲学和政治手段，已被非洲学者和作家采用。在科学心理学中，人格被定义得恰到好处。在这里，它指的是一个高度个性化的自我，它有一个核心的可遗传的本质特征，可以将他或她从其他个体中区分出来，作为成年时的固定特征。也许最有趣的个性心理测量研究是哲学家狄奥多·阿多诺（Theodore Adorno）和他的同事发表的《权威人格》（*Authoritarian Personality*，Adorno et al.，1950）。在后希特勒时代工作且深受弗洛伊德影响的研究人员试图确定法西斯主义的人格相关性，阐明这些在资产阶级家庭中产生的方式。

然而，通常的重点在于较少的理论性和更多的数据性，关注实施措施，发现分数之间及分数和其他变量之间的相关性。人格一般被认为是可以计量的，由此，紧随雷蒙德·卡特尔（Raymond Cattell）在美国的开创性工作，人格测试已然开发（Cattell，1946）。在很多方面，人格已被双极定义，即根据内向与外向，攻击性和被动性加以测试。

非洲人格研究强烈地传达了弗洛伊德的思想，这明显体现在测试的设计和管理流行程度上。这些测试是围绕依赖性、自我控制能力的缺失、过分好斗冲动、强烈的或脆弱的自尊心等方面进行的。全地区数千名非洲人接受了罗夏测验、主题统觉测验、罗森茨韦格的挫折情景测试、古迪纳夫的画人测验、艾森克人格测验、卡特尔的人格因素量表、麦克利兰的成就动机测验和很多其他可能的测试（Wober，1975）。非洲人格测试的结果都是不确定的、矛盾的，不同的研究者互相驳斥、竞争，但未能拿出明确的不同于欧洲的非洲个性类型。在这一地区，测试似乎未受到严肃对待，其可信任程度甚至比不上占星术。

我们可以得出这样的结论：心理学家倾向于忽视非洲民族主义和直接殖民主义的消亡预示的变化。相反，他们似乎沉浸在经验主义方法中，对大陆管理问卷调查不闻不问，对试验组受试者模糊定义，然后利用这些来得出一个关于非洲主体仍完全虚构的结论。寻找种族差异的科学支持，重点在于将非洲人同欧洲人区分开来，这意味着很少有人会注意自己研究非洲心理学的权利。在其核心，由心理学家提出的欧洲中心论范式仍然假设现存的非洲（和欧洲一样）是一个统一的主体，可以总括为一个静态的、永恒的实体，一个简单化的客体；在这里欧洲主体可以与之对比，重申自己在宇宙中心的至上地位。

在非洲（和在西方一样），应用心理学似乎受到了“华丽新世界”——一个高度有序社会观念的鼓舞，在那里人们可以选择自己最适合的工作，在产量和效率上最大化地实现利益。主要重心是使用科学心理学，使男性（并非女性）适应工作，而不是发展可能的工作场所或开展培训，以满足男女双方工作者的需求。在非洲，更多的以人为中心的管理风格发展速度迟缓，在我看来，它们的存在不是由于工业心理学家的洞察力和努力，而是由于工人组织持续的活跃性。

我们在非洲现代经验主义心理学的讨论中可以看到，我们可以粗略地称为“控制心理学”的方面是着重被强调的，它关注行为操纵、心理测量和筛选技术，以及所有拥有这些特征的“科学心理学”，在西方和非洲占据主导地位。南非的心理学特别关注这些领域（Bulhan，1981）。

布兰暗示，这种发展在企业工业和管理利益服务方面的心理学模式不是非洲地区心理学的特定模式。在西方工业心理学的历史中和在工业资本主义社会的管理层心理分析技术的普及过程中也表现出了类似的关系，心理学发展的方向专注于为战争机器、企业官僚、机构和管理利益阶层提供服务和发挥监管行政职能（Rose，1979）。

因此我们看到，派遣到非洲的心理专家越来越多，这不仅是为了贬低、压迫非洲人，也是为了满足殖民晚期和后殖民时代早期非洲经济对精准对接和可控员工的需求。

## 总　结

综上所述，奴隶制和殖民主义的漫长历史，种族制度在北美洲国内的完善和在国外各殖民地的推广，一定会被视为对20世纪黑人心理学话语的最大影响。到了20世纪30年代，帝国主义列强控制了世界80%的地区。我们不应低估话语的帝国主义力量，它对黑人的解释无疑是智力低下且表现出种族特定形式的病理。我们也不应该低估伴随全球扩张而出现的迫害活动。这些活动普遍存在，就意味着它们是正常的，就像是一个被看作“自然”和“神赐”的秩序：世界上的黑人是一个下等民族，像鲁德亚德·吉卜林（Rudyard Kipling）这样的作家提到的那样，是“白人的负担”。这种无处不在的系统意味着即使早期存在任何有不同想法的心理学家，他们也很可能会被视为骗子或疯子。“黑人精神低贱”这种说法有着和神赐及被科学证明的真理一样的地位。得益于对欧洲为中心的哲学前提不加批判的保留，心理学理论中主流假设无疑会传播较广（有人会说这是不科学的）。心理学也附和这些假设，所以它重申、创造针对非洲和非洲人的种族主义话语，并使之合法化。

早先独立时期在非洲工作的心理学家采用了欧洲战后经验主义范式。在这里，它以科学的语言重新题写了古老的种族主义思想，使心理学家们意识到他们的非洲概念是虚幻的，而现实中的非洲人民和社会是不同的，不断变化着的。在任何情况下，这些证据表明，不管是在殖民主义时期还是在独立主义转变时期，他们的模式都不具备理论的多样性和非洲人的活力。几年后，旧有的参考框架让位于新的方式方法，其中包含更适用于建立黑人和非洲理论的认识论和方法论上的可能性。但我们超越了自己，这一问题将在后面的章节予以探讨。

接下来的一章将探讨在西方出现的黑人心理结构，以及黑人心理学家们是如何开始发展黑人身份的非种族主义理论的。

**尾注：**

［1］以更详尽篇幅阐述这一历史的重要文本包含波尔汉（Boahen，1985）、钦卫殊（Chinweizu，1975）、罗德尼（Rodney，1974）和威廉姆斯（Williams，1964）的作品。

［2］阿皮亚（1992）阐述了殖民地泛非主义者话语及克伦梅尔（Crummell）和杜波依斯（DuBois）明确表述的早期泛非主义之间的一些共同特征，注意到了贯穿欧洲和非洲思维界限的种族范式的持久性。很显然早期黑人文化认同的批评者和黑人思想中的种族本质主义论已产生类似想法（例如Foner，1979）。

［3］波德莱尔（Baudelaire）以诗闻名，其中包含他写的有关黑人情妇让娜·杜瓦尔（Jeanne Duval）的奇诗。

［4］然而，这个想法确实出现在有关奴隶制的黑人叙述中，仅举两例，比如卡里尔·菲利普斯（Caryl Phillips）的《剑桥》（*Cambridge*），托妮·莫里森（Toni Morrison）的《宠儿》（*Beloved*）。

［5］重点是放在黑人男性身上的，因为心理学家起初并不太关注黑人女性。

［6］几年后，在1905年，作为当代心理学创始人之一的G.S.霍尔

(G.S.Hall) 宣布不同种族的医疗就像“兽医对待马和牛那样”是有区别的（引自Thomas & Sillen，1974：3）。

[7] 这个特殊理论引人注目的不仅仅是它坚持这个或那个幌子到了某种程度，以至于认为今天西方的任何一个黑人都会回想起曾被指控患有种族情结，还在于其中渗透了大量的当代黑人心理学（见第三章）。

[8] 虽然坦普尔将自己描写的人称为“班图”，但值得注意的是，他毫不犹豫地宣布自己的发现与所有在更广泛“非洲人”群体中工作的人息息相关。

[9] 见非洲哲学家，例如姆比提（Mbiti）、韩唐德基（Hountoundji）、维雷杜（Wiredu）和卡加梅（Kagame）的作品。姆比提是肯尼亚的一位神学家，非常认同坦普尔“事实上存在一个基本非洲哲学”的观点。这是值得注意的，或许是由于他身处美国，他的作品对普遍拥有当代非洲哲学思想复杂性的美国黑人思维及探寻非洲源头的黑人知识分子产生的影响最大。

[10] 见阿列（Allier，1929）、博厄斯（Boas，1911）、李维-斯特劳斯（Levi-Strauss，1966）的作品，并且许多其他标题都可以在任一人类学图书馆里找到。

[11] 不幸的是，对曼诺尼来说，情况并非如此。10年后，他记录了自己的不愉快，他惊奇地发现因自己的心理学而被攻击，

并不得不意识到他的书必定会从政治角度被解读（Mannoni，1966: 328–329）。

[12] 这里指的是非洲裔心理学家所进行的心理学工作。这些心理学家在非洲大学心理学系出现以前大部分是在西方接受培训的。有明显证据表明，独立非洲的心理学对这一学科基础的挑战一直很迟缓，从而难以形成自己的指称术语，仍旧不加批判地强烈依赖西方观念、方法和测量仪器，并将它们应用在非洲各个学科上。

[13] 两种假设都表明了人类学研究对非洲经验主义心理学的影响，这或许可以将其与西方心理学区分开来。

[14] 有趣的是，在西方，性向测验也是首先在军事方面得到发展的（Rose，1990）。

[15] 例如，比斯赫费尔（Biesheuvel）被认为十分成功地开发和使用了性向测验。他将非洲金矿新雇员划分成管理层、机械和非机械类职业，以便各司其职。随后他受到委任，赴约翰内斯堡国家人力资源研究所（National Institute for Personnel Research in Johannesburg）做指导工作。

/ 第三章

# 发明黑人身份

黑人今天正在经历一个内在的转化，即将他们从对白人主导的意识形态依赖中解放出来。革命思想已经渗透到黑人生活几乎所有的层面：占主导地位的白人社会的哲学和道德非但不是神圣的，反而在很多方面还是堕落和亵渎神灵的。

在这一章中，我们将考察北美洲黑人学术心理研究及理论的产生和发展。在此之前，也许值得注意的是，将“黑人”作为一个概念类型来使用是在社会中发展起来的，在那里“种族”不管如何被划分都是一个主要的社会分裂问题。我们在前面的章节中了解到种族主义话语经历了很长时间的演化及这些话语如何渗透殖民心理的，所以这个学科常常使主流种族假设变得合法化，以带有成见的方式将非洲建构为一个单一广泛的“他者”。在这一章中，北美的黑人心理学研究将作为进一步调查心理学和种族政治之间关系的一种手段而展开。我将证明主流的和黑人的心理学都将黑人假设为一个单一的主体，并对此做出很多概括性总结。

这些是我要提出的主要问题：心理学理论是如何受到奴隶制、民族解放和当代白人统治残留的影响的？心理学及后来的“黑人心理学”在20世纪发生了巨大的变化这一背景下，对“非洲裔美国人”身份会有何见解？黑人心理学家是如何干预理论建构，以及他们有关黑人的理论是如何从本质上体现与那些白人心理学家的异同点的？由黑人权利运动预示的民权运动和新的种族自信带来了什么样的变化？

直到20世纪20年代，心理学的研究一直是白人学者的专属保护区，而黑人是他们的研究对象。那一年，弗兰西斯·萨默（Francis Summer）成了第一个获得心理学博士学位的黑人。随后，在30—40年代他支持了肯尼斯和玛米·克拉克（Kenneth & Mamie Clark）的“黑人身份”研究。到了50年代，仍然只有50个黑人有心理学博士学位。虽然自60年代以来这一数字一直稳步增加，但黑人仍然很少涉足这一学科。此外，在50—60年代他们参与的领域主要集中在人种学和社区心理学上，新兴的主流理论和研究领域少有参与。类似的情况已经在其他研究领域盛行，这暗示着学术研究反映出了美国社会剩余部分的种族分裂，但这同时也表明，既定心理学使黑人学生不太可能有选择的余地：

> 主流心理学（行为主义心理学）不适合研究诸如此类的问题：种族歧视和压迫、黑人的心理社会现实，或者作为一名美国黑人的后果。因此，显而易见，很少有美国黑人认为心理学是一门富有吸引力的专业。它被看作一个狭窄的、令人窒息的领域，特别是对与美国黑人最直接相关的主题视若无睹。
>
> （Boykin et al.，1979：5）

也有可能的是，对黑人进行心理研究的限制因素直到20世纪60年代末仍旧令人气恼。在最后一章中，我们会看到种族主义心理理论是如何用来反对废奴制的。下一步是考虑在奴隶制废除（因为这已是众所周知）后及21世纪黑人心理学的发展，随之而来的是美国社会会发生怎样的变化，以及这些变化如何影响黑人心理学理论。

在背景方面，值得注意的是，解放后出现了大量黑人向北迁徙的局面，人们离开南方的田园农场，到美国的某个地方去拓展城市中心。成千上万的人前往西部，在新时期早期那里的黑人相对较少。到了1910年，170万黑人已经离开了他们的出生地，而在第一次世界大战期间，500万黑人去了北部地区（Frazier，1949）。出现如此大规模迁移的原因在这里不便细讲，但很明显的是，解放并没有遗留给已获自由的奴隶有价值的东西。事实上，在南方的许多地方，其情况和解放前相差无几：黑人在种植园成为遭受重重剥削的劳工或沦为一个没有土地的底层漂流临时工。设法取得一点土地的很小一部分人被迫在艰苦的条件下生活；妇女和男人都在遭受痛苦。那些去了北方，特别是去城市里寻求更好生活的人找到了像工匠、佣人、裁缝、农场及建筑工地临时工这样的工作，在芝加哥、底特律之类的发展中的工业中心形成了一个新的黑人无产阶级[1]。

黑人社会和家庭生活之间的巨大差异，在E.富兰克林·弗雷泽（E. Franklin Frazier）的作品中得以揭露。其对黑人家庭的社会学研究强调在奴隶制存在时期及之后，由于黑人生活的社会背景不同，出现了大量黑人家庭。他详细阐述了创造出女性为首（“母系制”，matriarchate）和男性主导（“宗族制”，patriarchate）的家庭形式的动力学。“母系制”产生于奴隶制存在时期，那时白人奴隶主并不尊重黑人的血缘关系。“宗族制”的产生是有诸多原因的，比如，占主导地位的基督教婚姻形式讲求的忠诚，男性奴隶维护自己在家庭里的“国王”地位的需要（奴隶主却有特权长期否认他们）及城市无产阶级极端男性主导地位的主张。

自然出现的“黑人”社会学内部可以划分为两个主要的思想流派。弗雷泽是一个社会建构主义者而非本质主义者，他认为美国“黑人人格”是奴隶制存在时期及之后在当时总体社会状况的作用下形成的，尤其体现在种植园经济中的黑人角色（Frazier，

1939: 360)。他很少思考另一种可选择的学派思想，即强调联结黑人与他的出生地、“野人生活”或是当时已被殖民人类学家记录的“原始”非洲。他承认非洲的过去，却否认非洲文化有助于了解美国黑人在现代、后奴隶制时代的生活：

> 或许历史上从来没有一个人像黑人被带到美国那样被完全剥夺了其社会遗产……除了风俗习惯、希望和恐惧之外，非洲的祖先什么也没给他们留下。
>
> （Frazier，1949: 15）

通过这一立场，弗雷泽能够拒绝生物和文化决定论的观点——假定一个单一的、本质的黑人根植于种族和文化的残存物。相反，他认为，不同的生活方式和家庭形式的产生是由于黑人生活在不同的社会条件中。换句话说，他认为种族之间没有根本的区别，更愿意赞同美国黑人会被同化和社会化，最终成为完整美国公民的观点。奴隶制和极端痛苦的历史已经过去了，前行意味着突破过去，在美国社会中建立起新的位置。

弗雷泽和他的同事在社会学领域描写的美国社会的巨大变化，很快引发了研究者对“黑人心理学”新的探索兴趣[2]。第一个研究来自犹太心理学家，不久之后，黑人心理学家也涉足该领域。现在我们将审视黑人心理学是如何在“种族问题”方面成为确实具有一定影响力的研究专业的，尽管它曾经狭隘和令人窒息。

## 心理学中有关黑人的说法

黑人没有个性特点，其根源不能追溯到他困难的生活环境。这条规则没有例外。最终的结果是一个不幸的封闭生活。（Kardiner & Ovesey，1962：81）

这标志性的声明揭示了20世纪60年代之前心理学确立的普遍看法。我认为这个将黑人视为受害者的观点，是和后奴隶时期主流言论相一致的，同意后奴隶制话语占主导地位。这可以结合当时变化着的种族政治加以理解。为了理解为什么黑人的某些理论会流行到足以成为确定的事实，我们有必要考虑当时更广泛的社会条件和制度问题。这些条件如何使某些想法占上风，并达到使它们被接受为真理这样的程度？

之前提过的迁移的结果是，在20世纪第一个10年里，城市黑人数量出现了巨大幅度的增长。工业化的劳动力需求随后就下降了，所以，当美国进入20世纪20—30年代的大萧条时，城市黑人发现自己成了一个没有工作之后也没了其他必需品的新的底层阶级。和欧洲一样，美国也进入了社会福利时期，随之而来的是用来调节和控制城市群众的新方法[3]。

1935年，美国青年委员会成立。到1938年，黑人儿童遭受着心理问题这一观点被广泛接受，由此一个专门的咨询委员会成立了。鲍威尔（Powell，1973）描述这个委员会的任务是协助开展一个有关黑人青年个人发展中所面临具体问题的调查研究。换言之，在这个时候，它已经正式理解了黑人儿童是受害者。正是这些“独特的问题”成为接下去几年里许多调查研究的主题。特别咨询委员会委托了一批研究人员在美国的各个地区对黑人儿童是否受到了侵害展开调查。对于心理学家来说，问题不在于知晓大家是如何认为的，而是要进行实证研究，为已被广泛认为黑人儿童遭受着的“独特发展问题”找到一个概念性说法。心理学家意识到高层次的官方兴趣也转到这个新兴的社会研究领域。他们努力的结果可以分为两个主题。

### 受害的黑人

这些观点将黑人解释为心理上受折磨的个体，整个身份是由白人种族主义确定的。卡丁纳和欧福瑟以1950年联合国教科文组织有关种族的声明来引出他们的研究，声称这是“人类普遍的兄弟情谊”。他们向弗雷泽特别致谢，感谢他对这本书的总体性建议，也感谢其他许多人，包括肯尼斯和玛米·克拉克（Kenneth & Mamie Clark）夫妇（见下文），感谢他们帮助自己找到采访对象。因此，研究所是在黑人社会科学家精英的支持和协助下进行的，其意图是反种族主义。

那么既然反对过度概括和成见，他们的结论最终又是如何轻易成为一个有关广义的和病态的“黑人人格”、重申黑人低劣性的声明的呢？部分答案在于他们使用的临床方法及他们的被试者中鲜有黑人成功例子的事实。他们所描述的美国黑人是他们在采访25个黑人男性和女性的基础上构建的，其中有11人当时正在接受临床治疗。其他人，大概是其中情况最差的被试者，仅接受了1小时的治疗。卡丁纳和欧福瑟绘制的个人肖像很细致，抓住了种族主义对个人精神动力学作用的一些亮点。但问题在于他们将个人的特殊性用作“黑人人格”一般表述的基础，而这些表述无法名正言顺地从这些材料中得出，即使可以提前得出关于个人发展过程的理论也不行。他们假定“黑人”是一个统一的人格类型，所有的黑人都符合这个建构。绝大多数反对卡丁纳和欧福瑟的“黑色即耻辱”这一说法是在反对其消极内容，而不是反对单一“黑人人格”的哲学前提。卡丁纳和欧福瑟的批评者不是在质疑黑人主体的单一性，只是在拒绝他们的描绘。

然而，卡丁纳和欧福瑟的做法摒弃了白人和黑人之间有本质区别这一旧有的生物种族主义论据。像弗雷泽一样，他们将人类主体（此处指黑人个性）视为社会和历史创造的，而不是基因编程和无法改变的。他们做出的总结并不基于生物学上的关于黑人病理的断言，而是基于社会和文化上的确定性因素，其理论的无效性源于一个前提，即仅根据其与“白人”的差异来定义一个单一的“黑人个性”。尽管他们声称希望避免刻板印象，但结果还是一个对基本的、老一套的“黑人”主体进行了缩略性的建构。

卡丁纳和欧福瑟的“黑人”不仅仅是其范式的假象。黑人被自己的不幸遭遇所损害且伤痕累累的观念已经在文学作品中明确表达出来，并且到处被用来表明种族主义社会的不公正。黑人抗议派作家，例如拉尔夫·埃里森（Ralph Ellison）、詹姆斯·鲍德温（James Baldwin）和理查德·赖特（Richard Wright）也提到，痛苦已经成了作为美国黑人必须承担的最为突出的内容之一。这样，卡丁纳和欧福瑟（和所有将“黑人”视为受害者的其他人）只是重申现有的写照，将其转为精神分析和社会学术语。问题不在于他们的解释是否正确，而在于他们的假设，对于“黑人个性”这就是一切，这一假设只涉及黑人文化和社会生活复杂性的外在，将黑人视为白人种族主义社会结构被动的受害者。

卡丁纳和欧福瑟的著作，忽略了一个事实：早在20世纪20—30年代就有了关于黑人生活的各种不同的描绘。当他们将要开展研究时，哈莱姆文艺复兴（Harlem Renaissance）[①]出现了。兰斯顿·休斯（Langston Hughes）、佐拉·尼尔·赫斯顿（Zora Neale

---

① 哈莱姆文艺复兴，又称黑人文艺复兴，是20世纪到经济危机爆发前10年间美国纽约黑人聚居区哈莱姆的黑人作家所发动的一场文学运动。这一运动的主要领导人艾兰·L. 洛克（Alain L. Locke）曾说：“美是最好的牧师，赞美诗比布道更有效果。”哈莱姆文艺复兴提高了黑人的文学艺术水平，从中涌现出一批优秀的诗人和小说家，如下文中的兰斯顿·休斯及佐拉·尼尔·赫斯顿等。该运动对促进黑人文化事业的发展，提高黑人民族的自尊心产生了深远的影响。（译者注）

Hurston）和其他人创作了伟大的文学作品，庆祝和称赞了美国黑人的文化和成就，使一个自治的非洲—美国文化空间得以存在。心理学家事先并不了解黑人的社会生活和心理，在撰写简化的精神病理学时，把他们的理论限制在了种族主义对黑人心灵造成的有害影响上。在他们的作品中，不存在任何可见的对黑人长期遭受压迫经历的各种集体（文化）反应，或者是除种族主义以外他们有过的任何经历事实。种族压迫本身就其作用来讲不足以被概念化为整体、综合和均匀的。背叛和勾结、反向和阻碍在社交礼仪和行为方面的细微差别和复杂变化，使种族主义成了一个几乎不曾被触及的社会过程。

如今，临床和心理分析技术，例如卡丁纳和欧福瑟（Kardiner & Ovesey）采用的那些，有一大部分被更为简化的方法所取代。坚持经验主义哲学原理，研究心理学家已将精力集中在对可观察行为的测试上。因此，他们不得不在很大程度上依赖于“科学”的方法，即使用实验和心理测量技术。这意味着，关于人格和社会关系之间的重大理论问题已经在很大程度上被微观假设的测试和更易于进行实验管理的概念测试所取代。自我概念的心理研究是还原论要求的一个结果，使可衡量和可检验的实验构想成为一个焦点。自我概念理论特别吸引了黑人心理学家和研究黑人心理学家的注意力，黑人更为经验化的心理结构发展正是我们现在要转向的研究方向。

## 消极的自我概念

就像卡丁纳和欧福瑟一样，露丝和尤金·霍洛维茨（Ruth & Eugene Horowitz），也工作于20世纪30年代深刻的种族主义背景下。种族隔离是通过法律被坚持和强制执行的，而有偏见的刑事司法系统则容忍和纵容公共处死“越线”黑人的私刑。换句话说，种族不平等是通过长期容忍恐怖主义和恐吓行为，通过不断诋毁黑人来维持的。

正是在这样的背景下，黑人和白人的研究人员在20世纪30年代至60年代进行了心理研究，并构建了一个统一的美国黑人主体：一个自我憎恨的人拒绝了他自己的种族集团。自我概念的研究首先是由霍洛维茨夫妇进行的（Ruth Horowitz，1939）。他们开发和使用了种族偏好测试，其中包括展示照片给婴儿和年幼的孩子，并给出问题，如“你最喜欢谁?”“你愿意坐在谁旁边?”。第一个种族偏好研究（Eugene Horowitz，1936）专注于建立社会而不是种族态度的本能基础，事实上，它发现成长在同一个福利院的孩子们没有表现出与普通家庭成长的黑人和白人儿童一样的种族偏好。露丝·霍洛维茨对丈夫的发现（黑人男孩对白人的照片显示出了轻微的偏爱）很感兴趣，开始对婴儿进行进一步的研究。她不感兴趣的一个事实是，和黑人男孩一样成长在同一个美国社会中的白人男孩，对白色照片与黑人男孩表现出同样的偏好。她感兴趣的部分在于她认为种族偏好暗示了更深层次的人格。她继续进行了一些实验，调查儿童的能力，正确地识别自己的身份（种族）和他们对白人或黑人照片的喜好。在一些调查结果的基础上，她得出结论，认为黑人男孩出现了她所谓的“一厢情愿”，也就是说，虽然他们从小就知道他们是黑人，却相反地希望他们是白人。克洛斯（Cross，1991）对霍洛维茨的研究进行了细致的二次分析，其间他暴露的方法误差和研究的无组织性在于，忽视了对黑人女孩和白人男孩的测试结果无法肯定黑人自我憎恨假设存在与否的事实。微小的样本容量和她对测试结果选择性的解释，且没有提及研究对象处于幼龄阶段，这些都是缺陷所在，足以破坏“黑人是受害的、自我厌恶的生物”这一理论，而不是为之提供科学合理的解释。

除上述提到的官方舆论将城市黑人视作一个问题之外，霍洛维茨夫妇可能深深受到了日益增长的欧洲文学关于犹太人的心理学的影响，而他们夫妇二人是犹太人。这些欧洲文学将犹太人解释为是自我憎恨的，很大程度上归因于上升的法西斯主义和反犹太主义环境。当克洛斯（Cross，1991）注意到“二战”期间这对夫妇将可辨认的犹太人姓名“Horowitz”改为“Hartley”的事实时，他指出这对夫妇很可能会憎恨自己的银行账户。这似乎可以公正地表明，由于自己的犹太人出身，他们认为别的受压迫的少数民族有和他们一样的感觉：希望成为其他民族，掩藏起自己的身份以免被搜查，以便先于同胞逃跑。当然，对于那些明显不同于黑人的人来说，这不是一个选项，"一厢情愿"的白人幻想方是唯一的出路。

无论如何，霍洛维茨夫妇的努力仍然可能变得毫无意义，如果思路和测试技术的发展没有受到另一对夫妇追捧的话。但这一次不是犹太人，而是黑人，后者最后在美国黑人的心理学上的成就也远远高出霍洛维茨夫妇。

**心理学和公民权利：克拉克夫妇**

肯尼斯和玛米·克拉克在20世纪30年代学生时期就开始了对黑人自我概念的研究。由于他们最为出名的是从经验上证明了黑人要成为白人，那么值得注意的是，总的来说，他们的首次研究无论如何都不算种族偏好的研究，而是儿童从选择不同肤色娃娃的过程中正确识别颜色能力的研究，实际上，这挑战了黑人希望成为白人的整体思路。在1947—1950年间，他们才对课题做了进一步研究，接着发现黑人儿童确实表现出更喜爱白人娃娃。在1955年之前，没有进行进一步的测试，但在重新分析了20世纪30年代的研究后，克拉克认为他们已经找到了稳定、持久和重要的"黑人人格"维度。

克洛斯（1991）对克拉克的研究进行了批判，点明了各种有违常理之处和方法上的缺陷。他们似乎也忽略了一个事实，即使是偏好白人娃娃，这种偏向在儿童7岁以后也会消失。在仔细检查他们数据的基础上，克洛斯证明他们的结论不是由他们自己的实验数据证实的。为了肯定自我厌恨的假说，他们利用机会对接受精神治疗的其他儿童进行临床观察。似乎是一些孩子做出的负面评价给克拉克夫妇造成了这样的影响：他们将这些孩子的反应作为普遍性的代表，不仅代表其他孩子的种族身份认同，还代表所有的黑人身份认同。然而，尽管这些研究有缺陷，但黑人的自我厌恨的理论仍被广泛接受。为回答这一问题，即为什么它会是如此，我们必须求助于更广泛的社会条件和制度需求来做进一步的研究。

一篇刊载有克拉克夫妇发现的历史读物显示，美国黑人自我厌恨的假设性建构是如何与黑人民权运动和废止种族歧视政治议程的新兴话语发生共鸣的。黑人受到种族迫害的现状成了废除种族歧视政策斗争的中心主题。肯尼斯·克拉克应美国全国有色人种协进会（NAACP）要求帮助他们撰写反对种族隔离的案卷，其专著被列入美国最高法院摘要。这为我们提供了一个良好的例证，即一个特殊发现的制度借鉴是如何在接下去几年时间里影响心理学理论的话语的。在这个例子中我们看到受种族主义侵害的“黑人人格”心理学不仅可以用来建设白人社会，还可以经由黑人民权游说，撼动种族主义制度基础：种族隔离。

黑人为争取得到和美国白人公民相同的权利而进行的斗争被

称为“民权运动”，这是自奴隶制终止后为黑人解放开展的第一次重大运动。在美国的黑人仍然被排除在住房、就业、卫生保健和教育之外，这可归因于制度歧视：一种在后奴隶制时代发展起来的种族隔离制度。到1963年，反对黑人持续受压迫的声援运动发展迅猛，有50万人参加了被称为“向华盛顿进军”的运动。这种和平的示威活动既是一个高潮，又是一个开端。这是黑人日益增长的愿望的高潮，以表达对种族问题缺乏进展的不满。这是一个新的抗议时代的开始，以静坐、罢工、全国各地学校联合抵制和其他形式的大规模运动，向政府中心发起冲击。全国有色人种协进会的领导，马丁·路德·金，或许正确地阐明了黑人对一体化的渴望，希望能像白人一样享受同等的权利和自由。

这是所有的社会和经济证据都支持的一个立场，坚定地指出黑人不同程度地受到了剥削。在1964年，60%的黑人家庭每年以不到4000美元的收入维持生活，很多人远远生活在贫困线以下。所有的证据都表明，白人和黑人之间的差距一直在扩大。“向华盛顿进军”（the March on Washington）运动之后一年，政府开始做出回应：约翰逊总统的国情咨文宣告“无条件对抗贫困”。这在一定程度上是为了应对黑人反叛日益增强的恐惧。产生这种恐惧不仅是因为黑人在美国社会遭受压迫、丧失人性的现象有连续的证据，还因为民权运动中的和平抗议活动已经得到了南部白人团体制造的一系列暴力袭击和血腥屠杀的回应。1964年，《民权法案》

（*the Civil Rights Act*）很快在国会通过，成为法律，取代所有其他事务成为重心。紧接着，1965年又出台了《选举权法案》（*the Voting Rights Act*）和《反贫困法案》（*the Anti-Poverty Bill*），旨在缓解城市贫困危机。这些立法成就是民权运动的重大胜利。然而，黑人深度的挫折和痛苦并没有在一夜之间被抹去，白人反击仍在继续。在民权运动的领导阶层继续进行和平抗议活动，呼吁人们保持冷静之时，一个新的、更激进的黑人政治学正酝酿在城市贫困和黑人遭受压迫歧视的熔炉之中。

我们可以对黑人自我概念心理学的这一讨论做个总结，指出黑人身份的心理学研究起初占据并且选择性地重申了一定的历史遗产，而忽略了其他的。黑人现在被视为正遭受种族主义社会的迫害，而不是必须改进的天生低劣的某个物件。然而，这意味着将白人种族主义看作黑人身份形成的唯一因素，而忽略了对许多黑人来说可资利用的各种文化参照物。结果就产生了一个狭窄的单一维度的视角，简单地说，这是将黑人心理学话语渗透入20世纪70—80年代的一个刻板印象。

美国最大、最有影响力的黑人组织将自我厌恨假设主张解释为不只是一个在这些新的科学心理学发现中寻找和谐统一的种族主义话语问题，也不是白人科学家们重申他们偏见的问题。反对组织也对黑人的特殊建构产生了兴趣，并且在这些人中，黑人心理学家扮演了一个核心角色。

随着时间的推移，黑人自我概念被进一步研究，并出现了不同的结果，其中有许多难以将黑人的论题确认为消极的自我概念（Deutsch，1960；Pettigrew，1964；Rainwater，1967），而一些研究却发现白种盎格鲁-撒克逊人的自尊心比黑人弱（Powell，1973；Rosenburg，1972）。对这些矛盾性研究结果的解释也各不相同。一些解释（Kardiner & Ovesey，1962；Powell，1973；Pugh，1972）将研究结果中消极自我观念想法的减少归因于使黑人减少自我厌恨的更广泛的社会变化，而不是表明黑人自我厌恨的论题存在问题。其他解释（Banks & Grambs，1972；Cross，1991）关注早期研究中的方法论缺陷，认为将之改进并完善会促进事情真相的发现。

这一方法论批判表明，科学方法并非在任何情况下都该被坚持，据此，实验室以外的环境和氛围显然发挥了重要作用。这些环境氛围包含了福利主义和民权组织的制度需求，以及那些困难时期政治上的权宜之计。丰富度和多样性，或者在为城市贫困黑人争取资源和项目及反对种族主义和种族隔离政策的斗争中体现出的多样性的细微差别，几乎是不存在的。

最终，从识别和偏好测试中推断出的关于黑人身份的普遍结论，其有效性也受到越来越严格的审查。在美国种族关系中发生的更广泛的社会和文化改革及变化很可能引发了自我厌恨理论的衰落。即使在今天，自我厌恨理论仍然在一些圈子里流行，有关黑人身份和黑人心理学的其他许多理念随后便得到了整体发展。(Boykin et al., 1979)。

以上所有著述的一个共同假设是，存在一个单一的黑人主体，或者在殖民主义心理学情况下（第二章），存在一个单一的非洲主体。这表明有关“黑人”的总结往往建立在很不充分的证据的基础上。甚至在将“黑人”视为社会化建构的地方，这也只是种族主义的整体概念。可以在“黑人经验”标题下进行分类的社会现实的其他方面和各种经历，并没有在目前为止已讨论过的著述中起重要作用。这不能被解释为由于缺乏证据。有一篇有关非裔美国人历史的简要文章，显示这是复杂多样的，是对奴隶制时期和废除奴隶制之后盛行的高度压迫环境做出的一系列文化和其他方面的反应。然而，心理学研究总是降低这种复杂性，以便生成有关“黑人”的简单“真理”，去迎合当时占主导地位的思想和实践。

在上述提及的结构中没有划分出的“黑人”类别中，多样性的一个维度是性别。“黑人”被认为是男性，对性别的考虑也没有得到解决。事实上，在露丝·霍洛维茨早期实验发现女孩中“自我厌恨”证据更少的时候，她决定放弃样本中的女孩，以达到她所期望的结果。所有这一切都是忽视性别的，但在这一切的核心，受迫害的黑人是一个男性主体。这为后续的社会科学工作铺平了道路。这些科学社会工作关注黑人男性贫乏的自我概念，在某些情况下，把这种责任断然归咎于黑人女性。

## 20世纪60—70年代：黑人心理学的出现

是什么样的社会条件使得心理学家们假定了将“黑人心理学”和“白人心理学”区分开来的需要？是什么导致黑人心理学家在现有通用的专业和学术论坛之外，形成了他们自己的组织？心理建设的种族主义为黑人心理学家将自己视作专业人士提供了足够的理由，但这并没有使黑人心理学变得专业。黑人心理学是指黑人从事的黑人心理研究，并已深深扎根在美国[4]。在它内部，已经提出了关于现代心理学是否为黑人研究和黑人心理学家们感兴趣的议题做好充分准备的重要问题。许多人认为，心理学虽然要求科学中立，但其实是种族主义的，因为它提出的各种观点是针对黑人的。对于一些人来说，黑人心理学意味着对现有心理学理论、方法和实践的使用，只不过是将它们应用在黑人身上。其他人认为，黑人心理学将不得不发明新的方法。黑人心理学已经不是通常意义上的，白人心理学家、种族心理学家或是人类学家进行的黑人研究。关于它如何被定义和发展的不同立场继续在黑人心理学家之间受到争论，特别是在黑人心理学杂志上。就目前而言，我们只关心黑人身份的心理研究。在这一章中，我的目标是探讨黑人心理学话语有关身份的演变，以及他们与在黑人流行文化和更广泛的社会和制度发展过程中出现的变化之间可能存在的关系。为此，本文追溯了心理学话语与主流机构、黑人运动的制度需求及实践之间的关系。

20世纪60年代，斗争和压迫愈演愈烈，民权运动的和平主义被黑人权力运动的斗争所取代。身份诉求不再强调要求融入白人的机构、文化和社会，而是强烈主张黑人身份的特殊性和独立性。而以哈莱姆文艺复兴形式出现的50年代文化变迁，则是以欢庆黑色和宣扬“黑人”人性为中心的。黑人权力运动认为这是对白色压迫的拒绝，并提出了一种关注黑人权力获取的哲学。这是一个令白人机构和白人社会恐惧的想法。在黑人社区多样化的新组织涌现了，以不同的方式表达这种好战的态度。例如“黑色穆斯林”（Black Muslims），就使用了以利亚·穆罕默德（Elijah Mohammed）对伊斯兰哲学高度种族化的解释。“黑色穆斯林”思想由马尔科姆·艾克斯（Malcolm X）首先传播，随后发展到了他称为“黑人民族主义”的更广泛政治意识形态中。在同一时期，经常受到当局人身攻击的黑人社区组织，宣布他们希望拿起武器反击，并组成了黑豹党（the Black Panther Party）进行自我防御，以爱尔德里·奇克利弗（Eldridge Cleaver）和斯托克利·卡迈克尔（Stokely Carmichael）为主要发言人[5]。

这一时期关于社会科学的最著名的作品是由白人莫伊尼汉（Moynihan）和阿瑟·詹森（Arthur Jensen）创作的。《莫伊尼汉的报告》（*The Moynihan Report*）发表于1965年，距《民权法案》发布仅仅过了一年，其将“黑人家庭”解释为一种致病的母系制度，认为这是大多数黑人问题产生的源头。这引起了激烈的争论。1969年，詹森在著名的《哈佛教育评论》(*Harvard Educational Review*)上的文章再次提出了旧有的基因论。他认为，黑人儿童的低智商是遗传的结果而非社会因素，因而社会干预是徒劳的。

1968年，标榜黑人激进主义的全国黑人心理学家协会建立，之后，其影响力也很快达到了顶峰。詹森臭名昭著的有关教育体系中智商和黑人学习成绩不良的文章引发了新一轮关于种族和智力的辩论，吸引了行为科学家和更广泛社会的关注，热度持续到20世纪70年代[6]。在这场反黑人研究的猛烈攻势下，一项研究发现，在70年代早期成为专业心理学家的黑人，是为了自我防卫和解决问题，而不是主动运用了作为美国黑人的优势条件。因此，70年代的黑人心理学家被描述成下述状态也就毫不奇怪了：

> (a) 致力于批判有关黑人心理现实的学术神话。
>
> (b)“看护”他们的群体，并努力保护他们，以免受白人社会科学家的进一步侵害及源自他们研究的不利社会政策和行动。
>
> (Boykin et al., 1979)

总之，这是一个限制破坏性运动和清扫活动的时期，穿插着一些对黑人斗争性的态度调查。不用说，这项工作的开展并没有开发出新的根本性的研究范式，也没有挑战现有的心理方法。这可能是因为大多数黑人心理学家在进行突破性研究时缺乏制度的支持。相反，他们专注于运用学过的方法，这些方法在经验主义范式中最为正统。虽然他们致力于研究黑人群体问题，例如心理健康、人格评价、教育、智力和成就、种族歧视和种族融合，但他们没有挑战经验主义心理学的前提。心理学，比其他社会科学更集中在一个狭窄的二元范式，这种范式后退到从生物学角度对人类行为做出解释，把“个人”“家庭”和“社会”看作天然的，而不是试图研究或理论化他们形成的方式。当时可以假设一旦有足够的黑人心理学家，心理学将不再繁衍出各个时代占主导地位的种族主义社会思潮。从黑人的视角看待现有的理论和主流心理学方法，便可以得出这一假设。

黑人心理学家可能更关心社会，特别是种族主义者和条件，因此他们在研究上采取简化论方法。反映在格思里（Guthrie）的题为《甚至老鼠都是白种》（*Even the Rat Was White*）的研究中的抱怨，更像是对忽视老鼠行为主义统治地位的控诉而不是挑战。其他人呼吁“黑人行为主义”应得到发展（Hayes，1980）。新兴黑人心理学的重要经验主义推动力在20世纪70年代的前沿作品中地位很明显（Banks，Grambs，1972；Boykin et al.，1979；Wilcox，1971）。黑人心理学的中心主体和主流心理学很像，仍然被认为是一个单一的、静态的和理性的主体，这里的重点也仍然是什么是可衡量的、可量化的和可观察的。

然而，黑人心理学家开始着手处理黑人关心的问题，即使他们的概念框架限制了其在某些方面的努力，他们仍然在黑人研究中成功地开辟了一个新的知识领域。他们也采取了具体措施来抵制心理学技术对黑人的负面效应，例如黑人心理学家协会强制暂停心理测试的应用，在那些心理测试中黑人儿童的得分比白人要低。黑人心理学家着手建立一套新的措施，试图把黑人的社会和文化现实考虑在内。

也有人想让黑人心理学摆脱现有范式的束缚。例如，瓦德·诺布尔斯（Wade Nobles，1980a），不接受主流心理学，认为它是“白人”的，因而不适用于黑人，黑人心理学应该走自己的路线，建立一个可以从黑人文化起源——非洲得到的哲学基础。他和其他非洲中心主义心理学的拥护者，在从北美黑人研究中提出的非洲中心主义学派上受到了许多启发。然而，被确认为黑人心理学合理框架的非洲心理学，其定义过于基础和简单化了。这倾向于依赖一两个非洲哲学家的工作（Mbiti，1969），而忽视出现在非洲知识分子之间的广泛的哲学争论：那些争论表明，没有一套原则，可以被定义为基本的非洲哲学[7]。该地区的规模和文化多样性无法减少到可以涵盖在诺布尔斯用来描述非洲自我的概念内。然而，黑人心理学不断提及一个不成问题的非洲哲学基础，在此基础上黑人心理学的假设得以成立（Parham，1989）。

斗争和民权运动的胜利，以及由此引发的20世纪60年代末更激进的反叛逆流，使非裔美国籍知识分子（包括心理学家）进入了一个自我追问和探索的新时代。黑人激进话语致使黑人心理学家提出了新的问题，他们的早期论文也已经因黑人解放运动而改变了发展方向。毕竟，自我厌恨的黑人不会成千上万地站起来暴动，来反对受到的压迫。这种特殊的结构已经被戏剧性的革命行为，以及带有黑色权力时代特点的自爱宣言所取代。即使在心理学内部，最终也出现了探索新领域的时机。

## 黑人化的心理学

在20世纪70年代，一系列理论使种族身份理论得到发展，使黑人身份的形成过程得以概念化（Cross，1971；Milliones，1980；Thomas，1970）。赫尔姆斯（1990）指出，这些作者中的很多人不会参考彼此的著作，所以会有一定量的重复。重复一般都发生在一个命题上，即黑人从一个白人定义的不健康身份状态向更健康的种族身份转变。他们也都把黑人的身份描绘成在一系列阶段中发展着的，而个人是以线性的方式经历这些阶段的。在各作者之间，只有对这些阶段的细节描绘是不同的。

例如，托马斯（1970）假设白人种族主义在黑人群体中衍生出了一种存在主义病理学，并将其称为“黑人假想战”。基于对W.E.B.杜博斯（W.E.B. Dubois）早期在黑人精神错乱方面的研究

(Dubois，1920)，并且采纳黑人是受害者的观念，托马斯将黑人假想战描述为一种症状，是由于对自我价值、过度依赖白人社会以定义自我、顺从卑屈和对种族问题过度敏感方面的困惑而引发的。这不幸的第一阶段显然与自我厌恨形象有密切的相似性，这些形象主导了20世纪30—50年代对黑人身份的研究，并引发了对黑人自我概念的成见。种族身份发展的理论家们不同于其他人的是，他们并不就此止步，而是开发了一些模型。因为黑人身份是自我人格一个动态发展着的方面，这种自我人格出现于黑人群体内而不是由种族主义之外的力量所定义的。换句话说，他们虽然没有质疑，但事实上重申了预先存在的黑人自我厌恨观念，现在这被看作黑人身份形成的初始点，而不是黑人身份永恒的心理附属物。

“黑人化”被克罗斯定义为成为黑人的过程（Cross，1974，1980)。他的模型（the Cross model）得到了研究人员最多的关注，他认为这可能是由于其已被证明是最适合的实证调查（Cross，1991)。考虑到狭义的经验主义方法在北美心理学中仍然占据主导，这似乎是一个可能性较大的解释。

克罗斯的黑人化模型描述了5个阶段过程，可以总结如下：

1. 遭遇之前（Pre-Encounter)，这个阶段与自我厌恨黑人观念及托马斯对黑人假想战的描述有着明显的相似性，这些描述表明黑人受到了贬低黑人的欧美世界观灭绝人性的残酷统治。

2. 遭遇阶段（Encounter），这一阶段包含了“令人震惊的个人或社会活动，暂时地驱除一个人旧有的世界观，使他善于接受一种对他的身份和环境做出的新解释”（Cross，1980: 85）。

3. 沉浸和浮现阶段（Immersion-Emersion），也可以说是“心理变态的旋涡”（出处同上），是典型地用斗争来移除旧的观点并阐明新的世界观，其中包括“对非洲遗产的颂扬，非此即彼的思维，比你更黑人化的态度”和一种“贬低白人和白人文化，同时神化黑人和黑人文化”的倾向（出处同上）。这一时常反动而又十分戏剧性的阶段据说一段时间之后会趋于平稳状态，从而进入下一阶段。

4. 内化阶段（Internalisation），这一阶段标志着新旧世界观之间冲突的解决，其特点是自信、心理的开放性、多元化和非种族主义视角。

5. 内化兑现阶段（An Internalisation-Commitment Stage），局限于那些认为思想变化具有深远意义的人，其中一些人成为社会活动家。

克罗斯模型自1971年首次提出以来，已经由许多研究人员（包括克罗斯本人）测试和发展。所有这些研究中最详细的综述也是由克罗斯提出的（Cross，1980，1991）。这里将提到其中的关键点，主要用于说明目的。

最早的克罗斯模型研究寻求共识效度。例如，霍尔等人

（Hall et al.，1980）是这样研究的：从克罗斯模型5个阶段的每一个阶段中得出一系列单句描述符，并向90个黑人和90个白人大学生展示，以形成一项分类测试，看看他们是否会像克罗斯阶段那样进行分组。黑人和白人学生都将集群项目分为了3组或4组，符合克罗斯的阶段理论，其研究结果成了克罗斯黑人化模型的证据。同样地，克罗斯（Cross，1974）进行了一项回顾性回忆研究，参与者是来自常春藤盟校的44名男性和21名女性黑人学生，他们都是黑人学生运动的积极分子。这项研究使用了55个项目的调查问卷，由45个象征先前遭遇、浮现和内化阶段的项目组成。到这个时候，克罗斯已经完善了他的模型，因此"遭遇"不再被视为一个阶段，而是作为催化事件或经验。阶段性问卷和后测访谈的结果再次为这一模型提供了支持。

这些研究似乎重复得令人难以置信，以至于即使在他们与其他研究合作进行时，这些研究为克罗斯模型提供的支持已经不足为奇。事实上，克罗斯提出、处理和推导得到他的模型，和其他被用于测试的参与者一样，都来自同一个社会环境。那时，克罗斯的身份是一名研究生。此外，模型提出后，其他人为每个阶段进行相似的项目分类似乎有着极大的可能性。在接受访谈时，很明显，大多数黑人大学生活动家认为自己经历了转变、好战性及他们共同黑人身份的成熟这些阶段。

关于性别差异，克罗斯确实发现了男性沉浸和浮现阶段更为强烈，并表示这可能是项目中男性偏多的结果。当然，它只是简单地反映了一个在他所研究的成员运动中的偏向。一般情况下，采样都会包含两种性别的学生，并且很少发现性别上的差异，在他们项目分组和经历发展阶段后的自我看法上，男性和女性似乎得出了大体类似的结果。

在进行了一个和上述非常类似的实验之后，完全建立在研究学生取得数据的基础之上，库雷特等人（Krate et al.，1974）指出了种族身份与变化中的社会环境之间存在一定关系的问题。以城市低收入的黑人青年作为一个比较有代表性的群体为例，他们对他们自己的北方州立学院学生进行了研究，但其研究结果也为克罗斯模型的交叉研究提供了支持。

大多数测试该模型真实性的研究为该模型提供了支持，但可得出的结论局限于他们的实验特点，即大多数研究继续依靠容易获得的黑人大学生作为受试者的事实。也很难避免得出这样的结论：这种工作，与很多经验主义心理学一样，有一个明显的自我实现元素。研究可以在实验上重现研究人员已经知道的有关其社会环境的东西。

克罗斯模型也被用作至少两种心理学工具发展的基础，用于测量和确定一个人在给定的一个时间点处于哪一个阶段。米莉·安尼丝（Millie Annis，1973）开发了一个66项策略，她称之为“黑人意识的发展量表”（Developmental Inventory of Black

Consciousness，DIBC），而戴维森（1974）开发了20项态度量表，即黑人团体认同指数（Black Group Identification Index，BGII）。

托马斯·帕汉姆（1989）是这一传统中超越了该模型有效性实证检验的唯一一位研究者。他也是第一个提出重要领域概念重建的人。在研究过程中，他解决了在20世纪80年代大量出现的有明显局限性的问题（Mama，1987）。例如，他也注意到了一个线性阶段模型，该模型假定存在一个正经历有限身份变化的统一主体。相应地，他采取了一种不同的方法。借用威廉·杜博斯和马尔科姆·艾克斯的生活传记材料，他指出，这两个人，生活于两个不同的时期（杜博斯主要活动在世纪之交，马尔科姆·艾克斯出生于“一战”后的年代，逝于1965年），却在身份发展中经历了可辨明的相似性阶段。使用这些例子，并引进成人发展理论来支撑此事，他认为，身份发展贯穿整个成年生活。鉴于克罗斯将“黑人化”定义为一个断断续续的过程，是作为一种特定社会变化（20世纪60年代黑人权利运动的到来）的结果出现的，帕汉姆发现有必要将身份发展的概念化与生命周期相联系。当克罗斯将黑人化过程看作一个有限的东西，认为一旦一个人有了黑人身份便会结束该过程时，帕汉姆提出有必要将成人身份（种族身份作为其中的一个方面）作为一个连续的过程来考虑。

相应地，他发展了克罗斯模型，将各阶段划分为早期、中期和后期成人阶段（Parham，1989）。他暗示黑人化不应被认为是一个有限的过程，而应该是一个可重复的周期，在成人的任一发展阶段有着不同的内容。这个贯穿黑人化阶段的循环，被认为发生在早期、中期和后期成年阶段的不同情境里。处于遭遇之前的中年人被描述为一个高度个人主义的成功者，他/她采取了个人主义和唯物主义的欧洲标准，否认种族主义对他/她的生活的影响，否认白人更为社会化，并且与预先遭遇阶段相比，对他/她的“身份选择”有了更多的意识。他或她的孩子可能成长为主张取消种族隔离的人，他们期望知晓他们的父母在民权时代经历的斗争，并为他们是谁而感到自豪。然后先前遭遇阶段成年人可能会被自己的发现所震惊，即这段历史是不共享的，他们的孩子是黑人身份，这一发现会引发一个自我提问的新阶段，引发新的内疚和愤怒。然后，他们可能改变他们的社会习惯，例如，远离白人朋友或在自己的工作场所引入种族问题。最终他们遇到的强烈情感会褪色，因为改变是内化的。在成年后期，再循环可以通过回顾自己作为黑人的一生来实现，也许会意识到他们的白人同行已经远远走在他们的前面了，会经历一个身份意识的提升，而种族仍在其中发挥着作用，所以会产生幻灭和愤怒的情绪，这可能会通过黑人化阶段再次引发循环。

他进一步指出，存在着各种“解决方案”。一个人可以做的事情有：停滞在任何给定的阶段，以一种阶段性的线性发展轨迹继续生活，或重复经历生命周期的各个阶段。他确实提出了个体多样性的可能性，不仅通过各种列出的选择项，还体现在他的附文中，即个人起步时可能就处于不同水平，这部分取决于父母的种族身份差异和个人成长的周边环境好坏。

这显然是一个比克罗斯原始版本更为复杂的身份发展模型，确实成功地为通过成年期实现种族身份变化的构思提供了一个框架。这一框架模型也意识到了它只是解决了主体性的一个方面，在种族身份之外仍存在许多其他领域。帕汉姆的拓展模型认识到了种族主义的重要作用，但他也声明“黑人/非洲裔的身份是一个独立于社会压迫现象的实体”（Parham，1989：195）。这一主张并没有很好地被他阐述的过程所支持，因为这些确实是以种族经历为中心的。虽然他很可能正确地指出了对黑人身份的反应比对种族主义的更强烈，但非种族方面的内容（即他所提到的黑人/非洲文化本身的价值和结构）是被假定的而不是被描述或理论化了的。在此他不加批判地接受了本质主义的命题，即存在着一个“必不可少的非洲核心”，他的模型与这一立场在理论上是一致的。

我们可以得出这样的结论：尽管帕汉姆的模型相比之前是一个重大的进步，并且已被克罗斯认可，但他仍然无法超越其前任的本质主义假设，即存在一个“天然”的黑人自我。帕汉姆的自我在本质上不是一个谦逊的“黑人”，而是一个更为骄傲的“非洲”自我。而总的来说，帕汉姆的模型可能包含了美国黑人群体中更大的身份多样性。最后它还提出了一个统一的黑人主体，即使这一主体一次又一次地徘徊于黑人化的各个阶段里，抑或是在任何阶段停止（或停滞）下来。帕汉姆做出的最重要的进步是，他提出了一个黑人理论，作为一个动态的主体，产生于内外世界相互作用的过程中，扎根在非裔美国人的经历里。因此，这是一种主体性的理论，超越了黑人身份发展的简单线性阶段模型。个人可以随着时间的推移而改变，不同的人会开始、进步和结束于不同的地方。他无法做到的可能就是让多个阶段（或场合）在任何时间点共存于特定的个体。换言之，虽然多样性被认为是一个独特的、可能发生的事物，但重复性尚未进入理论议程。主体性不仅是社会建构的、随时间变化着的，也是多层次和非单一的，持有这一观点的理论将在本书第二部分进一步加以说明。

虽然黑人化理论家总的来说在种族主义身份理论化方面（将其视为个人和社会相互作用的产物）做出了重要突破，但他们是二元论的，因为他们仍然相信内部世界和外部世界在根本上是独立的。需要进一步发展的理论是将主体性视为一个过程，个人和社会历史同时经历的过程。个人是如何运用和按照社会历史和经验行事，以在相关的种族和性别维度中创造自己的身份的，也留给以后的章节来讨论。

黑人化心理学将心理学变化和社会变化联系了起来。有关种族身份发展过程的心理动力学在这些模型中没有被理论化，身份的这一方面已经从内部心理过程分离出来。也许是由于经验主义范式的应用，可衡量的态度而并非对主观过程的分析或理论化，成了关注的重点。

**尾注：**

[1] 托妮·莫里森的小说《宠儿》（*Beloved*）和《爵士乐》（*Jazz*）中有很多关于这一时期的信息，前者讲述一个逃亡奴隶女性主导的家庭，后者关注于移居北方城市的人物。

[2] 弗雷泽的书，首次出版于1939年，其他的主要作品紧随其后。见1937年考勒德（Collard）和1944年缪尔达尔（Myrdal）的作品。

[3] 心理学理论在欧洲社会福利事业发展中所发挥的作用已经在法国和英国进行了较为详细的研究。这些分析虽然忽略了种族因素，但确实详细阐述了福利主义中的阶级动力学，并假定美国出现了类似的福利主义和社会干预。正如缪斯（Muse，1968） 指出的，许多项目有意讨论城市贫民“问题”，这些贫民的数量和黑人数量是不成比例的，且仍然存在。

[4] 在英国，黑人心理学家很少，在机构中也处于边缘地位。他们并没有把专业工作分离为“黑人心理学”，尽管他们之间已经形成了支持团体来讨论和考虑英国心理学的种族影响，有些人，但并非所有的人，专注于黑人社区工作。

[5] 这一时期的更详细信息见克利弗（Cleaver，1965）、戴维斯

（Davis，1974）、杰克逊（Jackson，1970）和马尔科姆·艾克斯（Malcolm X，1965）的作品。

[6] 这场辩论在其他地方得以广泛报道（Block，Dworkin，1977）。

[7] 非洲哲学方面的文献可参见阿皮亚（Appiah，1992）、韩唐德基（Hountoundji，1983）、卡加梅（Kagame，1956）、陶瓦（Towa，1971）和维雷杜（Wiredu，1980）的作品。

/ 第四章

# 研究主体

在前面的章节中，我们已经看到了从心理话语角度来分析黑人的方式，以及这些话语与在奴隶制及殖民统治历史中盛行的真理的主导机制之间的关系。我关注新兴科学心理学发挥的作用，特别是在坚持和合法化奴隶制和殖民实践方向上发挥的作用。我通过观察西方黑人心理学家对心理学的种族主义功能的反应来结束这一章节，从他们为恰当的心理学概念和方法所做的努力以及将心理学应用于美国黑人社区服务的努力中可以看出这一点。这些举措的目的是用心理学抵消种族主义的刻板印象，而不是重申它们，并产出更多关于黑人心理学的完整认知。不像心理学那样只由种族主义和反种族主义的拥护者使用，黑人心理在黑人文化和政治生活中寻求其他的参考点，正如我对20世纪50—60年代自我观念与民权运动之间密切递推关系的讨论，以及在60年代以后黑人运动中黑人化的心理学研究中所举例说明的那样。

以我在第一章中概述的认识论和政治问题的角度审查之前发生过什么，我进行了对殖民地黑人心理结构的解构。在这一过程中，一种特殊的黑人心理学研究方法的一些关键要素也被揭示了出来，我将在下文予以细述。

在认识论层面上，我认为认知是情景化的，并详细说明了我对黑人女性主体性研究的背景和关注点。在这一章中，我打算详细阐述这一立场的方法论结果，并概述我所采取的措施，以确保我创造出的理论不只是重申现状，即在这一状况下，性别、种族和阶级是压迫的主要方式。

## 选择研究黑人女性

上述讨论的殖民地黑人心理学已经揭示了妇女在这两个领域里几乎完全不被白人和黑人研究人员（其中大多数是男性）考虑。我注意到殖民者、黑人和黑人主体被假定为男性，女性几乎没有被提及[1]。这就使得黑人女性成了一个值得研究的领域。黑人女性和与之相关的研究也可能产生一些材料，暗示迄今为止的种族性别和总体上的社会理论是如何被理论化了的，就像其他至今尚未被考虑的研究组一样。我们已经看到（第一章）西方黑人妇女运动的出现影响了女性主义思想的基本范畴，迫使我们重新考虑什么是单一的女性主体，以及如何理论化一些特定问题（工作、生殖、性欲等)。

然而，选择一个被压迫和被忽略的研究对象，并不一定会改变现有认知。例如，许多女性心理学研究已经重申男权制现状，而非挑战它。更普遍的是，我们必须承认，传统研究通常以不那么强大的群体作为研究对象，不管是大学教授研究的学生、白人男性社会学家调查的年轻工人、西方人类学家反复探究的“土著”，还是精神分析学家偏爱的中产阶级女性，都是如此。绝大多数社会科学研究，特别是心理学，以学生这一被俘获了的廉价和容易获得的群体为对象，即使他们可能不是很有代表性的人类。“他者”团体研究在科学利益的驱使下，使自己处在了一种不平等的关系中，被拉开了一定距离且被对象化。无论是谁被研究，事实是，正统研究过程中的权力关系授予了科学家完全权威，这些科学家通常是白人或西方的男性。这足以让被研究者沉默，不管他们是被殖民者、黑人、妇女还是其他所谓弱势群体成员。换言之，研究过程中的权力关系和那些在更广泛社会中的作用在同一个方向，即必须对研究过程中感知到的和没有感知到的施加重要影响，已在这个范例中产生的认知类型也是如此。

替代方案是那些曾被反帝国主义、女性主义和左派的激进学者所拥护的。这里要谈到的第一点是，威力较小组织的成员研究“向上”，将他们不同的愿景放在那些比他们更强大的人的构思和理论中（第一章)。库姆–库姆·布哈维那妮（1990）为我们提供了这种反方向方法的一个罕见例子。作为一名亚洲女性，她选择了研究白人青年，认为她能够得到一些不同而有效的材料及一个白人男性研究人员不会有的理论见解，因为她与研究主体存在着社会差异。第二个选择是进行组内研究，研究人员研究他们自己社会群体的成员，或类似地位的人，作为一种在知识生产过程中矫正现状被不断复制的方式。以这种方式，我选择了与我自己有着相似阶级背景和年龄的黑人女性。这反映了我的决心，在研究人员和被研究者之间产生更平等的权利关系。

除了致力于研究不足的领域（黑人妇女研究）和在我不确定的社会群体内进行研究之外，也存在着一个来自社会历史背景的理由。我的这个项目是在参与一个黑人妇女运动时开始的，那里的黑人妇女集体和个人走上了自我发现的旅程。因此，一项探讨黑人妇女对自己身份和社会历史境遇看法的研究，将有助于这个正在进行的社会运动，我希望黑人妇女能参与其中并从中获益。我看到了自己作为一个研究者的责任，学习如何以这种方式进行观察分析，帮助参与的群体更多地了解他们自己、他们存在和形成的社会条件。这意味着促进集体和个人自我意识的增长，意识到我们过去和现在的各种身份和文化的来源，意识到我们的非洲、加勒比和欧洲，意识到是什么丰富和启发了这些身份，以及是什么在抑制和压迫他们。这就使我的研究包含在了米斯（Mies，1979）所定义的参与式研究框架内。我使用的术语“研究参与者”

指的是参与其中也在一些重要方面影响研究的女性，她们既生成了作为理论基础的信息，又影响了我对研究的构思。

虽然每个人都是同一社会团体的成员，但是选择一个多层次受压迫的团体来研究，本身不是为了确保一个人的研究有失偏颇。结合自己在心理学和精神病学研究方面所接受的培训和经验，至少在理论上我可以很容易地进行一项传统研究，将我选择的任何人定义为黑人妇女、研究对象，并产出一些认知，重申有关黑人和女性的主流思想。如果我没有这样做，那么更多的是因为我已经概述了的认识论和政治立场，而不是我的个人特点。然而，这些承诺并没有附带系列程序。本章的其余部分记录了我在实验过程中为实现这些承诺所采取的各个步骤：在研究过程中把它们从意图的表达转换成一种探究、分析和理论建立的方法。

### 衍生研究程序

研究程序在传统上被描绘成一种有着明确步骤的序列。第一，做出假设。第二，选择和设计数据采集的方法。第三，数据收集。然后对数据进行研究和分析，最后假设被证实或否决，理论因而得以发展，科学知识因而得以进步。事情的真相是，研究很少以这样一个有条理的方式连续地进行。在研究过程中假设经常被修改和重写，有关如何解释数据的想法往往在信息收集之前很久就形成了。事实上，研究报告中呈现的往往是一个高度净化和有条理的描述，是程序规则暗示所应该发生的，而实际过程和产生这种认识的原因被认为是不相关的，或者是更糟糕的，对正当程序的公然侵犯。

我开始这项研究是有一定经验基础的，我曾参与社会精神病学方面的一个大项目，也进行了两小块我自己的研究，因此必须决定是否要坚持将我现在所知道的看作某类虚构的作品，或抱着有损我职业前景的危险，以最真诚的态度探索这些谬误而采取一种不同的方法。考虑到对社会科学正统的主要质疑是伴随着反殖民主义、黑人解放和妇女运动及早期博士论文中有类似观点的管理人而出现的，要打破在这方面的传统并不太难。我的第一个研究项目是对生活在伦敦南部黑人的研究，这一事实对我所用方法的选择也产生了重大影响。生活在伦敦朗伯斯及其周边地区的人们，当时并不想参与学术研究，也不想接受正式的采访。实际上，在我第一次接触社区成员并对其做交叉调查时，我被指控拥护"巴比伦"[①]而受到了威胁。最终赢得我期望的合作，凭借的不是一个研究生出于学术和体制原因来进行研究从而获得了人们的协助，而是我和我希望研究的群体存在着共性和差异。第一个例子，在20世纪70年代末期，正是我来自非洲这一事实拉近了我与布里

① 俚语，指（白人优越的）欧美社会；压制、歧视黑人的社会（或制度）。(译者注)

克斯顿的拉斯特法里教教徒们[①]的距离。我被带往各地，参加各种游行，因为我被定义为“非洲之女”（尽管我来自尼日利亚，而不是他们最喜爱的埃塞俄比亚）。实际上，我事后回想，是我的兴趣而不是非洲背景使我产生好奇，想知道为什么几代人从非洲迁移，居住到伦敦市中心，却怀抱着一种回归非洲的信念，并开创出一种非洲生活方式。同样，1980年，当我试图做一个题为“黑人女性社会表现”的课题时，人们愿意与我合作，也是因为我是一名黑人女性，作为社区中心活的跃分子，曾在当地黑人女性中心与他们见过面，而不是因为我来自伦敦政治经济学院。

总之，这些边缘化的群体本身往往对学术追求不太有概念，选择他们作为研究对象迫使我采用不那么正式的方法，使用的研究方法大多掩蔽了我的社会属性和利益。下面我将对研究过程中的社会关系进行更详细的讨论，这个过程是作为研究黑人女性主体性的一种手段而开发和使用的。首先是对整个过程的几点解释。

我不是以齐整的假设开始，随后去测试的。我选择的主题组和感兴趣的领域缺乏我所需要的材料，不管在何种情况下，都会存在这样的困难。这意味着，我正在进行一项初步的或开创性的

---

① 拉斯特法里教（Rastafari），是20世纪30年代开始从牙买加兴起的一个黑人基督教。该教信徒相信埃塞俄比亚皇帝海尔·塞拉西一世是上帝在现代的转世，是《圣经》中预言的弥赛亚重临人间。Rastafari即对海尔·塞拉西的指称，其中Ras是“首领”之意，Tafari是海尔·塞拉西即位前使用的名字。(译者注)

研究，而不是促进现有的知识体系；我的目标是发展理论，而不是检验现有的理论。事实上，我认为理论必须立足于社会现实，即使有一个主体性理论可以检验，无论如何我也都会倾向于从至今仍被忽视的黑人妇女的社会现实开始研究。这意味着我想首先研究，然后在我所看到现象的基础上创建理论，这需要一个开放的头脑，而不是预先制订的一套假设。我开始了我的研究，希望在研究过程中能产生和完善理论思想，而不是从一开始就将其强加在研究过程中。

事后看来，这点很清楚，虽然我可能没有在正式术语意义上的理论，但我对身份常识性的理解正影响着方法的选择。我已经把身份看作动态的和多重的，并且很早就观察到人们是不理性的，而且往往是矛盾的。正在阅读过程中，我采用了“主体性”术语来说明这个问题，并停止使用“身份”这一术语[2]。因此，开始研究时我对主体性的初步想法，来源于自己的经验和观察，来源于其他人和我们正在经历的变化。

在选择了一个社会团体和一个主题“黑人女性的主体性”之后，我开始了这项研究，尽管进展缓慢。我开始广泛阅读，去寻找在这个未知领域中我可能会用到的方法、概念和想法。我读到的一部分内容已在第二章和第三章中提及，但殖民地和黑人心理学方面的文献，告诉我更多有关我希望避免做什么，而不是我应该做什么方面的内容，正如我们所看到的，主要是男性不承认他们自己这样做了。女权主义心理学只是刚刚出现在这个阶段，它的前身——女性和性别差异学科的心理学研究带来的启发不多。我从精神分析学、马克思主义和后结构主义理论中得到的灵感和启发比从理论心理学中得到的要多。我还回顾了非洲和加勒比地区人们现存的社会学和人类学研究。我的思想在整个研究期间逐渐发展了起来。总之，理论建设发生在整个过程中，并在我着力写作和改写以表现其现有形式的时候取得了势头（早期版本可以见Mama，1987）。

### 收集黑人女性的对话

从我将研究过程作为一个不断发展想法的论述中不难发现，我没有使用训练有素的心理学家所使用的标准研究工具。因为我是发展而不是测试关于黑人女性主体性的思想，我需要用到一个方法来产生素材，而不是向研究参与者强加一些非常正规的问题。我同意安妮·奥克利（Anne Oakley）对公认访谈方法的许多反对意见。她简洁地指出了教科书式访谈的矛盾性特征：

> 成功访谈的主旨是“友好，但不要太友好”……教科书范式的主要矛盾在于，访谈必须将被访者作为研究对象/数据的来源，但这只能通过一定程度的人道待遇来实现。如果被采访者不相信他/她会受到采访者善良和富

> 有同情心的对待，那么他/她将不愿意参与研究而且不会贡献出所需信息。于是便要实现形成“密切关系”所要求的温情和将被试者看作被监控的主体所必要的疏远之间的平衡。
>
> （Oakley，1981：33）

在这个范式中，合适的访谈是创造一个高度人工化的社会关系，其中，访问者提出问题，受访者会回答但不会反问。访问者不会放弃他或她自己的意见、价值观或想法，以免在某种程度上影响被访者，使结果出现所认为的“偏差”。如果被问到，至少直到面试结束，他/她将避免给予任何直接的答案。涉及访谈的性别关系，奥克利指出，方法论教科书总是假设访问者是男性，将访谈模式描述为“男性”，例如重申现有的支配与从属的关系，这会剥夺受访者的权利并物化他们。

无论正式的访谈程序是否被定性为男性，很明显，他们已经剥夺了受访者的权利，使研究人员能够直接引导数据的生成。这些都不是我所表达的可接受范围内的认识论和政治承诺，或者说任何旨在剥夺受访者权利，以他们的现实和经验而不是研究者的假设为中心生成认知的项目都不包含在内。这样的方法也不适合主体性研究。事实上，传统访谈协议的基本原理已经不包括主观因素，它被视为失真和偏见的来源。对于调查研究尤其如此，受访者被视为典型，个人选择更是代表一个较广泛的人群，因为其特殊经验的特质或细节是研究者感兴趣的。还需要说明的是，虽然心理学已经强调了个体，但它所关注的与我对主体性理论化的关注点非常不同。例如，在个体差异的研究中，心理学认为这些定义与统计范式相一致。个体差异被指出了，但仅仅是在它可以缩小统计定义差异的情况下：统计指标的标准差和统计上显著的相关性。测试成绩的变化一般与其他变量有关，其中可能包括性别、种族和阶级，但这些都是已经构成的社会因素，即作为独立变量。个体之间的差异简化为在测试分数上的差异。

根据克伦巴赫（Cronbach，1957）得出的结论，其他的主要范式在心理学研究中运用的是实验心理学。这里有一个不同的方法来研究个体差异：

> 个体差异是一种困扰，而不是实验者的挑战。他的目标是控制行为，在处理上的变化证明他没有成功。个体的变化被抛入那个被称为“误差变量”的外部黑暗中。由于统计和哲学上的原因，误差方差将由任何可能的措施来降低。借助一个廉价的和寿命短的物种，你可以使用受控制遗传和受控制经验的被试者。如从一个狭隘的亚文化人群中选择被试者，通过减少神经元或给他一个无刺激的环境使他的独特反应消失，以此来剖析你的被

> 试者。增加案例数量以获得稳定的平均数，或者可以像斯金纳（Skinner）一样把N降为一个。但无论你的方法是什么，你的目标是在实验的惯例中让那些尴尬的微分变量消失在视线范围外。
>
> （Cronbach，1957：674）

20世纪50年代，克伦巴赫挑战过的传统相关性和实验范式的假设在40年后仍然遍及科学心理学研究。像在这里，当一个人实际上关注于研究个体有意识和无意识的想法时，她的自我意识和理解她与世界关系的方式，就显然是一种收集、分析和思考个人主体的不同方法。

现在应该明白为什么我采用了一种非指导性和开放式的方法。当我考虑如何最好地去搜集不是在人为社会关系情况下产生的材料时，我意识到我的身边正是我所需要的材料，每次我去参加一个妇女会议或花时间与其他黑人女性相处时就会形成这种材料。我们称“提升意识”是一种实践，在这实践中主体性被探讨、共享、改变和建构了。这种我用来做研究和发展理论的讨论可以发生在厨房、休息室、卧室和社区中心，在那里我们会发现两个或两个以上的黑人妇女在一起花时间反思。所有研究参与者和我在进行社会实践时，我选择录音的方式，并做好文档整理，以此作为理论依据。在研究中，我已经描述了身份是如何成为女性运动的一个核心问题的（第一章）。提升意识是黑人妇女在我们的历史时期不断从事的活动之一，它反映了20世纪80年代之前黑人解放运动和女权运动的影响。

为了记录我感兴趣的材料，并从我自己参与的许多讨论和周围伦敦黑人妇女社会场景中取得素材，我通过同一个网络，与一名或多名妇女交谈。我通常会表明我对研究和理论化黑人女性身份特别感兴趣，并且希望把黑人女性间的谈话记录下来[3]。我们在其中一人的家里见面，留出一个下午或晚上的时间，来思考我们的身份和我们个人历史的方方面面，这些方面我们认为已经对塑造如今的自己有影响力。我们坐下来喝咖啡或者吃其中一人准备的饭菜。通常，我会通过解释自己研究黑人女性身份形成的兴趣，尽可能简单和直接地开始交谈，并以一种开放和诚实的方式回答任何问题或挑战。因为我知道或向共同的朋友打听到，到见面时她们已经有了参与研究的兴趣，让讨论持续进行是没有问题的。

我用了一个小型磁带录音机，使它在整个交谈中运行。如果不注意，讨论者很快会忽视这一设备，尽管我必须时不时地确认它是否正在运行。给这些会话录音，利远大于弊，特别是它让我能自由地充分参与会话；如果记笔记，就不可能做到这一点。

交谈采取了开放式探索性讨论的形式，其间，参与者会对比她们已有的关于自己身份和自我意识的经验认知。我扮演的是一个双重角色，既是研究者，也是参与者。然而，因为我们共同的目标是探索黑人女性身份，我尽量不把自己当作这一领域的专家，我没有提出让其他参与者进行回答的问题，或者在问题针对我时我也不限制自己在交谈中的参与度。为在研究过程中实现权利共享的承诺，交谈在共同探索精神的指导下多以意识提高或合作咨询的方式进行。由于大多数参与者有一些小组合作的经验，大多数人习惯于给其他人大声发言和发展想法的空间，所以，不需要任何调解来确保没有人沉默，虽然口头参与水平个体间存在着差异。从来不缺少要谈的事情，而且大多数谈话是自由和愉快的，谈话者偶尔会感到激动和紧张，但从来不会起冲突。

总之，我和14名女性参加了这个充分录音的讨论，以2人或4人为一小组，每次讨论持续2到3个小时。其中一位参与者特丽萨（Theresa），对这项研究和我有着同样的兴趣，也有心理学研究的背景。她在自己家里和别人的家里召开和主持了几次会议，因此参加了不止一次的交谈会议。然而，出于研究目的，参与情况选择了一次性基础之上的记录，尽管在随后的几年，我们中的一些人继续热衷于社会交流，并继续讨论已有录音的会话中提出的问题。10年后，我将会开展一个后续的非常有趣的研究。除了这14名妇女之外，还有其他一些人，即我在论文中提到的二级参与者。这些与我有持续友谊的女性，在这个过程中，我们有过很多次讨论，例如那些我为做研究而录音的讨论，以及我和她们经常讨论的想法：主体、黑人女性运动、女权主义、种族主义和许多任何其他相关领域的。我并没有从中引用，但提到她们，是因为她们影响了我的想法的形成。

从与14名女性的讨论中得到多达29盒、每盒时长90分钟的磁带材料时，我不再记录交谈过程，而是意识到我有了大量材料可以研究。但其中有很多我没有使用或直接引用，这都是研究经验的一部分，因而在反思和理论建设中多少起到了一点作用。我反复回放并收听这些磁带，开始转写和思考这些材料，同时我仍在收集书面和录音材料。最后我没有转写所有的磁带内容，全这样做会花费大量时间，并生成比我能使用的更多页的转写文本。在完成第一个100页的转写稿时，对于每一个转写的录音，我变得更有选择性。附录中给出了一个45分钟录音转写的会话。

## 选择参与者

个别参与者不是通过统计或随机抽样这些被认可的方法选取出来的。对于部分涉及给黑人女性下定义的研究，这些都是不恰当的。要选择一组在一个连续自我定义的过程中有代表性，并且具有任何主要的社会层面异质的样本，这在过去是不可能的。研究参与者的代表性主张也可能导致先入为主的谬误。对黑人有限的、局部的认知已经被视为绝对普适的真理，而这点正是我希望避免的。

我选择累积抽样或理论抽样的方法来选取参与者。随机抽样对于本人所属的小组研究是极不恰当的，因为没有可作为参考框架的黑人女性名单。由于本研究的探索性本质，保证研究对象的代表性也不是我所关心的。也就是说，在研究“黑人女性”这个群体上，我们没有现成的参数优势可供选择典型样本。随机或有代表性的抽样设计，可以针对一个特定群体进行大致描述。这个项目并不是关于“黑人女性”群体的一般性评论，相反，是关于个体黑人女性如何发展他们的特殊身份——主体性的研究。鉴于此，传统的抽样方法将会是不合适的，会增加研究参与者误用和受新的或旧的黑人女性刻板印象影响而产生错误信息的可能性。此外，代表性抽样假设整个群体具有某种同质性，而在一个新兴的社会群体情况下，这会对是什么构成黑人女性身份做出预先假设回答，也会预先假定存在一个已经定义了的“黑人群体”。建立一个代表性的样本所应包含的内容的同时也提出了特别的问题，因为大多数黑人女性从多个组织中获得自我身份认同，这样就有多重代表性，也就是说她们可以代表女性（虽然在英国“女性”被假定为白人）或黑人（虽然在英国典型的黑人是一个年轻的男性）或加勒比黑人女性（虽然她们都是事实上的英国人，但很少有人说她们只是拥有非洲血统的人），或者代表非洲妇女等。尽管都是英国人，但她们中的任何一人若被认为是英国女性的代表，那是不可能的。情况并没有因此变得简单，因为事实上，不仅流行的种族分类方法部分定义了所有研究参与者，而且民族分类方法，多年来一直反复改变着，这些是在种族上监控英国社区需要的结果，也是新的集体身份主张（有时也是旧的主张）的结果。而我所描述的对象都是自我认同为这样的黑人女性，她们提供的数据绝没有决定性或典型性。正如后面的对话显示的那样，这不是排除任何我曾经提及的身份，也不是防止个体身份的革新。无论被试者身处何种集体，每一个人都是独特的个体。换句话说，这是一个案例研究方法，而不是任何种类的调查。

本研究参与者的选择以另一种重要方式远离正统，即没有一个白人妇女或黑人男子的对照组。我对比较方法的排斥是基于这样一个事实：被压迫群体的研究一般都以占统治地位的团体为规范而使他们受到伤害。黑人妇女不能只被定义在她们和白人妇女之间的差异，就像现有的文献暗示的那样。正如女性主义学者研究妇女自己的权利，和黑人学者拒绝一个忽视黑人经验而以白人经验为中心的范式一样，本研究探讨的是黑人女性自己的权利，比较的是黑人妇女之间的相似性和差异性。群体内大量多样性的经验和背景，为这一范围的研究提供了足够的材料。对黑人女性的关注和不采用比较法也旨在确保有时间和空间做一个深入的研究。出于同样的原因，14个样本量是有意缩小的。

纳入的最小标准如下：

1. 参与者认为自己是黑人女性，愿意谈论这个定义对于她们意味着什么以及她们是如何将自己定义为这样的；

2. 在参与研究时她们正处于20多岁到30多岁之间；

3. 参与者是非洲裔加勒比人或拥有非洲血统（包括父母一方为非洲加勒比或非洲血统，另一方为欧洲血统的混血儿）之人。

此外，参与研究期间所有人都住在伦敦，而且整个成年期都在这里度过，也就是说，至少她们在研究开始之前10年在伦敦生活过。

一旦第一阶段会话开始，参与者就被要求，建议其他对这项活动感兴趣的女性也参与进来，这是因为她们共同认知为黑人女性，或因为她们在身份和背景上不同。

### 本研究中的女性

在这里，我简短描述一下研究参与者。她们将以化名出现，以此作为区分，随后的引用也用这些化名。在之后的章节里将更多了解到她们中的一些人，而其他人只是出现一次。但是，在此仍将一一列举这15个主要参与者的一些基本事实。

特丽萨（Theresa），单身，30多岁。她受过训练并当过护士，之后拿到心理学学士学位和医学心理学硕士学位。她对待工作非常积极投入，为地方政府和社区组织提供培训、咨询。她在东加勒比地区长大。父母在她童年时代移民到英国，留下她和她的弟弟妹妹。她由祖母抚养照顾，直到16岁时，她和她的妹妹被送往英国和她们的父母及更年幼的弟弟妹妹生活在一起。在黑人妇女运动的巅峰时期她非常活跃。

安吉拉（Angela），当时35岁左右，正抚养一个4岁的儿子。她在英国出生和长大，她的母亲是英国人。她的父亲是加纳人，没有娶她的母亲，却回到了加纳，组建了一个非洲家庭。在学校放假期间，10多岁的安吉拉多次去阿克拉（Accra）看望她的父亲和他后来组建的家庭。她的职业是成人教育，会写作和艺术创作。像特丽萨一样，她在黑人妇女组织中表现活跃，她们俩是好朋友，经常互相拜访，保持联系。

阿莎（Asha）具有加纳血统，大约30岁，她自童年时期就已生活在英国。她受训成为一名教师，但后来为一个她所加入的团体开展的黑人女性项目工作。她嫁给了一个生活在非洲大陆的非洲人，但仍然与他们的两个上小学的孩子留在英国。她非常重视在家庭环境中为孩子提供足够丰富的非洲文化，以减轻他们在学校受到的种族主义影响。最终，她宁愿他们住在非洲，但目前，她正致力于黑人女性项目，并渴望保护该项目提供的全职工作的自主权。

莫娜（Mona），27岁，在伦敦出生并长大，她的父母是牙买加移民。她从来没有去过牙买加，对加勒比地区的了解也有限，成长阶段一直专注于如何成功地融入英国社会。她的母亲在家庭中占强势主导地位，莫娜10多岁时便离开了家。她曾在伦敦各地的一些黑人社区从事工作。她有一个英国白人男朋友，他们计划一起买一套公寓。

罗莎琳（Rosaline）是一名教师，一个人生活在伦敦西部的一套小公寓里。10多岁时，她父母移民时就把她带了过来，此后她一直生活在英国。在1976年，她回去过牙买加一次，但除了英国之外她不打算住在其他任何地方。她的社交生活中心是加勒比社区。

玛丽（Mary），26岁，在英国北部一个小城镇出生和长大，她的父母是牙买加移民。像莫娜一样，她从小认为自己是英国人，口语标准，适应英国社会。中学后，她搬到伦敦，换过几次工作。目前她在伦敦南部的一个社区中心工作，在那里她参与建立了一个黑人女性团体，种族意识越来越强。

玛莎（Martha），出生在英国，母亲是英国人，父亲是尼日利亚人。父母分居，她和兄弟姐妹与父亲一起住在尼日利亚直到她10多岁。后来被母亲接走，接下来的几年时间她在伦敦度过，直到离开母亲。她有2个年幼的孩子和一个牙买加伴侣，在一个社区组织里全职工作以支撑她的家庭。她时不时地会去尼日利亚看望家人。

多特（Dot）是一个24岁的姑娘，出生并成长于伦敦东部，母亲来自加勒比东部地区。她有一个有众多兄弟姐妹（包括同母异父兄弟姐妹）的大家庭。她和英国白人男友住在一起。她还从大学生活里抽出时间，以歌手的身份来表达她对音乐的热爱。

格洛丽亚（Gloria）是一个36岁的社区工作者，出生于英国，父母是牙买加移民。她一直在这里生活，除了童年时期有2年时间在牙买加度过，那时全家回到了牙买加。她强烈认同非洲文化和黑人文化，大部分时间与年轻黑人女性一起工作。她单身，有一个和西非男友生的儿子。

哈丽玛（Halima），23岁，出生于尼日利亚，父亲是尼日利亚人，母亲是威尔士人。她是父母5个女儿中的第2个。在英国，她先是来到寄宿学校，然后上了大学，在父母离婚前经常去尼日利亚。她在一家私人公司有一份很好的工作，一个妹妹和她一起住在伦敦。她们经常去尼日利亚看望她们的姐姐，并且会讲很流利的双语。

普里西拉（Priscilla），26岁，出生和成长于英格兰，父母是东加勒比移民。她去过一次加勒比地区。她在一家社区剧院公司工作，创作有关黑人女性历史和经历的戏剧。

碧翠丝（Beatrice），母亲是英国白人，父亲是尼日利亚人，她一直住在英国。她在这里出生和成长，从未去过尼日利亚。她也是单身，与普里西拉在同一个剧团。

伊斯卡拉（Iscara），出生于牙买加，父母都是牙买加人，童年初期随父母移民到英国。此后，她一直住在这里，但也经常去牙买加。她有2个孩子，孩子有不同的父亲，但都是住在这里的牙买加人。作为一名拉斯特法里教信徒，尽管生活在英国，但是她强烈认同非洲并最终会按照教规选择住在那里。同时她尽可能地以一种非洲方式来生活，花时间在创作和表演诗歌上。

彭妮（Penny），20出头，出生在英国，母亲是加纳人，父亲是英国白人，殖民扩张时期曾在西非的英国军队服役。她是父母2个女儿中的老二。童年时全家住在加纳。父母离婚后，两姐妹被父母送到了一所英国寄宿学校，随后母亲去世，父亲又娶了另一个加纳女人，继续生活在非洲西部，而彭妮和她的姐姐生活在英国，并在这里上大学。

我，阿米娜（Amina），这个项目的研究人员，也是混血儿，父亲是尼日利亚人，母亲是英国人。他们没有离婚，自我2岁起就一直住在尼日利亚。我是3个孩子中的老大，现在我25岁。在卡杜纳度过童年时代后，我们3个就在英国上学，随后上了大学。大弟弟已经回到尼日利亚，并在那儿成立了一家公司，小弟弟仍然和我一起在伦敦生活学习。我工作，做研究，参与黑人女性运动，并且与其他黑人组织为反对种族主义和非洲团结工作。我和其他参与者不同之处在于，我对3个文化来源都有一定了解：我是非洲人，也是英国人，在英国的黑人社区生活，也曾旅行住在牙买加和加勒比东部的家庭里。

## 社会关系与研究者的角色

以参与者的身份介绍自己之后，我将阐述在这一项目背景下，参与性研究意味着什么。参与性研究已被男女平等主义者和激进的人类学家认为是一种可以在研究者和受试者之间建立更平等关系的方法。(Carasco，1983；Huizer，Mannheim，1979；Lather，1988；Miller，1979)[4]。“参与性”这一术语对于不同的研究者来说有很多不同意味。不必多加探讨，很明显，主体参与性经常出现在数据采集层面上，但很少出现在数据分析、解释或发表层面上。很显然，更高层次的主体参与性研究可以收获更丰富，并在多方面获得更好的数据，这就为研究过程中这一阶段的权利共享提供了良好的基础，即便你并不关心将社会研究转化为一个更大众化的研究。参与性超过这个层面的允诺或保证是少见的，效果也不佳，有很好的理由来说明。主要原因在于除非研究议程是共同商定的，研究者处于主导受试者时间和精力的地位，更不要说他们的智力和其他资源了。其他原因在于研究者具备进行研究的专业知识原理，包括提供研究成果，例如发布在论坛和风格上，而不用被研究参与者所接触和认可。一个解决办法是，发表易接触到的研究出版物，以及更多的学术论文，无论是以书籍还是手册的形式，必须能为参与者所使用或者他们也可能参与创作[5]。还有人设计了一些项目，使群体成员参与出版物的编写或社会变革的实施过程。会引起参与者某种个人或社会变化的研究通常被称为“行动研究”。凯尔斯特（Kielstra，1979）有效地定义了“行动研究”，这是一种旨在将研究与受试群体的目标和愿望联系起来，并将此作为一个工具来实现社会变革的研究。总之，从关注理论和知识产出的纯粹学术研究，转变到关注社会发展和有明确行动导向的政策研究，再到旨在授权目标群体和影响社会变革的积极研究，都有很大的可能性。

在本项目中，通过选择一个在黑人女性运动背景下业已存在的议程，我试图利用和致力于一项不断前进的社会实践。许多黑人女性正在进行自我探索，而我的项目是进一步了解黑人女性是什么，这就意味着我和她们之间拥有共通之处。因而，我发现这些女性愿意参加讨论，她们反思了身份问题，以及个人与集体的历史问题，乐意让我在研究中使用这些材料，并出书来获得博士学位。从我的描述中可以看出，在数据搜集阶段我便确保了参与度。因为我不是从验证现存理论开始研究的，而是从我们参与的讨论中形成自己的理论，思考身份问题的过程在一定程度上也是可以共享的。这不是一个完全意义上的参与性研究过程（如果这样的情况可以说是存在的话），因为要进一步发展的想法出现在讨论过程中，但背景研究和所有的写作都是我承担的，其余的受试者没有参与。大部分内容可以被称为“参与性研究”，这是可以肯定的，但倡导者几乎不会如此明显地限制受试者参与，所以这意味着权力的问题通过双向数据采集方法得到了民主化的解决。由于大多数权力存在于对意义的解释分配上，存在于分析、理论建设及出版物产出上，从参与数据收集到权力的共享还有很长的路要走，但相较传统社会和心理学研究所具有的完全权力特点，这仍然是一个重大的变化。

对分析和理论建立过程中权力问题的一种常见的反应是置之不理，仅将研究作为一种表达先前没有表达出来的对世界看法的手段，而避免将其理论化。常见的办法是直接询问女性让她们描述自身经历，这就是霍尔维所说的描述性采访。她说：

> 描述性采访的方法代表一项政治原则的持续性应用，这些女性的经历可以为了解她们的意识或身份提供直接的途径。这一原则对男女平等主义方法做出了回答：直接询问女性经验……这一假设是最理想状态下的，即知识基于经验，可由叙述和解释来展示。
>
> （Hollway，1989：40—41）

她还指出，就像在她之前威尔金森（1986）做的那样，这个原则没有新意，早已应用于种族基因和个人建构理论。这是一种已经为女性研究积攒了大量人气的方法，特别是在非西方女性研究中，由于评论反帝国主义，男女平等主义研究者已经加倍谨慎。

这种方法假定论述准确反映了经验，将“真相”从反映研究者假设和价值观的纯粹形式中解放了出来。持男女平等主义观点的后结构主义思想家对这个假设发起了挑战，指出任何数量的论述可以由个人给出，他们不乏理论，但总是东拉西扯，就像论述本身一样（Hollway，1989；Weedon，1987）。这意味着这些开放式的方法尽管确实有可能揭示以前被压抑的言论和丰富的经历，但是一种有关这种材料是如何产生及这意味着什么的理论仍然是必需的。因为我们要超越所言便是真理，所有真理揭示的内容都是绝对的，而并非历史上许多可能性中的一种这样的假设。换言之，开放式的研究技术倾向于回避女权主义科学批判者们提出的认识论和理论困惑，而不是解决它们。

## 理论的建立

尽管在查询领域参考著名学者和理论家的作品是常见的做法，但通常很少有人会问假设来自哪里。建立在有关测试、证伪或检验社会科学伟人的理论基础上的研究是最容易被接受的。最初的假设将很难受到导师、同事或资助者的认可，特别在研究者是年轻人或影响力微弱的情况下更是如此。研究生作为研究人员通常会被告知，他们所做的研究必须是原创性的，但事实是，当原始的假设或理论作为调查的主题时，这些研究都不太可能得到不愿冒险的机构的支持。当那些有资格和能力进行原创研究的人向世界上其他人展示研究成果时，理论和假设似乎往往是从稀薄的空气，或阿基米德洗澡时的灵光闪现中产生的。理论化是研究过程中一个未经解释的部分。总之，有很多的神秘事件会发生。研究生可能接受了各种各样数据采集技术和统计分析方法的完整训练，而在关于反思和理论构建的过程，或者说关于阐释和使用已搜集信息的思维能力，却培训不足。

我已经在这项研究中指出，理论化贯穿整个研究过程。这有好处，可以确保我的任何想法都源自我收集的材料。它们不是我试图证实或证伪的预设，因此没有像有预设的研究那样指导我的研究，而是来自我的研究。这种方法是与格拉斯和斯特劳斯（Glaser，Strauss，1967）提出的“扎根理论”保持一致的，是一个旨在再次联合理论和方法，并拒绝二者分离这一传统社会研究特点的想法。除了使用已记录的讨论作为理论建设的来源，我还使用了在非洲、加勒比地区民族研究领域发表过的材料，特别是在英国的黑人社会史学著作。在试图以社会历史术语分析和理解人民所说之时，我会将这些来源与数据一起使用。我还阅读了不同地区的文学作品（小说和诗歌）。一旦我决定使用一种话语分析方法（下一章），这些资源就会被证明在话语识别中是有价值的。我在加勒比海的旅行和我自己关于非洲的知识经验，对我了解参与者的背景文化而言很重要，特别是涉及这些地方的种族差异和当代英国种族身份转变问题的时候。

为了发展我的理论，我花了大量时间去查找书面资料和录音材料，与同伴反思和讨论主体性问题。过了一段时间，我决定用一种结合集体历史、更好地阐释主体性的方法。我的方法是将主体性置于谈话当中，而这是在历史集体经验中生发出来的。在这之前，我查看了在不同参与者之间的相似性和差异性方面的材料。我研究的相同和差异的维度包括：

住在英国的时间；

住在加勒比或西非地区的时间；

对黑人或白人群体的社会取向；

血统；

自己的种族或民族认同；

性和种族取向。

回头来看，我意识到自己拥有几个不同的社会角色实在重要，这可以帮助我更好地思考研究过程中出现的素材。这种能力也许所有人都可以获得，但它特别体现在被压迫的少数族裔身上。这种被强加的双重性要求他们从外来种族的身份理解主流社会，不论他们在这个国家生活多久，情况都不会改变。这是由不平等的权利关系引发的，例如当时盛行的黑人和白人种族划分背景，这种关系意味着，为了成功和幸存，黑人不得不好好理解白人，否则只会失败受挫。

在研究过程中，虽然彼此都是生活在英国的黑人女性，但在讨论过程中参与者之间的差异是一个重要的因素。参与者不断地对比着各自的经历和感受，将自己归入或者区别于另一个参与者说到的情况，或至少解读他人的情况。以下摘录会对此做出解释，4名参与者正在思考如何理解英国黑人：

阿米娜：加勒比人对来到加勒比地区的英国黑人态度相当不屑（转向特丽萨）——就和你对英国黑人的态度一样。

特丽萨：是的。那是因为我出生于加勒比地区。我见过许多英国黑人，我确实不理解他们。

碧翠丝：英国黑人，你指的是那些在这里出生和长大的人，像我一样？

特丽萨（笑着说，有点尴尬）：不，我认为不仅仅是在这里出生的。我不想成为那样的人。这与他们看待自己的方式有关。他们明显排斥自己的血统。

阿米娜：但你也听到莫娜说的——她的父母不想让她了解任何关于加勒比地区的事情——

普里西拉：没错，也不让她说克里奥尔语，这种方言是不允许说的。

阿米娜：所以你也不能因此谴责英国黑人。

特丽萨：不！“谴责”这个词用得太重了。

阿米娜：但是你看轻他们。

特丽萨：自那次讨论开始时我就一直在反思——你知道我对英国黑人的看法来自哪里。我想到了非洲和非洲裔女性组织。那儿的女性是那么、那么的西方化。不只是因为她们在那里所受的教育，还因为她们看待事物的整个观念——她们都看不起第三世界文化，那就是我对她们的感觉，也是我讨厌她们不愿更多地了解她们血统的地方。

普里西拉：但这也正是那些女性所经历的。有些女性没有别的体验，她们也不去寻找，因为得过且过，生活会来得更容易。

特丽萨：但情况并非如此。

普里西拉：是的，并非如此，但这就是她们接受的教育，她们已经学会了如何应对，所以很容易就……

特丽萨：确实很容易，她们到哪儿都带有这种态度。这就是我所说的英国黑人女性。

普里西拉：那些不质疑就轻易接受西方教育的英国黑人女性吗?

特丽萨（转向碧翠丝）：我不是说你是这样的女

性——因为你质疑了。

普里西拉：好吧，也许你是针对她们整体而言的？

这场相当简短的交流表明，这群生活在伦敦的黑人妇女中，有不同的标识。特丽萨确定自己是加勒比人，与她所定义的“英国黑人”保持着距离。她定义“那些”女性的方式被碧翠丝（此时她被确认为英国黑人）和普里西拉（辩护和解释说英国黑人不像这样带有明显的标识等）质疑。特丽萨解释了她最初的厌恶情绪。因为所有的参与者都是在英国生活了许多年的英国公民，理论上任何人都可以自我认同为英国人，但她们实际上采取了不同的立场，对这一术语包含的意思有着不同的理解。这些不同的立场使整个讨论得以进行，并持续了一段时间，用于澄清和比较含义，并考虑居住在英国的黑人文化身份。

分析材料时，我加入了自己想法，看看是否和这些参与者有不同点和相似之处。我不是加勒比血统的事实可以说使我以加勒比地区的身份和以不是加勒比地区的身份认识到了一些东西，这些对于我所要做的，确定和分离彼此的话语是至关重要的。我能够保持距离，并将自己从一个自己也参与了的谈话中抽离出来。就依赖于这种能力，我可以做同样的事情，通过将自己定位为非洲人，来确定什么是“英国黑人”。我的双重种族背景，使我能够从内外两个角度来看待“黑人立场”。同时，我与其他参与者的共性，给了我足够的共鸣和身份认同，在某一时刻可以和参与者分享和交流，把过程理论化则发生在另外的时间。在之前的研究中，我将此描述如下：

> 我运用了自己身份多样性的事实，在整个研究过程中采取不同的可用立场（例如作为黑人、女性、尼日利亚人，曾经去过加勒比地区很多地方的人，母亲是英国白人，英国居民，等等）。在和参与者的讨论过程中，我展现了所有这些相似性和差异性（Mama，1987：368–369）。

这样做不需要伪装或做作：我采取的所有立场都是自己合理的方面，并被用于发起讨论和建立理论的过程。

## 数据采样

我面临的第一个问题是将录了音的自由讨论进行转写，由此产生了大量材料。最初，我没有筛选框架，所以完整转写了前几次讨论。很快我便发现，我无法使用所有收集到的材料，因为一旦我开始将对话摘录语境化，我最初用于识别身份地位和描述经历的历史和当代文化资源（识别话语）的评论，其篇幅也拉得很长。因此，我选择了一些比较有趣的材料，将录音原文与我逐渐增加的背景知识做比对来识别话语。有关黑人和加勒比文化的话语从一个非常广泛的信息基础上被识别，然后从已有的数据中开辟出一条路径。我梳理了磁带和录音原文，选择使我能进一步阐释我所描绘的话语，更重要的是，能让我更好地理解那些主体性在对话中呈现自我的过程和情境，简单地说，就是从社会和历史的角度来分析她们的身份来源，以及是什么样的权力关系深入个人和集体的历史之中。

我对主体性分析的第二阶段更集中于个体历史的作用。之后的章节将从精神动力学方面深入研究主体性形成过程。这种分析模式的基本原理将在相应章节展示。

我把从书面材料和录音材料中选择信息的过程称为“数据采样”。就和选择参与者一样，我没有随机采样，也不按照预定的采样技术进行采样，而是进行转录，随后在我正发展着的理念基础上选取样本。我并没有宣称我已将手头材料用到了极致或者从材料中仅能得出一种用途，相反，我认为材料拥有一个潜在的无限可能性的解释和用途。而我所做的是选择其中的一小部分，用于提出和发展我研究参与者主体性过程的理念，我觉得一旦将其具体性考虑在内，这一过程可以用来构思其他群体的主体性。任何时候，只要作者选择一项引用以阐释或肯定她/他想表达的观点，同样的信息采样过程就会发生。

引用和分析并不是材料的唯一用途。很重要的一点，对参与者（和其他没有直接参与研究的黑人女性）的所有解读和倾听会产生一个“数据库”，影响我在这一领域的思考。然而，我认为，数据采样的想法，是作为另一种形式的理论抽样在我的头脑中产生的，是与理论建设协同出现的。

下面的章节将继续描述研究过程，还将开始梳理黑人女性主体性的发展过程的实质性工作，发展出一种解读和理解她们的方式，并形成主体性理论。这种主体性的发展过程是由社会和历史建构的，是一个集体和个人、多元和动态的过程。

**尾注：**

[1] 在第三章中提到的E.富兰克林·弗雷泽的社会学研究，是少数几个讨论性别因素的研究之一。自那时起有了其他的社会学和历史学研究，但是黑人心理学家除了已经提到过的性别差异之外再无建树。最近出现的女性主义心理学本身尚未考虑种族和文化。

[2] 本来我将继续沿用“意识”这一术语一段时间，因为其中包含集体和社会层面，可以应用于激进社会理论和马克思主义，应用于非洲社会哲学，应用于和我最初理论相差不多的方面。然而，心理学同事最终成功地说服了我，使我相信这与弗洛伊德的无意识理念相对立，会令人误解。

[3] 在两种情况下，记录是不一致的，尽管讨论漫长而有趣地进行着（这很有可能影响了我的思维），出于对事实的尊重我并

没有从中引用，这些人显然不愿意以匿名或其他方式和别人分享自己的感受、思想和经验。不过也确实没有必要，因为我有丰富的材料。

[4] 除此之外，行动研究试图将研究和被试群体的目标、愿望联系起来，把它当作一个工具来影响社会变化（Kielstra，1979）。

[5] 一个会引起了潜在斗争（Mama，1989b）的社区研究项目是在女性庇护所运动和超过100个受虐女性的参与下进行的。虽然不能要求课题组撰写研究报告，但该报告以这样一种方式写成，成为与女性虐待斗争的女性援助和其他组织的资源。为此，我签署了出版协议，将1/3的印刷复制品免费提供给女性庇护所和社区组织。在我利用个人时间参与的活动中，写出更多的学术文章是次要的（Mama，1989a）。

/ 第五章

# 定位历史中的个体

本章关注的核心是从集体经验中，从社会中，历史性地建立主体性理论。我建立的主体性理论不是一个静态或固定的实体，而是一个动态的过程，在这个过程中个体可以占有和改变话语立场。我进一步提出，这些散漫无章的立场存在于有争议的社会群体的集体历史中。将主体性理论化为一个话语过程，与第一章和第四章所阐述的认识论观点是一致的。特别是，它使我们超越了迄今为止在心理和社会理论中分离的个体和社会的双重性。我认为我们需要以个体是社会产物的观点为出发点，同时也将社会性视为个人主体性的产物。我还注意到，早期的理论家发展了主体性概念，为个人与社会之间的理论分歧搭起桥梁（Henriques et al.，1984）。在下文中，通过对参与研究过程的黑人女性的主体性的社会和历史产物的探索，我发展了这一理论。为了做到这一点，我首先概述了英国黑人女性的社会历史和起源，然后再定义我所说的话语，从这一材料中得出定位黑人女性的特殊话语。在方法论上，值得一提的是，在研究早期阶段，我开始建立散漫的主体性理论，那时我正在阅读有关种族、加勒比和非洲研究领域的资料，试图概念化历史（此处指黑人历史）及其如何塑造人们的身份。换句话说，我开始开发一种方法，将话语概念作为启发式策略，用来解读人，了解他们的主体性。简单地说，我认为话语能够使我看到非洲殖民地的历史和加勒比地区之间的联系，以及现今社会关系和研究参与者所说之间的联系。

## 英国黑人女性的社会历史

黑人女性的历史在许多方面是当代英国种族和性别关系的历史，不仅源自英国，也源自加勒比和非洲殖民地的集体经历。生活在英国的黑人女性有着多样的起源，而一些人的起源得以确认，部分原因是她们选择将自己包含在“黑人”这一概念内。这成了有关种族、政治和文化许多辩论的主题，我们不会在这里重新讨论。例如，我本可以将亚裔黑人女性包含在我的研究之内，这个选择，可以让我对全世界更广泛地区的英国亚裔社区人口的来源（东非、孟加拉国、巴基斯坦、印度、伊朗、阿富汗、斯里兰卡，更不必说中国和菲律宾）展开研究。简单地说，因为自己的非洲起源，我选择将研究限制在非洲和加勒比黑人血统的女性范围内。

讨论清楚地表明，通常可以凭借其童年经历、父母和强烈文化认同感的需要，在参与者主体性中推测非洲、加勒比地区和英国来源。参与者陈述自己的想法，将她们的根源看作一种识别和定位自己的方式，并用以从白人、英国文化和行为中区分出自己。

由于黑人女性群体本身是一个新兴的和自我建构的集体，我使用的术语“群体”并不表示一个有着特殊生理、社会或文化的特点的给定人群。相反，指的是那些已经描述并宣称自己为“黑人女性”团体成员的人，指的是关于自己和她们在世界上所处位置的特殊集体性观念，这已在第一章黑人女性运动的描述中清楚地加以表达。然而，历史上当代运动先驱的出现早于英国黑人，他们存在于后殖民社会关系里。虽然黑人的存在一直是一系列出版物受欢迎的主题，但其中很少有谈及黑人历史和性别方面的，或是黑人女性在英国社会特殊经历的。（Fryer，1984；Gilroy，1987；James & Harris，1993；Rogers，1967；Shyllon，1974）简要考虑当代黑人女性的生活背景是必要的。

### 不同的轨迹

在罗马时代或更早以前，黑人就已经存在于英国。黑人女性早期存在的零星文件将研究者引入了神话和宗教领域：凯尔特人（the Celtic people）在公元6世纪期间对黑人女神的崇拜；典籍中记录的中世纪苏格兰摩尔人（Moors）的存在和法院历史的偶然引用，例如爱伦（Ellen）和玛格丽特·摩尔（Margaret Moore），这两个在16世纪为伊丽莎白女王（Queen Elizabeth）工作的黑人女性（Fryer，1984；Rogers，1967）。

和加的夫（Cardiff）、布里斯托尔（Bristol）及利物浦（Liverpool）一样，伦敦有一个英国最古老的黑人社区。这个黑人社区的出现在一定程度上是由于其港口的地理位置和黑人的到来。最初到来的主要是索马里人和亚洲人，他们在海上贸易时期作为水手和东印度炮兵在帝国船只上工作。也许一些最早的英国黑人女性是在当地出生的黑人水手和当地女性的孩子。

其他人是作为奴隶和仆人，从殖民地领土和美国奴隶种植园引入的。例如，菲利斯·惠特利（Phyllis Wheatley）出生在塞内加尔（Senegal），7岁时被抓获，熬过了航行，经受住了奴役并得以幸存。她的主人发现她是一个特别有天赋的孩子。1773年，年轻的她以自由人的身份来到英国之前，很快学会了读写英语和拉丁语。她的诗人才华让英国上流社会吃惊（Busby，1993：18-22）。玛丽·普林斯（Mary Prince）是另一个女奴隶，不同的是她会读会写，因而写了一本自传，记录了她作为奴隶在百慕大群岛、加勒比地区和英国的悲惨经历，最终在1828年戏剧性地成功逃脱奴隶的命运（Prince，1831）。这两个事例都给了我们宝贵的视角，去探索在那些日子里，一个黑人女性到底意味着什么。

非洲女性也被当作“新奇物”输入英国了。萨尔特杰·巴尔特曼（Saartje Baartman），一名南非女性，19世纪被带到英国，在欧洲各地游乐场展出，以“霍屯都的维纳斯”（the Hottentot Venus）的名号闻名，直到1816年早逝。她被关在笼子里，以半裸体状态展示于众。大多数吸引力被集中到她的体型上——一种使她成为性恋癖患者喜爱的魅力，被描绘在了很多淫秽明信片上。像乔治·居维叶（Georges Cuvier）这样的科学家也被她吸引，在她活着的时候研究和检查她的身体，在她死后解剖她的尸体并保存了她的生殖器。用她的肉体做成一个石膏铸件，直到最近，还陈列在巴黎的人民博物馆（the Musee de I'Homme）里，在那里继续引发令人生厌的关注[1]。她悲惨的命运说明了19世纪欧洲想象中非洲人扮演的角色，但我们很少得知她们是如何看待自己的。

玛丽·希科尔（Mary Seacole）的命运非同寻常。1854年阴冷的10月，从英国抵达牙买加时，她已经去过很多地方，成了一个有声望的商人和医生。希科尔决心前往克里米亚继续她的医生职业（在美国中部和加勒比地区霍乱和黄热病流行期间她已经有过从医经历）。虽然她的热情在贝尔格莱维亚区护士征兵中心（the Nurses' Enlistment Centre in Belgravia）遭到了冷遇，但她自费前往了克里米亚。在那里，希科尔，“一位上了年纪的混血女人”，不受南丁格尔和其他白衣护士活动规矩的限制，在军队里出了名，尽管她没有完全获得和掌灯白衣女士同等程度的公众赞誉（Alexander & Dewjee，1984: 26）。

早在1731年，在伦敦工作的黑人就已经够多了，这迫使市长思考有必要通过一项“黑人不应该学习贸易经商”的法令来保护白人劳动者（Rogers，1967: 201）。据估计，1946年仅在伦敦就有2万个奴隶，还有许多所谓自由黑白混血儿及在陆军和海军服役的黑人。黑人女性，不管她们纯正还是混血，似乎都生活在小镇和城市的劳工阶层中，生活条件与白人劳工阶层女性差不多，很多人做着各种形式的苦役，但其他人的地位因劳动女性、情人和妻子的身份获得了提升。在21世纪初，黑人女性仍以国内劳工的身份来到这里，一些来自没有摆脱实行奴隶制的种植园，另一些来自交易中心和港口。她们中很多人的工作是以来自印度的女仆身份或者来自非洲和加勒比地区的保姆身份，照顾资产阶级的孩子。

在20世纪，黑人女性（和男性）继续由英国前殖民地来到英国，一些人相信祖国是一片乐土的帝国神话，另一些人来这里找工作，为自己和家人创造更美好的生活。这种持续移民的结果是，土著黑人社区得到新移民的不断补充，他们带来了源于非洲和加勒比地区文化政治条件的态度和价值观，而这些东西本身就是不断变化的。

第一次世界大战期间，成千上万的黑人作为水手、士兵和军火工人来到英国。幸存者在大城市安定下来，通婚和安居。1919年“一战”刚结束，种族骚乱就发生了，在这期间，伦敦、利物浦、加的夫、曼彻斯特和赫尔的白人袭击了他们黑人邻居的住宅和工作场所。

自20世纪40年代起，许多黑人女性已经和从英国前殖民地招募的外来工人一起工作，也有人是陪伴或跟随外出务工的父母或丈夫。威廉姆斯（Williams，1993）将我们的注意力引向这一事实：1948年6月，当帝国温德拉什号船只靠岸，从加勒比地区带来第一船工人时，船上有一名25岁的女性偷渡者阿伟瑞丽·沃科普（Averilly Wauchope）。她是一名基士多尼亚的裁缝。随后的船只又带来了其他的黑人女性，仅3个月后15名黑人女性来到了欧比特（Orbita），1949年有49名。很快，黑人女性也被伦敦运输局和英国酒店直接招募了。

从20世纪50年代起，非洲独立国家中更多特权者的儿女来到英国学习，他们中的一些人留了下来，作为新兴的黑人精英开始了成功的职业生涯，或和其他黑人移民者一样加入了“二战”后迅速扩大的服务行业和工业。其他人留了下来则是因为他们原籍国的经济状况恶化，或是因为他们已经和欧洲人结婚不愿意回到热带地区去了。非洲难民也在英国度过了或长或短的一段时间，但是由于一些独立或胜利对于南非老人和在英国长大的难民孩子来说来得太晚，他们中的大多数抓住最早的机会回到了家乡。此外，在英国的许多黑人男性，由于上述原因，和白人英国女性有了孩子。这些孩子有在黑人家长的陪同下成长的，也有不在其教导下长大的，构成了一个在英国成长的混血儿的群体。

## 一个被否认的存在

可以毫不夸张地说，纵观黑人存在于英国的历史，其中曾反复出现要求清除黑人的运动。根据记载，最早驱逐黑人是在16世纪伊丽莎白女王在位时期。她为清理和净化国家做出的努力，包括颁布了一系列法令，要求将黑人从王国中强制驱逐出去，雇用了一支商船队，并授意其执行此项驱逐活动。随后近300年的奴隶制存在期间，在英国仍然可以找到大批黑人，他们要么直接来自非洲，要么来自残酷的加勒比海种植园，作为仆人或“新奇物”为贵族所有，将身份交给了他们的主人及后来的雇主。在这期间，英国与非洲及非洲人的接触越来越多，种族主义意识在增长并日趋复杂，形成了一套将非洲人非人化并物化的体系；白人因此认为有权实施残酷的压迫和剥削，来增加自己的财富，提高他们的政治和经济利益。

如果说在更早的时代，白人的种族优越性被视为上帝规定的真理，那么借助新兴的科学原则，白人至上的观念在19世纪、20世纪得到了证实：通过生物学、颅相学、进化论及后来的人类学研究，所有具体化的种族主义情绪被认为符合帝国主义利益，将他们的“科学真理”置于无可争辩的地位。（见本书第二章和第三章）种族主义为帝国主义扩张的非人道行为提供了意识形态理由，这一论题有着充足的证据。（Fryer，1984，1988；Williams，

1964）。

20世纪，许多种族主义的伪科学基础已经暴露，受到质疑。然而，黑人被带到英国的矛盾过程和他们存在的历史不断被否认的事实仍在继续。第一次世界大战期间，黑人从殖民地被招募，为英国国王和国家而战；战争结束后，他们却在伦敦的街头穷困潦倒，在那里他们被称为“圣吉尔斯黑鸟”。同样，当第二次世界大战爆发时，黑人士兵再次被号召为帝国服务，他们也确实这样做了。在战争结束时，许多人认为自己有权生活在他们为之战斗过、众多同胞为之牺牲的国家里。

即使战后招聘工作蓬勃开展，种族矛盾依然存在。当工人们被需要的时候，他们就会因有色标签被排除在住房和其他社会福利之外。明显可见的是，第一批从帝国温德拉什号船上下来到达这里的工人受到了伦敦兰贝斯市市长的欢迎，却发现他们没有地方可住，所以，他们被安置在匆忙准备的克拉珀姆防空洞。换句话说，移民的最后阶段，英国的准入权是有选择性质的：劳动力人手被需要但相应的人性待遇不被考虑。福利国家的历史偏见不断，将资源用在那些被认为最应得的人身上。黑人没有被视为“应得的”，而是被当作寄生虫，尽管事实上，这个福利国家已经在很大程度上依赖黑人劳动。

正是由于这些原因，长期以来，黑人的社会文化生活很大程度上是在英国主流生活之外发展的。整个战争时期和20世纪50年代到60年代种族骚乱的间歇发生，暗示着英国社会大多数人仍然把英国风格等同于白人，其中的一部分人仍然主张将黑人驱逐出境。

自20世纪60年代以来，英国历届政府也挑起过种族纷争，将种族视为一个政党政治问题。党派相互竞争，提出越来越严格的立法，旨在禁止有色人种定居英国。第一个这样的立法是《1961年联邦移民法案》（*1961 Commonwealth Immigrants Act*）。一旦最初的移民情况通过后来一系列的立法变更得到控制，政府就开始将注意力转向内部管理：像在完全失效的《1969年种族关系法案》（*Race Relations Act of 1969*）中提及的那样避免明显的歧视行为，通过社会政策、行政措施管理和控制少数民族社区[2]。内部移民管控也得到了发展，黑人享受的公共服务遭到限制，他们会受到监视、恐吓，甚至有可能被驱逐出境[3]。

我们可以看到，英国政府日益削减黑人移民数量。在一定程度上由于行政和政治情况的变化，一小部分黑人在20世纪80—90年代被允许进入和定居英国，他们被归类为难民，或是在最新一轮立法前已取得英国国籍。由于欧洲的边界禁止来自发展中国家的新移民进入，经由新来者实现的黑人社区长势已削弱了。这一点，加上第二代和第三代在英国成长起来达到生育年龄的黑人数量增长的事实，意味着黑人社区已经在其文化构成上越来越英国化。虽然仍与非洲和加勒比地区存在联系，今天在英国的大多数黑人的主要身份是特殊的英国人，尽管它与占主导地位的白人文化秩序很不相同。因此，英国黑人文化，及其在历史上和当代英国种族主义中的所有起源，成为后殖民时代英国黑人身份的主要背景。

考虑到黑人进入英国的轨迹如此多样和复杂，我们能对英国黑人女性的集体经历说什么呢？大多数认为自己现在是“黑人女性”的人，拥有非洲、加勒比海或亚洲血统。许多人是混血，也有一大部分人出生、成长在英国。在英国出生的黑人女性可能有移民的父母，或者可能是在英国出生的黑人父母的女儿。确切的数字无法统计，特别是因为在多样化和多变的社会里，通婚程度高，民族和种族类别不明确。

我们确切知道的一件事是，黑人女性似乎已经在劳动力市场占据了位置，这些位置清楚地反映了英国社会的种族和性别划分，表明了英国社会的特点。在过去的5个世纪里，3位黑人女性运动积极分子探索了黑人女性在英国的工作经历。她们这样描述：

> 在为欧洲资本主义服务过程中辛苦劳动的一个悠久传统……作为奴隶，黑人女性充分的劳动潜力第一次被发现，作为奴隶我们对剥削的反应首先被测试了出来。
>
> （Bryan et al.，1985：17）

也许这些传统可以解释，为什么尽管接受过高等教育，大部分黑人女性仍然从事着低收入的工作，以及为什么她们在饱受剥削的条件下工作（Lewis，1993；Mama，1984）。大多数仍然停留在“女性”的职业上，如教师、助产士、护士，并执行各种低级别的公共服务任务。于是难怪黑人女性的社会生活主要受严苛的工作条件和福利国家的结构的沉重影响。偶尔有政策研究对在英国的法律和刑事司法系统内（Mama et al.，1986）或作为社会服务接受者（Mama，1989b）的黑人女性情况开展浅层探索，揭示了极其令人不安的情况和巨大的不公正。虽然最近一些资料表明，长久以来英国社会生活中文化创意受到了压抑（Busby；1993，Grewal et al.，1988），但是似乎还没有社会科学研究反映出黑人女性对休闲和文化的追求。而且，关于黑人女性在英国过去和当代的生活还有许多留待告知。

在我们思考加勒比和非洲历史上女性的来源时，会出现类似信息缺乏的情况，这主要是因为这项研究中的参与者坚持认为这些地方是自己身份的文化和历史来源。如果英国经验主要通过种族压迫来体现，那么其关于加勒比和非洲的认识正是许多黑人女性灵感和想法求助的方向。一旦种族主义的无声负担被放下，这些就成了替代来源，在她们对黑人女性身份的建构和愿景上得以体现。在我们倾听黑人女性的诉说，确定她们所指文化和历史来源的过程中，这一点变得越来越明显。这种认知不是现成的，于是便有了虚构的叙述和创造性技能的运用，不管多么零碎的信息经人工合成并通过大众传媒传播，或者传递给下一代，或者简单地从彼此身上偶然得到。

## 话语是分析主体性的一种工具

在本书的第一部分，我们对心理学科学话语进行了分析，用以揭示知识、权力和实践之间的相互关系是如何影响殖民地、非洲和黑人主体建构的。这本书的其余部分也涉及话语概念的使用，但这是为了分析主体本身，而不是作为批评心理学有关黑人不得已而说话的手段。

在这里我将主体性看作散漫的，关注的是那些体现集体认识、态度和社会群体信仰的话语。我会将话语看成追踪梳理研究参与者的文化和历史地位的一种方式。这是本书其余部分所真正关注内容的前提，也形成了将主体看作动态多元和全体关联产物的一种观点。在这一章中，不同的主体被认为在话语中占据着不同的位置，主体性的改变被认为是个体经历不同话语的运动。在这个框架内，话语带来了主体性的内容，这意味着，只能通过那些被研究的特定的历史和文化来接近主体性。只有特定的主体性而没有普遍意义上的主体，主体地位体现在话语（社会环境）、历史和社会领域中。主体性是借助已形成地位进行组建和运转的一种过程。

我认为话语是历史上产生的认知体系，包括常识假设和理所当然的观念。一群人共用话语并借此以了解彼此的信仰体系和神话。话语可以衔接、传达正式和非正式的认识及意识形态。它在不断地被复制和创造，并在交流的过程中不断地变化和发展。话语是一个共享的知识网格，允许一个或多个人“进入”(enter)，并通过显性和隐性的意义共享。

这一概念的这种用法来自福柯(Foucault)，但他关心的是认知实践和权力之间的关系，社会制度的演变及真理体制的产生(Foucault，1967，1972，1976；Gordon，1980)，而我采用这一概念的目的是分析主体性。

话语，就像它在这里被定义的一样，使个体在社会、政治和文化上与其他人产生联系。这种联系是与之相似或与之不同，“支持我们的人”或“对立者”。它存在于权力网络中并将其传输出去，通过与制度化的正式认知、假设和特定社会政治秩序的意识形态产生共鸣并积极回应的方式，借助占主导地位的话语来行使其霸权。另一方面，从属地位的话语也存在于霸权的对立面中，通过回应替代性的意识形态和文化实践来颠覆其象征性的主流秩序，增强受压迫群体的力量。换句话说，话语不仅传达文化的内容，也传达权力关系，同时传达压迫和从属的关系及抵抗关系。

在这样的背景下，话语分析是一种阐释技术，主体性定位其中，借此集体性假设和已经由集体经历累积的共同意义及价值观也得以描述。因此，个人的主体地位同时也是社会的瞬间，其中个人占据着特定的社会地位。

将话语概念用作启发式方法——一种解读特殊主体的分析工具之后，我沉浸在自己收集的历史和文化材料之中，旨在辨别那些能体现黑人女性主体性特征的话语。接着我将这些应用于谈话笔录，以确认其中的参与者主体性。

这项研究聚焦于将自己定义为“黑人女性”的大量女性主体，并且依据那种定义方法，去求助特定的历史文化和充满矛盾的经历。通过识别话语的过程，我们开始绘制研究参与者的社会生活，并参考其他来源对此进行了阐述。由于其所生活的社会性质，这一点就变得很明显：参与者的社会经历（因此产生了她的主体性）在其文化内容的组合中是独一无二的。受英国社会分化的影响，这种文化内容被表达和传递为高度种族化和性别化。

接下来显而易见的是，个体会有很多话语和话语地位可供使用，其所处的地位是短暂的，会随着不同的社会背景和其所处的关系变化而变化。将主体性解释为话语中的位置就允许个体被历史性地加以理解，它会随时间变化，可以处在不同的环境。这也提出了人们具有多种主体性的观点。由于个体在任何特定时间点可以拥有各种主体地位，他（她）就可能采取不同的立场，矛盾因此也就产生了。主体性因此被认为是各种无层次位置运动的一个过程，不断形成历史知识和经验。

### 识别话语和定位主体性

我已经注意到我用来识别和描述话语的参考文献有必要多样化，因此收罗了在加勒比和非洲历史文化方面的现有文献，以及有关英国黑人的新兴文学。我也阅读了文学和社会科学资料。女性之间被记录的谈话提供了当代有用的口述历史。在明显缺乏有关记录黑人女性当代历史经历的出版文献的情况下，已记录的谈话作为口述历史来源，其使用显得尤为重要。

两大对立的主题似乎符合我所定义的论述。我将这些称为“殖民融合主义话语”和“黑人激进话语”。两者都拥有很长的历史，超越了国界却都包含了殖民经历，那一时期非洲生活方式受到了军事征服和资本主义经济利益渗透而来的文化和社会干预的影响。正如我们所知，帝国主义和父权制度深刻地影响了非洲的大部分地区，并创造了加勒比地区。我们知道它生存的话语，其影响保留在了体现黑人文化和智力生活的话语中，保存在了今天黑人的集体意识中，在非洲、加勒比和欧洲地区皆是如此。殖民融合主义话语传达了遵从的信息和对白人霸权的接受，而黑人的激进话语表达了一个反抗和颠覆的政治意愿，以及一个源自加勒比地区和英国少数群体经验的文化政治主张。在第六章阐述这两种话语谱系之前，我主张用黑人女性在自述中表现自我的方式说明这种方法。

## 殖民融合主义话语

莫娜：我想小时候在许多方面我很恨我的父亲，因为，嗯，我认为我们都由一个正常家庭抚养长大。对于我来说，家庭就像是我在比斯托（Bisto）肉汁广告里看到的那样——星期天早上，一位老人站在一张桌子边烤牛肉——而我的父亲正坐着看书！（笑）所以在这个意义上说，即使他非常重要，实际上也没有发挥出那种作用。

作为一个孩子，一个在英国出生的黑人孩子，莫娜希望遵照比斯托肉汁广告所象征的家庭秩序：父亲会参加周日活动。我们现在可以说，由于希望她的家人能遵从有着特殊性别角色和习俗的核心家庭霸权理念，莫娜是在回忆自己在殖民地居民融合话语中的位置。她正受自己的英国经历的影响，而这些是她的家人不会真正认同的；每逢星期天，她的父亲都会去赌场而不是做她所认为（白人主流社会所说的）的父亲们应该做的事，她怨恨这一事实。她不是唯一体会到一个人应该是什么样子和他真正是什么样子之间紧张关系的人。另一位参与者描述了白人朋友来自己家里时自己羞耻和尴尬的感受，她怕他们看到山药和香蕉，把她的家人看作猴子（引用在第七章）。

另外，莫娜认为她母亲一直致力于“适应”，但事实上特别压迫自己的孩子，因为她是如此害怕邻居们会怎么想：

> 莫娜：去牙买加寻根多好啊，我的母亲从来没有谈论过它——一点也没有谈论过西印度群岛（the West Indies）的生活及其模样。
>
> 阿米娜：玛丽说她的父母拒绝谈论这个——就好像他们试图忘记过去，重新开始。
>
> 莫娜：那的确是的。哦，是的。我想母亲把这整个想法都纳入了她的脑子里，为了被白人接受，有些事情你一定要做，有些事情你一定不能做，你知道的，这样才能成为英国人。她会拒绝自己的根性，即使我们问了，她也不会告诉我们任何东西。她非常严格，严格到了愚蠢的地步。你不能玩耍，她实际上会禁止你在后院打球，以防邻居听到你把球打在篱笆上的声音。

在这里，她明确指出了母亲的严格源于她对融合的渴望。她希望自己的孩子们尽可能地英国化，学会英国白人的行为方式。为此，她更愿意放弃自己在加勒比的过去。殖民地居民融合立场可能与更广泛的社会相协调，但只要危及这个黑人家庭的和谐，就成了一些不那么令人舒服的东西了：莫娜憎恶她父亲的不合群，她的母亲因害怕邻居们的嘲笑而惩罚自己的孩子。莫娜处于这两个摘要话语中的第一个，当她考虑自己的母亲及她们具有的关系时，便走出了这一困境。这说明变动是与一个特定话语相关的，而且同时拥有多个立场也是有可能的。通过采用其他立场（如下所述）的方式，她便能够将自己从母亲的殖民地居民融合立场中分离出来。

其他参与者也描述了自己和她们的父母之间相似的紧张关系，其中一个最极端的例子是由母亲是英国白人的混血儿安吉拉提供的。她回忆说，她的母亲有一种被白人邻居真实或假想的种族主义所压迫的感受，因而排斥她。她的母亲告诉自己的白人邻居安吉拉不是自己的女儿，而是自己的监视者，并将她描述为“苏丹人”（Sudanese），因为这似乎比加纳人带有更少的黑人色彩。安吉拉讲述了她和黑人男性访客是如何被迫通过后门进入房子的，因为她的母亲不想被污蔑为妓女。这位母亲不能站起来反对种族歧视。相反，她仍然被种族主义话语完全占据，渴望得到白人的接受，而那些白人却拒绝了她，因为她曾与一个非洲人发生性关系，安吉拉则是这个关系无可争议的实物证据[4]。这个例子让我们思考在殖民融合论中种族的重要性。在下面的摘录中，我们将看到，不只是白人父母会遭受占主导地位种族主义话语的摆布。

莫娜：当我对她（莫娜的妈妈）说“那人对你抱有种族主义态度”时，我们常常会陷入大量的争论中，她会回答“不，不会这样的”。她对黑人，对自己同一种族的人，非常冷酷。她是那些冷酷者中的一个——最喜欢说的一句话常常是：“你不要与黑人一起工作，因为他们从来不做任何事。”……（妈妈）你不能说这样的话！

阿米娜：但那是相当典型的。

特丽萨：认可所有有关黑人的成见。我认为这是一种希望被接受的做法。

认可殖民地融合论意味着接受白人社会所说的，包括有关黑人的说法。史密斯夫人（莫娜的妈妈）持有这一观点，尽管她自己具有非白人的加勒比血统，尽管她和自己黑皮肤的女儿这么说话。莫娜对自己的外表（及她母亲的出身）的认知已使她与母亲很难产生积极的联系。这种矛盾的经历可能加深她的偏激：她拒绝母亲的殖民地居民融合立场，而认同黑人激进话语立场。而史密斯夫人，由于自己的历史，也或许是因为她作为浅色加勒比女人的经历，一点也不认同黑人。

殖民地居民融合主义立场使史密斯夫人不认同黑人，因为她青年时期经历的加勒比地区并不像当今英国社会一样，将世界粗暴地划分为黑人和白人。相反，当时那里存在着一种复杂的颜色等级体系，存在着由一种肤色的人组成的统治阶级，由此在种族血统和物理属性基础上形成了复杂的人种间的区别。它将纯种白人置于复杂的种族列表顶端，而将纯种非洲人置于底部。英国在殖民地实行的都是这些分类方法。它们包括以下奇怪的列表：

> 内格罗（Negro）：黑人和黑人的孩子
>
> 桑博（Sambo）：混血儿和黑人的孩子
>
> 穆拉托人（Mulatto）：黑人和白人的孩子
>
> 1/4的黑人血统混血儿（Quadroon）：混血儿女性和白人男性的孩子
>
> 麦士蒂索人（Mustee）：1/4混血儿和白人的孩子（或纯印第安人）
>
> 麦士蒂菲尼人（Mustiphini）：麦士蒂索人和白人的孩子
>
> 有1/16黑人血统的混血儿（Quintroon）：麦士蒂菲尼人和白人的孩子
>
> 有1/8黑人血统的混血儿（Octoroon）：有1/16黑人血统的人和白人的孩子[5]
>
> （James，1993：235）

由此可见，难怪罗德尼认为加勒比地区是现代种族主义酿成的地方（Rodney，1969：9）。他接着指出，这种遗产体现在20世纪60年代的加勒比文化中：

> 黑人用于描述自己的语言，表明了我们是如何鄙视自己的非洲形象的。“好的头发”意味着欧洲的头发，“好的鼻子”意味着直挺的鼻子，“好的肤色”意味着浅淡肤色。每个人都知道这些术语是多么不协调和可笑，但我们仍然使用它们，来表达我们对白人是美丽独有者而黑人是丑陋化身这种观点的支持。
>
> （James，1993：33）

詹姆斯生动地描绘了这种冲击：人们离开这样一个有着种族等级体验的复杂系统，来到英国，却发现他们被归类于“有色人种”“西印度人”或“外国佬”。（James，1993：239–240）不只是他，还有其他人也认为这种同质化是产生加勒比人和黑人身份相同的主要原因。（Patterson，1965）

然而，黑人身份认同对于黑人儿童的白人母亲来说不像是一个好选择。这也似乎不是史密斯夫人对在英国出现的新情况的良好反应。相反地，她对黑人继续表现出贬损态度，重复所有显而易见的种族偏见：对她来说，黑人是懒惰的，道德败坏的和污秽的。对于史密斯夫人，这些便是真理，她似乎一直提心吊胆，害怕自己的孩子可能会“返祖”，不仅仅是因为她只看到他们是黑人。莫娜描述的“严格”是她在企图避免这种情况。这一讨论引发了一种思考，为什么史密斯夫人一直深陷在殖民地的价值体系中：

莫娜：我的妈妈实际上说的是一些白人化的东西。她相貌不错，肤色很浅，有浅棕色的眼睛和直发。

特丽萨：啊哈！我知道你在说什么！

莫娜：她是在开玩笑，因为她的脸上正洋溢着微笑，而我会说“快停下来”。当我还是个孩子的时候，我们常常一起划船，她经常对我说“莫娜，你怎么可以这么黑?”（笑）她曾经对此开玩笑，因为我很像我的父亲。我继承了他的肤色。我的确认为她真的不喜欢我生来长得就这样黑的事实。这是我拥有一张好嘴的原因之一，因为我常常回头说“没错，黑但是标致”。她曾经说我爸爸很幸运能娶到她。我可以想象她过去的样子，（因为）她很瘦小，很苗条，很漂亮。我想知道，发生了什么，让她变成了现在这个样子。

特丽萨：是的，他们确实这样。

莫娜：所以，父亲，像我现在这样，作为一个黑人粗野男孩，能娶到这位有着惊人直发或诸如此类的女人是很不错的。我认为她持有这种观点实际上仍然是在反对我和我的父亲。这就是她如此痛苦尖刻的原因（笑）。我认为，在她头脑中，实际上并没有认识到自己是黑人。

如果你想让她意识到自己是“有色人种”，就像让她能看到自己作为一个单独实体而存在一样困难。因此她可以名正言顺地坐在屋子里，诋毁黑人：“所有女孩应该被谴责的是怀孕”，而“所有男孩应该被谴责的是惹麻烦”。因此她的孩子们在她眼前做事都非常小心。我们都陷入了麻烦中，但她从来都不知道，如此而已（笑）。

特丽萨在这个讨论开始时的惊叹是其中一种“认知”。如果一个人认为自己实际上比莫娜更理解她的母亲，这并不奇怪，因为她在白人外祖母的陪伴下，自小就成长在加勒比地区，外祖母反对特丽萨的母亲嫁给一个黑皮肤的男人。特丽萨的祖母和莫娜的母亲拥有一样的种族政治，而且她们都是在殖民时期长大的浅淡肤色的加勒比女性。这种解释在另一场讨论会中得以证实。那场讨论会给了我们更多的相关信息，即特丽萨的经历及她是如何将史密斯夫人“解读”得这么透彻的：

特丽萨：我的祖母从来没有真的将我们看作黑人。她的父亲是白人，母亲是混血儿。

安吉拉：是的。

特丽萨：所以她在黑人群体中看上去像白人。我敢肯定，我们觉得她的皮肤是“棕色的”。当我们真正开始说（自己是黑人）的时候（我的哥哥很早就说自己是黑人了），她常常说："不，你不是黑人，你的皮肤是棕色的。"这真的很难。我记得自己更小的时候，我的祖母常常给我梳头发，因为她不想让别人来做这件事，可她自己也不会——她不会正确地把头发编成辫子。每次梳头发的时候，她会说"你的黑人头发"（笑），"你有了真正的黑人头发"。当我真的可以按压我的头发把它理顺时，我常常祈祷这一天的到来，因为我想如果我有直头发的话，会更美丽。由此我觉得自己是丑陋的。但祖母不想让头发变直。我问她，她说没有办法。不过这真的很痛苦。就像是有人对你说，你其实做得不对，你一定出了什么大问题。你真丑。

安吉拉：正是那样。我的意思是黑人和丑陋总是联系一起。在学校里我从来不是一个受喜爱的女孩。我第一次开始有很多男性朋友是我去加纳的时候——是当我开始思考这个问题的时候——当然是！

（1）我已经注意到，精细分级的种族分类方法渗透在殖民地加勒比生活中。特丽萨描述的不适是从殖民地加勒比话语中"非黑人"调整至黑人激进话语中"是黑人"引起的。

（2）这一点在殖民种族主义话语美学的一篇公开声明中得到

了总结，是讨论者在分享经历的过程中提出的：黑人=丑陋。

这一摘录不仅讨论了种族，还介绍了在一个种族分层社会中一名黑人女性可能要承担的后果[6]。在处于其他人都有男朋友并将此作为地位和成功标志的年龄，安吉拉被“束之高阁”。“从未被喜爱”是很多黑人女孩的经历，因为在白人占主导地位的情况下黑人与白人男生都趋向于遵循当下的审美观，更喜爱白人女孩（如果不是的话，那么更喜爱金发女孩）。在第七章中，我重新考虑了黑人女性主体性在性别方面的一些问题。

拥有非洲血统的女性，其经历的故事可能不同，但和安吉拉的情况非常相似，因为她们是在英国长大的，有一个像史密斯夫人一样拥有白人至上主义价值观的英国母亲。虽然她没有这种情况——事实是，浅淡肤色和柔软头发的理想在一些非洲社会是普遍存在的——但还是带有她们自己殖民地遗产和当代秩序的印记。在这一秩序中，非洲和非洲各族人民未能实现民族主义的梦想。然而非洲大陆上的种族论述也与加勒比社会大为不同。他们没有被细微地分层，倾向于分成2类（非洲人和其他人）或者最多分成3类（非洲人、有色人种和欧洲人）。与加勒比地区的许多地方相比，绝大多数人是纯粹的非洲血统，几千年历史的文化储备使殖民地的种族态度更加边缘化，这些文化储备更倾向于成为少数城市精英的保护对象。例如，在尼日利亚（Nigeria）的精英家庭里，反对他们的儿子和欧洲或混合种族女性之间的婚姻是很普遍的，虽然后者可能是被寻求的性伴侣。对于绝大多数人来说，苍白的皮肤更容易引发一种异域好奇和差异，而非优越性的象征[7]。

### 黑人激进话语

20世纪60年代，黑人权力和民族主义运动分别挑战了白人至上思想和殖民统治（见第二章），自那以后黑人激进话语登上了国际舞台。就像殖民融合论，来自黑人世界各殖民地和帝国主义历史的黑人激进话语有许多当地的特色。在非洲，民族主义运动颠覆了欧洲规则，促进了新的民族国家的建立。而在加勒比地区，争取独立的民族主义运动（例如在牙买加）和黑人权力运动对种族主义的挑战都带有特定的美国色彩。后者与有关民族国家的民族主义项目没有必然联系，但在流散的意义上是黑人民族主义的，它更多的是关于建立一个国际的而不是国家的种族统一体。

黑人话语的谱系最早可以追溯到奴隶制时期，它存在于非洲奴隶思想的记忆和幻想里。在这里它与殖民话语共存，有时爆发出反抗，颠覆白人统治的秩序，维持黑人文化和群体感受，这在奴隶制时期形成的口述和书面材料中是很明显的。

然而，作为一个现代社会运动，黑人激进主义可以追溯到宣告黑人尊严的加维主义运动和贯穿于黑人历史的反殖民地民族主义运动。在号召黑人起来反抗“黑色和棕色人种压迫者”的行动令殖民当局感到惊恐之后，加维获得了恶名，被驱逐出了牙买加。

之后，他在纽约哈莱姆区（Harlem）创立了全体黑人进步协会。他的演讲和著作使得他在20世纪20—30年代获得了大量追随者。此外，他还通过成立黑星航运公司（Black Star Line），努力争取黑人种族的经济自治权。加维也认为，黑人最终应该回到非洲（A. J. Garvey，1967；M. Garvg，1983）。加维去世后，他的思想也在加勒比地区，尤其是在拉斯特法里教教徒（Rastafarians）之间得到了普及，他们的运动分享了加维的许多观念（Barren，1972；Owens，1979；Patterson，1964）。拉斯特法里派教义已经对该地区及欧洲和美国北部的加勒比社区文化生活产生了普遍影响。起初，这项宗教运动的追随者专注于解释《圣经》，宣称上帝是黑人，坚持认为非洲人是真正的以色列人。拉斯特法里派教义也借鉴了逃亡黑人奴隶在加勒比地区施行的反叛传统，呼吁解放非洲和回归非洲。后来，通过主流瑞格舞艺术家的歌词，该运动得以推广和国际化，很快便得到了广泛的传播，现已成为世界范围内加勒比文化的核心部分，宣告和歌颂所有黑人的非洲之根。

黑人激进思想的另一个主要来源是20世纪50年代出现在巴黎的黑人运动（见第二章）。艾米·塞沙勒（Aime Cesaire），这位马提尼克岛诗人被公认为创立者。黑人激进思想有很多处无意中与殖民话语内的非洲人建构的观点一致，比如人的直觉，节奏和性感。这些来源的共同点是重铸的种族特性对于黑人来说是有利的天赋，甚至是优越的属性，而非自卑的标志。他们都隶属泛非范围的事实可能更多的是因为其起源于非洲移民的偏远地区，而不是对实现非洲统一可行性的理解。

自20世纪60年代以来，黑人激进主义的其他北美表现，在对北美社会极端种族主义的反应中得以发展（见第三章）。北美、非洲和加勒比的黑人激进主义形式相互影响，产生了广泛和多样化的话语，其中一些已经进入英国黑人群体。

通过调查其来源，我们可以得出这样的结论：黑人激进话语一般是有关黑人身份和文化的积极主张。它是反对预示黑人激进主义到来的殖民地居民融合话语的，而自黑人激进主义话语发展为连贯的思想体以来二者的共存便不平等了。在它发展成为一个挑战白人至上的理念之前，黑人激进的话语可以说是反动的。

然而，因为它超越了反对派，形成并主张新的世界观，这个世界观时常求助于非洲和加勒比文化及他们反抗和创新的历史，因而黑人激进主义也在一定程度上被视为是创新的，是具有创造性的。它开辟了知识工作和政治斗争的全新领域，促进了社会运动和新身份的多元化。在第六章中讨论的英国黑人主体性主张和英国黑人文化发展，只是一个例子。黑人的散漫立场可以由下面的语句摘要加以表达：

> 莫娜：黑而秀美。
>
> 安吉拉：黑莓越黑，味道越甜。

阿沙：这就像黑人身份，只有当你认为黑人美丽的时候，你才可以去做其他的事情。如果你为自己是谁而感到自豪，那么你可以在社会上前进，并要求某些东西。……你不会半途而废，而是会有一个计划，你知道自己的想法，知道自己想要什么。

前两个语句摘要是公理，可以追溯到20世纪60年代的黑人权利运动。她们用这句话回击种族主义："黑而秀美"——虽然黑但是秀美。这样的公理是对黑人丑陋观念的挑战，是对白人的美丽标准的否认。这对于童年生活在白人统治的社会里，渴望拥有直头发、蓝眼睛和男朋友的年轻黑人女性尤为重要（正如我们在前文[①]特丽萨的评论中看到的那样）。这是一个来自性别和种族的动力，因为女性在限制自我肯定可能性的性别歧视的社会里有必要比男性表现得更有吸引力，女性化的女孩比聪明的女孩更抢手（见第七章），在种族主义环境中，黑人女孩是不太可能被认为是漂亮的。黑人男性在看待自我形象方面可能存在问题，但在男权社会他们面临着与女性不同的情况。如果他们能够或愿意表现白人社会认为他们所具有的性欲亢进，承认"种马"身份，那么在男性主义社会中黑人男性有"成功"的可能。由于性别的不平等，

① 此处"前文"指本书原英文版第104页。(译者注)

甚至在种族主义话语中，黑人男性有一个黑人女性无可企及的权力地位，而对于黑人女性来说性欲亢进是一种耻辱。在“黑人纵欲”的观念下，黑人女性成为“妓女”，变得堕落，受人鄙视，而黑人男性被白人男性嫉妒和厌恶，因为他们被白人女性追求，可以自由地选择性伴侣，而这是黑人女性通常无法做到的。这些性政治遗产促进了早期黑人激进立场的出现，这些立场主要是对在所有种族中男性地位高于女性的报复性主张。（Wallace，1978）。

从第三个语句摘要中可以明显看出，获得黑人身份对于女性也有很大的好处。在这里，它被描述为一个内部的变化，可以解放和赋予能力。黑人女性在黑人话语中占据了地位，这些黑人话语在性别政治中传达出许多不同的观点，但有一个被共同关注的问题，即赋予黑人女性权利。将自己认定为黑人，黑人女性便能够拒绝殖民融合论强加给她们的消极和劣势地位。这是一个反思和恢复的过程，也包含了与仍然回荡在更广泛的种族主义社会的种族主义内部残留进行的持续斗争。成为黑人意味着采取反对霸权话语的立场，需要借助一些在白人为主的文化和政治背景中无法轻易找到的替代来源。西方黑人已经在个人和集体层面上进行了这一探索。在集体层面，已经出现了一次文化政治运动，创造力得以爆发，出现了一种追求和重建过去并改变现在的强烈兴趣。黑人历史、黑人文化教育项目及黑人政治在根本上都是要推翻白人统治，在心理、教育和政治方面赋予黑人权利。

**尾注：**

［1］我最近去了人类博物馆，以确认解剖报告仍然保存在该馆所谓“金星档案”中。报告显示，她臀部的尺寸和形状可能受到了一种遗传疾病或传染病的影响，她骨骼的其他方面被比拟为猩猩的骨骼。

［2］例如，由于对贫民区的恐惧日益增长，1969年卡林沃思委员会（the 1969 Cullingworth Committee）试图通过破坏和驱散黑人社区的方式来抵制种族主义者。

［3］这些都记载于位于伦敦E1区圣普润斯莱特街11号的兰尼米德信托机构的一系列出版物中。那儿也长期存在着阻力来阻挠这些趋势：“我们在这里，是因为你们曾经在那里”（We are here because you were there）和“留在这里”（Here to stay）的口号既封存了英国黑人主体的历史，又声称其成为“英国人”的权利。这两个口号产生于反驱逐斗争绝非偶然，其中留在英国领土上的权利问题一直存在，与强化扩大移民立法并加以执行的当局也有过对抗。

［4］有人可能会想，为什么安吉拉的母亲没有像其他许多被遗弃的白人女性对待半非儿童一样对待安吉拉，把她纳入国家监护，在儿童之家抚养。矛盾在于许多混血孩子深知自己的母亲可能爱自己，但不爱自己的身份。也就是说，不爱她的种

族主义定位。

［5］值得注意的是，这些分类是有性别偏见的，因为他们忽略了涵盖白人女性在内的跨种族伙伴关系的可能性。

［6］被用来与加纳社会存在棕色皮肤女性的情况进行对比。

［7］这并不是说非洲社会没有种族主义，而是说这里的白人种族主义没有像在加勒比地区那样普遍。非洲社会团体内部、各团体之间深刻和难以协调的种族主义（最明显的是在毛里塔尼亚、布隆迪和南部非洲国家）有其自身的多种渊源，在这里就不加以充分探讨了。

/ 第六章

# 英国黑人主体

在这一章中我继续拓展主体性理论，将其视作一个吸取不同话语立场的动态过程，而这些立场体现在个体的社会生活经历中。在本章和随后的章节中，渐渐清晰的是，这种发展不是一个简单的过程，而是持续努力的结果，源自矛盾事件和各种情境。也许正是因为主体性是动态的，包含了多种可能，人们才会表现出高度的弹性，因而能够在困难或有压迫的情况下幸存。

心理学理论往往认为，矛盾经历，例如种族主义的那些经历，是病原性的。我们从第三章中看到，在北美洲，早期黑人心理和早期民权话语，以及主流心理学都是真实存在的。黑人被种族主义侵害这一理论的问题在于它使生活和继续生活在种族主义社会中的数百万黑人病态化。

我的一个中心主题是证明虽然种族主义确实引发了种族意识，

但这并不是必然的，或总是病理的。这不是否认种族主义会产生并且确实产生了负面影响，而是认为，与心理伤害相比，前者对黑人主体性的影响更大。我们同样可以认为，种族矛盾经历（或其他种类的压迫和贬低）能够产生积极的影响，例如，推动艺术、知识或个人创造力的发展，这些是处于更为优势地位的人无法轻易获得的。如果一个人持有这个观点，那么种族主义的心理影响就不能被看作黑人弱势的根源。无论何种情况，种族主义显然会产生与白人不同的黑人主体，通过对独特文化和历史来源的吸收形成他们的自我感觉。从这个意义上看，种族主义使主体性结构化了，但它不是黑人社会和情感生活的决定因素。换句话说，种族只是主体性许多维度中的一个，向来无法构成一个个体内心生活的全部。即使在种族矛盾对人们历史和经验造成了很大影响的地方，它们通过个人改变的形式来做出反应这一事实也意味着它们作用在被动受害者身上的力量不是无所不在的。相反，它们通过创造新话语、在话语之间开展个人运动的集体方式和心理动态过程的个人方式来做出反应，这些将在第八章中探讨。种族主义以这种方式加以阐释，就成了黑人个体在建构自我主体过程中需要做出反应的一种矛盾性集体经历。因此，这是个体发展的一个动力，也是在我已确认的有关黑人特殊话语即殖民融合论和黑人激进话语产生过程中的一个普遍因素。

如果我们以此为前提，即人不局限于一个单一身份，那么我们就可以通过采取这些话语之外的立场，通过开发备选方案或同时采用前两者的方式来研究他们为抵制和反对主流话语有能力做出改变的方面。当我们对女性在种族主义和性别歧视环境中成长、将自我定位成黑人女性的过程展开调查时，我们也是在调查不具有病理特征的主体是如何在受压迫环境中形成的。

在这一章中，我将更详细地介绍在参与者的主体性和多元主体（身兼黑人和英国人身份）的形成过程中，不同话语是如何起作用的。

## 黑人和英国人

“我是英国人，也是黑人。因此我以‘英国黑人’的实体存在。”（莫娜）

当我们联想到相关证据时，同时成为黑人和英国人就不是什么新奇的事了。在最后一章中，我们看到，英国黑人居民数量众多，也许早在罗马时代就已经是这样了。那么，为什么这种说法会出现在20世纪80—90年代？它告诉我们，黑人尽管长期存在，但仍然不得不为在英国社会留有一席之地而斗争。

在对其社会关系的认知中，20世纪50年代、60年代和70年代在英国长大的黑人很快就明白，白皮肤往往等同于英国人，这是一个将他们放在模糊和孤立位置的等式。英国史学长期以来忽视了黑人对本民族发展做出的贡献（如在第五章讨论的），但对于这项研究中的这一代人来说，也许这一认识最直接的来源是童年经历：在学校，在家里，通过媒体，通过一些儿童图书中丢人或讽刺性的漫画（Fryer，1988: 77–81）。他们将非白人视为他者、外国人、移民，否认黑人在本国的长期存在，并含蓄地质疑他们享受充分的公民权利，这对黑人产生了以下社会和主体性方面的影响。

## 作为一个建构过程的主体性

生活在英国的黑人已经发展出了许多应对这种情况的措施。那些对其他国家可能有一些知识或直接经验的人通常简单地回答自己的起源问题，例如声称自己来自牙买加、圣文森特（St Vincent）、圣卢西亚（St Lucia）、加纳（Ghana）或是塞拉利昂（Sierra Leone）。然而，存在许多不属于另外国家的人，或者，他们确实属于另外国家，但没有任何知识或直接经验。尤其是在努力融入社会的家庭中长大的人（例如在这项研究中的少数参与者），她们是不可能有牙买加、加勒比或非洲意识的，或者不会说服自己处在那个位置上。在英国长大的黑人往往是：

> 一些年轻人，实际上不会说他们来自哪一个特定岛屿，但是会谈论他们所认为的“加勒比文化”。与我交流的一些从加勒比地区来的人诉说，当听到有人在《黑人对黑人》（*Black on Black*）[1] 节目中以利物浦口音和西印

度方言杂糅的方式交谈时，他们会感到多么耻辱。那个加勒比人感到被侮辱了，因为这个国家的黑人为西印度人民创造了一种不同的语言。但事实上这就是我们能做到的一切。

（普里西拉，出生于英国，父母是加勒比人）

对于那些长期生活在英国的人来说，想“融入”社会但被拒绝的经历使他们从小就开始审视自己的身份，一些人则在寻求根源：一个他们可以毫无顾虑地宣称自我归属的地方。黑人们积累的经验是这样的，他们往往表现出明显不愿意说自己是英国或是英格兰人的样子，即使这是他们的教养和文化所适应了的。英国社会生活的种族歧视使黑人理解起英国人来是比较困难和不舒服的，不同的个体也找到了处理这一矛盾的不同方法：

普里西拉：如果你问一些黑人女性来自哪里，她们会问你指的是她们的父母还是她们自己。如果你问，她们是否和父母来自的地方存在着联系，她们会说：“不，我是英国人。”

阿米娜：“我已经不在那了”，这是很现实的。

普里西拉：那是现实的。但这也像是……是的，我出生在这里，但我不说自己是英国人。你懂我说的意思吗？

阿米娜：是的，我懂你的意思，但许多人把“black”放在“British”前面，这就是将他们从英国人中分离出来的原因。正是在这种矛盾的背景下，成为黑人和成为英国人的言论是对抗性的。很明显这是对社会的一个挑战，构成将他们视作他者的霸权种族主义话语的一部分。这也是一个多重身份，将国家的和种族的主体性结合了起来，这样，便驳斥了认为黑人和英国人是相互排斥的二元世界秩序的观点。这是解决黑人身处持续而非理性地将自我定义为白人的社会中所面临的困境的尝试[2]。

黑人与英国人之间存在着一个外部施加的矛盾，英国黑人主体由此诞生，在占主导性的象征秩序里英国人等同于白人。无论是在西方和前殖民地地区，还是在二者之间持续的人类、文化和物质流通中，黑人的英国身份是后殖民时代的多重身份之一。“黑人内涵”这一术语表明了其与别的（白人）英国人主体的差异，使其尊严得以保留，因为这也是从殖民融合话语中分离出来的。在下文中，我将用英国黑人主体性的例子来阐释主体性作为一个动态过程的概念。很少有人会以完全成熟的黑人身份，或以他们后来发展起来的敏感的种族意识来开始自己的生活。玛丽讲述了在她所出生的英国北部小城镇成长的感受：

玛丽：我称自己为黑人，但不知怎么地这是从与现在不同的角度来看待的。我真的不理解种族主义。我只是想——你是黑人，离开学校时，就会回到黑人身边，回到自己的黑人社区。我真的和白人接触不多，而在学校里我有自己的朋友，就像他们所说的最好的朋友。我注意到，所有的黑人都处于较低的阶层中。我始终记得一个黑人老师说过“你现在是在英国，在这里你不说方言”。我一直记得，所以我认为在某种程度上我意识到了种族主义，觉得这只不过是生活的一部分。我确实记得一些事情，在白人面前我过去常常感到羞愧——因为身为黑人。我认为这一点对我们大多数人来说都是这样的。嗯，事情是这样的：当时玛格丽特常来我家玩，发现我在吃山药和香蕉，这让我感到羞愧。实际上这是一个谎言，因为我从来没有真的吃它们，我们只是在房子里种着，虽然我爸爸会吃。我的意思是我喜欢吃饺子，但我从来没有吃山药、佛手瓜或任何类似的东西，因为上学时你吃的是白人食物，嗯，我们的食物不像现在那么受欢迎。过去当我的白人朋友们来的时候，我常常想：哦，上帝，把这些食物，这些愚蠢的小东西藏起来。和其他人一样，我曾经想要长长的、飘逸的头发。还有一件同

> 样陈旧的标志性事件——你知道的——我和很多人进行了这段对话，发现每个人都有类似的遭遇：我曾经用一把热的梳子烫我的头发，但从来没有真正喜欢直头发，我以前只是把我的头发理顺，让它不是太粗硬，但不会真的把它拉直。最让我伤心的是，我曾经为我的父母感到羞愧。是的，要回忆这一切并进行思考是可怕的……我记得是我同校的白人朋友们来我家的时候。那时，我八九岁，对他们比对做了那么多事的父母还要尊重。而现在我为父母感到多么骄傲。一切都颠倒了。

玛丽的口语是多变的，从“黑人言谈”中她的英国北部口音里很自然地流露出牙买加语调和表达，这些都来自她现在生活的社区中的伦敦黑人。在这次讨论中，她回忆起了此前自己的情绪状态和持有的价值观，而如今她更加认同自己的非白人（加勒比）起源，有能力维护自己的尊严。之前她（像她的父母和她的老师一样）是认同殖民地融合论的，但在后来的生活中，玛丽能够自我定位为一个黑人女性，并通过采取黑人激进话语中的立场，开始对她自己、她的家庭和她的背景产生了一种自豪感。

种族主义促进了一种黑人身份的产生，促进了确保能在黑人话语中占有一席之地的能力的形成。一旦人们意识到种族歧视对他们意味着什么，并从最初的创伤中恢复过来，开始对黑人事务积极主动，人们就找到了努力的方向。莫娜现在声称自己是黑人和英国人，但在这之前她感觉不知道自己从哪里来：

> 莫娜：我是英国人。我是黑人。因此，我是以英国黑人实体存在的。我觉得我的父母曾将我置于没有根源、没有空间、没有任何可以用来追溯过往的境地，这使得我在十几岁离开家的时候就遭遇了一个危机。我一无所有。在任何地方我都无依无靠。事实上我有的就是报复在自己身上关于黑人的许多消极态度，因为我会觉得一切都是黑色的。这些都是我的兄弟姐妹拥有的那种态度，与我的相差无几。

莫娜所说的危机表现在和她母亲的激烈争吵中，当母亲威胁要将她交由国家监护时，这些争吵便促使17岁的她离开了家。离家后，莫娜开始孤独地寻找自己的身份：

> 莫娜：我工作并独自生活了一年时间。实际上我只是切断了和每个人的联系。我试图在黑人社区里重新建立自己的身份，但发现这真的很难。人们开始告诉我，要做一个受欢迎的黑人，我必须以一定的方式梳理我的头发，或不得不按一定的方式穿戴，那时我很快走向了

相反的方向，因为……在我看来这有点愚蠢。似乎并没有任何道理。我想我终于意识到这一点的时候是在我阅读了大量书之后。我搬到了伦敦，独自住在一个小公寓里。我发现了像新灯塔书店一样的地方，并开始买书。我发疯了似的，会买40或50英镑的图书，花掉我所有的工资。

特丽萨：那么你看了谁的书？

莫娜：我开始看——任何有关黑人的书！

不同的人在形成与自己所处的主流社会思潮相悖的立场时，就会借助不同的资源。莫娜孤身一人面对童年时期的矛盾，阅读使她变得强大，其他人则描述她们参与了黑人组织，经历了类似的过程。几个人提到了她们在生命中的这一阶段参与黑人女性群体的重要性。例如，安吉拉在一个非洲学生组织和新出现的黑人女性运动中是非常活跃的。去阿克拉（Accra）看望父亲的时候，她还描述了自己经历的变化：

安吉拉：当时我正读到这样的内容，一个黑人女性对自我身份的声明，象征了几个世纪反压迫斗争的一种表达。我不记得第一次真正享受作为黑人的乐趣是什么时候了。我想是在我去加纳的时候。在加纳，我也第一次爱上了太阳，因为在这里，我曾经真的很努力地想要远离太阳。呸，在过去那真的常常使我厌烦，你知道的，因为只要我在阳光下待上半小时，色素马上就会加重——我有很好的黝黑皮肤。在那些日子里，从加纳回来的时候，我看上去是那么黑，也记得当时妈妈真的很反感：上帝你做了什么啊？（痛快地笑）

在这些摘录中，我们看到，主体性以一个发展过程的形式出现，带着矛盾性的经历，使人们寻找自我定位的替代性话语，并在这种情况下，探求在白人主导的环境中如何做一个黑人。每个人寻求新地位的具体原因是不同的，但她们总会涉及对一种尊严和诚实的保留，一个对个体内部及个人与社会之间紧张关系的解决方法。而改变和找到新身份的愿望是由矛盾的经历驱使和推动的。

**多渠道，多主体性**

我们已经看到不同的人在个体成长过程中（在这项研究中是成长为黑人女性）是如何利用不同的资源的。在这里，我想进一步探讨主体性建构机制，论证主体性过程并不像黑化理论所说的那样（第三章）是一方在连续性地位中简单地直线性发展。相反，这是一个将各种不同选择或多或少源源不断提供给个人的过程。

这里我希望引起注意的是目前主体地位与其中的个人运动之间的共存，即主体的多重性。其中一名参与者找到了描述自身多样性的词，认为自己“同一种个性有着不同的表达”。

然而，我们考虑的所有身份并非同样适用于特定的个人。许多参与者对她们所不了解的文化表现出了怀旧之情，或者仅仅因为她们从来没有去过，或者因为像之前所说的，父母渴望融入英国的愿望使有关加勒比（或非洲）的认知受到压抑，不会被传递到他们在英国出生的孩子上。莫娜将此描述为一种没有归属的感觉。玛丽这样认为：

> 玛丽：我想这正是我缺失的。我知道人们对身份的认同，知道自己不属于这里，但又不知道该属于哪里。对我来说，这是真正令人痛苦的地方。因为牙买加不会接受所有在英国出生的牙买加人。这根本就是不可能的。我不知道自己是不是必须去牙买加看看。那听起来真的不是一个好地方……在牙买加，我肯定会被认为是个外国人，他们会叫你“英国女孩”及其他一切刺耳的称呼。这就像——异类——不会和在那里长大的牙买加人一样。那儿仍然存在着这种差异，所以即使我现在去那里，也不认为可以重新找回我失去了的东西。这在我出生的那天就已经改变了，我不会真的在那个社会里长大。是的，

对我来说那真的让人伤心。

阿米娜：你当然可以称自己为英国黑人。

玛丽：人们就是这么称呼我的（笑），我只是说“黑人”然后就这么做了，但你知道，如果必须要分类的话……我的意思是我不会把自己称作“英国人”，绝不会。因为在这个社会中，你的黑人身份是重点。而不是说你是别的什么。所以这是我生活中必须承认的现实。我不知道是否会有那么一天，我能说“我是英国人”，并且一切很自然。或者，是否我会说“嗯，护照显示我是英国人”。（笑）

阿米娜：你曾经称自己是牙买加人？

玛丽：是的。有时我也会说自己是非洲人。

对其微弱的牙买加本性的探讨可以让玛丽展现她的多样性。在这一摘录中，她会把自己称为“黑人”“牙买加人”和“非洲人”。她不会明确地将自己定位成“英国黑人”，宣称这是经由环境而不是自己的选择强加在她身上的名号；她一点也不想被归类。考虑到其黑人身份，这一点与她一贯缺乏的矛盾心理形成了反差。当她表达无法真正成为牙买加人的失落和遗憾的感觉时，就很符合她脚踏实地的作风而不是加勒比人的浪漫或幻想。她很清楚自己在牙买加将会遇到的困难[3]。

玛丽也对她的每一个身份有不同的感觉。英国人身份是问题最大的（到现在原因一定已经明了），所以她虽然不至于完全排斥它，但是将它看作官僚作风和法律的一个事实，从而使自己与它分离。当她说“护照上显示我是英国人”的时候，是在不附带任何情感和文化态度地阐述自己的国籍。同样，她对牙买加有矛盾心理是可以理解的，因为她缺乏作为牙买加人应有的真实认知和经历；她谨慎的言论可能也源自她的怀疑，即在任何情况下她也会被牙买加人拒绝。基于集体性的历史事实，即她的祖先来自一些不可指明的地方，其非洲身份可以被描述为一个宽泛的文化背景。她对非洲身份的认同受到其访问非洲大陆的直接经历及与非洲人关系的约束，二者都提示她，成为非洲人比成为黑人有更多的意味。总之，她表现出了一个有多重身份的人的不同侧面，其中的不同方面来自她历史中不同的元素。莫娜、安吉拉和玛丽出于不同的原因，都无法完全了解自己是怎样的人。

一些人做了更为深思熟虑的选择，因此将她们的主体性缩小到了一个特定的成分。最明显的是，一种选择变得集体化时，也会变得政治化。拉斯特法里派教义是政治化认同的一个例子，它已经发展为一个跨国社会运动。下面我们可以看到拉斯特法里派教义是如何与玛丽的个人文化从属相区分的，尽管二者都涉及对非洲的认同。

鉴于殖民融合论贬低和排斥与非洲相关的一切事物，黑人话语便包括了与这一大陆各种广泛意义上的理想关系。和一些谈到成为黑人过程的参与者一样，其他人谈论了成为非洲人的始末。伊斯卡拉（Iscara），一名在牙买加出生的拉斯特法里教文化工作者，描述了自己从黑人到非洲人的认识过程：

> 伊斯卡拉：随着时间的推移，我想大约在1980年我对自己的身份有了更为清醒的认识，更多地意识到了自己是从哪里来的，我是谁。我想这变化是发生在黑人女性会议上的。当时我和安吉拉一起工作，并组织了会议。
>
> 阿米娜：很多人将那描述为一个转折点。
>
> 伊斯卡拉：是的，我很投入。我想这是因为那里有我的事情。又因为我从事有关女性的工作，那里出现了许多事促使我思考，从那时起，我开始探索很多东西……要我说的话，是从1980年开始的。到那时为止，人们有了作为黑人的意识，但这意识不一定与非洲人相关。

在她看来，作为非洲人便意味着接受拉斯特法里教信仰，采取一种不同的生活方式。她毫不含糊地将自己描述为非洲人。穿着风格一直以来都与非洲女性相似：长裙子，遮发，不穿裤子。她只吃“伊塔尔”（Ital）食物，不喝含酒精的饮料。整个改变显而易见，她将自己原来的基督教名字改成了一个非洲名字，这个名字源自被拉斯特法里教深爱的古埃及并包含于他们对埃塞俄比亚的概念之中——这里是所有非洲人的家园。她表示愿意去非洲生活，因为她发现作为一名游客来说，牙买加过于美国化了。她对拉斯特法里派教义和非洲（拉斯特法里派说法中黑人的以色列）的认识，以及她所讲的独特的牙买加拉斯特法里教俚语，是其在牙买加停留期间学到的。在问到其对非洲的看法时：

> 伊斯卡拉：当我不拉直自己的头发和折腾所有与肤色有关的事时，我的打扮和说话方式是非洲风格的，我大部分时间穿着非洲服装。

虽然伊斯卡拉已与非洲男性发展私人关系，但这些都没有影响到她对非洲是什么和如何成为非洲人的构想。这些更多是来自拉斯特法里派教义中对兄弟姐妹或同胞手足的集体想象和非洲的经验主义知识。假想中的非洲，或一些人所说精神上的非洲对拉斯特法里派教义十分重要，它促进了伊斯卡拉的诗歌创作。对信仰领域发起挑战或引发争议的信息不被重视，反对基本“非洲性”这一约定原则的黑人也不被视为“真正的非洲人”，而是和他们散居的犹太人表兄弟一样，被看作已受白人主导秩序侵害的人群。

玛丽对自己非洲裔身份的表达不像伊斯卡拉那么华丽或富有

想象力。也许是因为她去过非洲大陆，亲眼看到了现实与移民梦想之间有多大的不同。这可能就是她关于非洲性的说法更为严谨的原因：

> 玛丽：有时我会说自己是非洲人。但像我说“非洲人”一样，“非洲人”这个词的使用太广泛了。这在一定程度上使它失去了意义。我的意思不是我去英国就自然成了欧洲人。只是这些国家正处于一体化进程中，就好像它们自身是不重要的一样。但我假设一个前提……我的意思是我真的不知道自己来自哪里，我唯一可以假定的是我来自祖先生活过的西海岸。这是我能够进行假设的一切。我真的不喜欢用“非洲人”（这个称呼），因为它是一个如此宽泛的术语……我的堂兄弟姐妹们正陷于对这个有关非洲术语的定义中。但我不能肯定这是不是心血来潮。我不得不质疑这些人。因为如果他们真的是在探寻自己的历史，从加纳、尼日利亚或其他任何地方了解人们的生活方式，那么在背后不仅仅是“回到非洲，去寻找非洲”的时尚风潮，还有更多的因素在“起作用”。我真的不想探讨那个，因为很容易就会陷在其中。

她暗指加勒比和非洲人民之间不确定的历史关系，努力克服她父母灌输给她的偏见：

> 玛丽：因为我的父母，我不得不摆脱对非洲人的许多误解。记得在我16岁的时候，有个叫科乔（Kojo）的先生住在离我家不远的同一条街上。之前我很少见到他。有一次我家举办大型聚会，他的朋友就来找我爸爸说话。原来，科乔先生曾经向我求过婚！但我的妈妈说："不，不！不该是他们非洲男人！"你知道他们之间的事。我必须把所有这些不好的从我脑海中清除。

这就像我必须经历重新自我教育的一整个过程。许多黑人和加勒比人都有过这样的经历。玛丽尚未解决生活中的矛盾，而伊斯卡拉已决定采用一条更为单一的路线，成为可以积极进行身份定位、行为方式抉择，以反对种族主义秩序的集体性防御形式存在的信念的追随者。

### 同一人格的不同表达

生活在英国的黑人常常是通过在与私人、政治和职业生活里的多种团体建立社会关系和相互作用的过程中积极表现的方式，来提高在多种主体地位之间转变的技能的。这或多或少是一种有意识的过程，将在随后安吉拉（在英国长大，去过非洲几次）、特丽萨（她十几岁之前一直生活在加勒比地区）和我（在非洲和英国长大）之间的谈话中进行探讨：

安吉拉：我认为大多数黑人都是精神分裂症患者，因为他们必须……

特丽萨：我正想说，因为与圣卢西恩人一起说唱时我用的是方言，而在与非圣卢西恩的西印度人一起说唱时，我用的方言稍稍不同。

阿米娜：你谈论和表达自己的方式很不同——嗯，我就这样——当我和英国人、加勒比人或是西非人待在一块时不一样。

安吉拉：那当你和英国人在一起的时候，你会变成什么样？

阿米娜：我变得更加英国化。自己的整个方面都会改变。

安吉拉：我不确定自己是否不同。我与某些英国人相处时确实会变化（那是我得到某些工作所必需的，但并不喜欢那样），因为我知道自己必须在面试中遵守规则，但是和其他的英国人相处，我可以成为自己想要的样子。我认为我具有这么多不同的性格，哦，不是很多，而是相同的性格，但以不同的表达方式体现出来[4]。

这种不同身份的戏法有时是有利的，是一个人必须做的事情，例如，当一个人想得到一份工作的时候。这也可以是对一组来自特定语言环境的身份的共享（特丽萨与来自加勒比岛屿的人共享身份）。因为他们都来自个人经历，吸收了对各种话语和风格的认知，所以采用的身份就不会是“假”的。以这种方式占据多种身份在心理学话语中会被视为病态，但一旦我们将主体性看作多元和动态的过程，这种做法就会被重新考虑。就像一个人可以学习多种语言，讨论者正是在描述自己在多种主体身份间的转变，表现出了一种在与不同群体互动过程中发展起来的技能。

**尾注：**

［1］英国广播公司早期开办的少数民族电视节目之一。

［2］这就是暗藏在保罗·吉尔罗伊（Paul Gilroy）为自己的书取名为《英国国旗里不是没有黑色》（*There Ain't No Black in the Union Jack*）背后的东西，他在书中展示了种族在英国民族认同和国家建设中的中心地位。

［3］其他讨论加勒比海游览经历的被调查者描述了她们遇到的困难，如受到嘲笑和戏弄。她们常常痛苦地意识到自己没有选择地变得“更像英国人而不是别的什么”。牙买加人对于即将回归者有一个土语词——“结霜的”。

［4］安吉拉正在努力表达我们都熟悉的一种经历，但找不到恰当的词汇。她最终采用了两个心理学术语——“精神分裂症”和“人格”，当在科学话语中考虑它们的正式意义时两者都不令人满意。此外，这些术语的主要含义并不是她打算表达的。“精神分裂症”具有病理内涵，“人格”含义也是确定和单一的。这阐明了心理学术语渗入和分析世俗话语的方式。由于对这些术语的不满，最终引起了这样的重构——“同一人格的不同表达方式”。

/ 第七章

# 种族化主体性的心理动力学

## 引 言

在个体主体层面上对支配者的抵抗是产生替代性知识形式的第一阶段，或者在已经存在这种替代性知识的地方，是赢得更多个体对这些话语的认同，并逐渐增强其社会力量的第一阶段。

对黑人女性来说，占主导地位的秩序是性别方面的种族压迫，也是种族方面的性别压迫。前面的章节中我们已经看到，黑人女性的历史是一个克服这些压迫的集体和个人奋斗的历史。通过政治活动、意识的提高和文化运动，通过人际关系，黑人女性已采取措施，将她们的心灵和思想从残存的受压迫地位的制约中解放出来。这些残存物过时的形象干扰了现如今对黑人女性的评价，将她们描述为性欲放纵、激进的女统治者，愚蠢的佣人，妓女和艺人。我探讨了黑人女性在20世纪80—90年代是如何通过一个分享经历的集体性过程，寻求她们的社会现实感，并因此产生新的话语，来阐释在英国作为黑人和女性意味着什么。伴随着这些，已出现了新的后殖民时代身份，即我所阐述的新的模糊立场，或新的主体性。

虽然我强调了黑人女性运动在这个过程中的重要性，但并不是所有的黑人女性都直接参与了黑人女性运动所涉及的群体组织。许多人在黑人组织与男性、女性一起工作，或者在以白人女性为主的团体中工作，也有很多人从未参与任何团体或组织，相反，她们依靠阅读、学习小组，或者仅通过对成年早期过程中身边发生的事做出的反应，来探寻个体改变的方式。在思考黑人女性主体性的集体和历史过程的时候，我已经撇开了一个问题，即像她们所做到的那样，个人是如何来识别自己的。这最明显地适用于那些从未参加过集体组织，却依然凭借个人经历来占据种族和性别地位的女性。

本章涉及心理动力学过程，而个体便由此构成。其中，我试图阐明个人情况和经历，这些可能会导致某一个人被判定为“黑人”或“非洲人”，而另一个人则不会。是什么条件导致另一个人不被确认为黑人呢？到目前为止，我们一直专注于社会和历史因素，特别是英国种族主义矛盾的集体经验。我们已经看到，并不是所有在英国长大有着黑色皮肤的人都会被认为是黑人或非洲人，而另一方面，一些有着极浅色皮肤的人则会被这样认为。识别黑人显然肤色不是一个明确的标识。这也不仅仅取决于种族主义，黑人话语，或是这些因素的一个组合，因为仍然有许多黑人的黑人身份没有被确定。

此外，许多自我认同的黑人，仍然经历着矛盾，表现出与他们宣称的模糊立场不一致的行为。人们承认政治，但这经常与他们的个人实践相矛盾。宣称喜爱黑皮肤和黑人文化的黑人男性却发现自己被白人女性所吸引，这只是其中的一个例子。对姐妹情谊理想做出承诺的黑人女性却暗中破坏另一位黑人女性在黑人话语里的地位，则是另一个例子。

要回答这些问题，有必要考虑个人历史的作用和在主体性构成中个体的人际关系，需要对个人主体做一个更详细的分析。对本研究范围内的所有个体参与者做一个全面的调查是不可能的。我要做的是，阐明一些现存过程的运行原理，找到可以在主体性后续研究中加以运用的一个方法。但首先，我决定使用概念工具的原因来自心理动力学理论。

## 精神分析、女性主义和后结构主义

早些时候，后结构主义心理学的拥护者指出，伴随着主体散漫产生的理论化过程，将个体分散化较之前的理论有很多可取之处，也确实成功地将主体性诠释为是多样、动态地（历史上与社会中）产生的。然而，仍有一些领域尚未理论化：

> 我们有许多尚未解决的问题。首先，从这个观点上来看，主体以一组多样且矛盾的观点或主体性形式存在。但是，这些碎片是怎么维系在一起的呢？我们是否可以认为，就像后结构主义的一些用途暗示的那样，个人自出生时起便是话语中所有观点简单的总和？如果情况就是这样，那么怎么解释主体的连续性和对身份的主观体验？怎么解释人们行动的可预测性，例如他们反复将自己置于特定的话语中？人的愿望和欲望能否包含在模糊关系的叙述之中？
>
> （Henriques et al.，1984：204）

后结构主义心理学家和主体性的女性主义理论家都已将精神分析理论作为这些及其他问题的解释。这两个学派的学者强烈批评精神分析理论，但也在反思弗洛伊德和后弗洛伊德理论核心内容的过程中得到了许多有益的启发，这些我将简要讨论说明。

女性主义者和左翼思想家在20世纪60—70年代早期对弗洛伊德理论的指控基于从精神分析理论与实践中感知到的政治：政治被认为是倒退的，和资本主义的社会转型及左派和女性主义向往的男权社会不相匹配。弗洛士（Frosh，1987）为我们提供了对精神分析思想历史发展的一个最清晰的解释。

简单地说，对于左派而言，精神分析实践是资产阶级的，是保守的，仅适用于社会中的一小部分精英。个体精神分析理论在个人主体方面的侧重点是反对传统的马克思主义成果，强调在资本主义学说中的核心社会和集体性比个人占有更为重要。人们依然有过无数次的尝试，想将马克思和弗洛伊德联系在一起，特别是在个人与社会，以及人类现实的经济与思想文化领域之间的关系变得清晰的时候，理论仍是需要的。在欧美地区，威廉·赖希和埃里克·弗洛姆（Wilhelm Reich & Eric Fromm）是试图综合弗洛伊德和马克思主义理论的马克思主义者中的一分子。赖希是这么做的：将个人压迫等同于社会压迫，将性别解放预想为一个更广泛社会革命的关键。不幸的是，除了性别宿命论这一奇特形式之外，他缺乏理论工具来推进自己的事业（Henriques et al.，1984；Reich，1970）。几年后，一名思想先进的结构主义思想家，路易·阿尔都塞（Louis Althusser），用拉冈（Lacan）的理论改写了弗洛伊德理论，构思出了一种新关系，在当时被称为“基础和上层建筑之间的新关系”，即社会生活的经济和思想文化水平的关系（Althusser，1971）。正是他，认为个体生来就处于一个预先存在并在之后得以识别的意识形态结构中。阿尔都塞将这一识别过程认定为质询。他的理论显然隶属于结构主义，并且一直以来因其普遍主义受到质疑。例如，赫斯特指出阿尔都塞未能实现自己的理论目标，因为他最终陷入了一个经济决定论的叙事方式中（Hirst，1976）。

随后，后结构主义者通过新话语的产出和目标干预，注意到了精神分析是如何强化性别方面的规则的，特别是如何强化同性恋方面的禁令的（Foucault，1976）。亨里克斯等人（1984）观察到，福柯（Foucault）和多泽洛特（Donzelot）的工作（1980）作为一种保守主义力量，促进了精神分析学的发展。

女性主义者认为精神分析学的实践是具有规范性的：旨在以正当的抱怨说服女性保留在被分配的社会地位上。弗洛伊德理论最初也被视为绝对的性别歧视。阴茎嫉妒的概念和对俄狄浦斯三角理论中圣父的焦点化已经被严厉地谴责，因为它们被认为弗洛伊德的女性主义理论对男性女性解剖学上的差异产生了直接影响。弗洛伊德理论中生物决定论的这一观点使性别差异变得重要且不可更改，一旦行为和经验被认为是由根植于解剖学差异的心理结构决定的，生物学和社会学概念之间的区别便丧失了。米利特（1981）和费尔斯通（1971）是最早开始思考弗洛伊德理论是如何将特定的社会规范视为受到普遍心性结构顽固性影响的人。但依然值得注意的是，自精神分析理论发展初期以来，对生物学和性别关系的不同解读，大多是由女性精神分析学家完成的。早在1917年，卡伦·霍妮（Karen Horney）认为弗洛伊德的女性性发展理论准确描绘了生活在男权社会中女性的心理成本。她继续思考不同的价值来自生物性别差异的可能性，最明显地体现在了她的“子宫嫉妒”理论中，在该理论中男性嫉妒女性的生殖权利（Homey，1939）。最近，另一个女性精神分析学家梅兰妮·克莱因（Melanie Klein），作为精神分析客体关系学派的主要理论家，从早期关系中衍生出了一种人类心理发展理论。对于克莱因来说，这与乳房和母亲相关，对人类心理发展来说是最根本的（Klein，1963）。

从这里采用的反帝国主义和反种族主义角度来看，弗洛伊德精神分析学因民族主义等，会受到进一步的批判：它在西方核心家庭结构的前提下，以对俄狄浦斯三角概念的认同作为身份形成的基础。将性压抑和禁忌作为“文明”基石的理论也与文化紧密相关，其最明显的表现是19世纪晚期维多利亚价值观和长期将性与罪联系起来的犹太—基督教协会。虽然弗洛伊德本人没有直接点明黑人和殖民地人民的心理，但我们可以在第二章中看到，后来的分析家是以几乎完全令人反感的方式来这样子做的，一成不变地依靠心理决定情结（像曼诺尼1956年所做的那样），重申“野蛮种族”进化水平低下（像荣格1928年做的那样）。和达尔文理论差不多，弗洛伊德的观点往往会促成开发性的研究，而其中所谓原始种族研究被期望探求“文明”的西方人早期的进化和发展。

尽管存在这些问题，20世纪80—90年代期间，女性主义和后结构主义者相似，越来越多地借助精神分析理论，以寻找诠释主体性和理解男性女性的新途径。精神分析理论回归和依赖的基础是什么？为什么说精神分析理论根据其明确的反女性主义、精英主义和历史特殊性/普遍性，反对被简单地否定？

重新读一读弗洛伊德及之后的拉冈和其他人的作品，便可以很快找到原因。1974年，随着精神分析学和有关女性主义文章的发表，朱丽叶·米切尔（Juliet Mitchell）开始重读弗洛伊德那些介绍精神分析学的部分先进作品。米切尔提出的主要观点是，弗洛伊德被误解为是生物学主义者，是保守的。她认为，事实上弗洛伊德创建了一个关于维多利亚男权制产生方式的理论，而不是假设其为文明普遍和必要的状态。在米切尔看来，弗洛伊德怀疑男性气概和女子气质的生成而不是把它们看作“自然”的必然结果。她强调阳具和父权的象征意义，认为弗洛伊德所做的是提供给我们对现状的一个准确描述，而不是一个普遍的真理。在米切尔看来，阳具标示性别差异的作用不一定与弗洛伊德生活中和描写的特定宗法秩序相联系。

米切尔的作品引发了对弗洛伊德和随后拉冈作品的种族主义解读（Mitchell，Rose，1982）。女性主义和激进的社会理论家现在将精神分析理论看作西欧男权社会主体性产生的历史原因，而非对社会本质最后的和普遍的解读。弗洛伊德理论给那些想要理论化主体性的人提供了许多有益启发。

与主体性以一种特殊形式（单一、理性和固定的）存在的假设相反的是，弗洛伊德对主体性是不得不加以理论化的事物这一观点持怀疑态度，并着手发展一种有关主体性产生的理论。弗洛伊德的无意识理论颠覆了一个单一的理性主体概念：弗洛伊德的主体是非理性的和多样的，并不总是有意识控制的。他对人类性别发展的观点也是颠覆性的，因为他的理论既不轻信男性气概也不轻信女子气质。相反地，弗洛伊德学说认为婴儿一开始在性别上没有什么不同，潜在地可以向很多方向发展，只有在矛盾力量经过复杂的斗争之后，男性或者女性身份才得以发展。

精神分析理论也对个体历史的真实相关性和社会性进行了描述。在弗洛伊德文化中，个人是在包含了孩子、母亲和父亲的核心家庭中与彼此发生关系的过程里形成的。如果说马克思为人类社会发展历史的宏大意义中提供了一种历史理论，那么弗洛伊德可以被看作补充这一理论的人，他完成了对个人主体理论的构建。

### 通过“种族”而非“性别”确立主体性理论

弗洛伊德发展了一种围绕性别展开的人类心理发展理论：

> 精神分析在压抑的基础上提供了一个关于性别认同精神建构方面的普遍理论。在这样做时，它给出了一些问题的具体答案：什么构成了主体性，我们如何获得性

别主体性及内在化某种规范和价值观。

（Weedon，1987：41）

他对作为心理发展中心的性别身份构建的关注也可以解释为什么他的作品对女性主义者如此重要，对于他们来说性别也是关键概念。当代女性主义理论中，性别是一切主体性理论的基石。主体性理论总是以性别身份为中心的问题尚未提出。但为什么会这样？更确切地说，它必须是这样的吗？

在我看来，对性别身份毋庸置疑的关注与性别差异的最终生物学解释的持续出现相关。最后，正如霍尔维（Hollway，1982）在她对霍多罗夫（Chodorow）作品的讨论中指出的那样，依靠两性之间本质区别的概念，甚至连女性主义精神分析学家似乎也没有逃避对性别差异做出完整解释。一个单一的“女性”概念是女性主义精神分析学的核心，就像一个普通的男性研究对象是弗洛伊德思想的核心一样。女性主义精神分析学所说的女性主体，是女性主义在文化上和历史中的特定概念，无法在多样和不断变化世界里的女性主义和女性气质中得到体现，因此种族中心主义和普遍主义的问题仍旧存在。此外，由于性别是所有的文化、阶级和人类社会群体中都存在的（尽管以非常不同的方式）一种社会分化，较之更清晰的历史文化定位的分化更容易被泛化。在确立主体性理论之前，我们就都已经受到性别影响了。同样位于人们主体性中心的其他主要的社会分化包括阶级种姓、宗教、政治、年龄、国籍、种族特点和在某些情况下的人种。

考虑到我和其他研究参与者都是当代英国少数民族的成员，我早就决定在确定主体性理论的研究中采用种族比喻而非性别比喻。优点在于，在特定的历史记录中，种族与性别相比，更容易被具体化和指定。所有的社会都有男性和女性，但他们并不都会从种族上对公民进行划分。具体的种族类别会随种族社会的变化而变化，对其的评价也是如此[1]。此外，我们已经看到，主体性种族化会在之后的人生道路上发生，而人们性别上的种族化则要出现得早一些，这使种族主体构成更适用于成人主体性研究。

### 成人主体性中的心理动力学

我这里采用的方法与大多数人类心灵发展的精神分析方法相比，一个主要的差异在于，我不关注婴儿早期，而是关注青壮年的成长过程。主体性不仅是动态形成的，而且是不断地变化、构成和重组的，从一个瞬间到另一个瞬间，会经历一段更长的时间。一旦我们认同了这种视主体性在整个生命中持续形成的主体性观点，那么就可以在生命周期的任何一个点上对它进行研究。参加这项研究的女性大多是年轻的成年人。

事实上，她们都是有着特殊背景的女性，这也是为了避免普遍主义。主体性可以在历史中被探寻，它有着具体的内容，而不是一个没有实际内涵的抽象理念。若类似的心理经历发生在所有人身上，那么文化和话语内容会使她们成为受历史影响的特定群体。与英国20世纪70—80年代的种族性别无关的是，就这项研究的参与者的情况来说，其主体性的来源可能是对国家认同的改变，宗教信仰的转变，职业身份的获取，或者任何一种潜在的无限可能的个人变化。换句话说，就是一个对成人主体性部分和具体的分析过程。这不是人类心灵发展的一个普遍理论。

## 运用心理动力学概念

所有的知识都处在情境之中，并且理论总是会含有文化和政治内容，持有这一认识论，我关心的不是要发展主体的一种宏大理论，或是主体性的宽泛理论。相反，我注重对多元主体性一些过程的阐明。在发展了包含散漫（文化上和历史中生成）立场的主体性理念之后，我现在要考虑个体是如何产生的。在本章的剩余部分，我将对动力学展开叙述。任何特定个体都是通过这一过程塑造其如今所拥有的特殊的身份的：一个习惯性地占据某些立场的人，而不是别的什么，表现出一些典型反应和行为，使他成为所谓个体。我是这样做的：从心理动力学理论中借用大量核心概念，并将它们运用在莫娜的案例材料中——她阐述了自己和其他黑人女性在家庭和工作中的关系。我发现最有用的心理动力学概念来自克莱因客体关系理论。在婴儿研究的基础上发展而来的克莱因理论认为原始过程为持续发生在整个成年精神生活的过程铺平了道路。

在克莱因看来，人类婴儿开始时是未分化的，没有记忆，也无法区分内部和外部世界。心理发展是通过自我与客体之间的早期分裂实现的，当婴儿第一次经历与最初依恋的目标分离时就会发生，此后就可以在外部世界体验与“目标”的关系。在投射过程形成期间，婴儿与目标的这些关系，经历了一些明确的阶段。接着这些投射过程便表现了成人的精神生活。因此分裂是投影的第一个过程，对正常发育至关重要，是主体主要的焦虑防御机制和心理压迫的前导。（Grotstein，1981）

分裂包括将一个对象区分成好的和坏的。根据克莱因的理论，好坏的原始体验出现在哺乳时期，体验了仁慈和培育，或是拒绝和沮丧。分裂发生时，好的事物会包含在自我之中，就是说，会融合。另一方面，坏的事物会向外投射，并远离自我，趋向于其他的人或物。在克莱因看来，这些投影过程是与理想化和否定密切结合的：

> 理想化与对象的分裂息息相关，因为乳房的好的一面被夸大了，以免除对受迫害的乳房的恐惧。虽然理想化因而是恐惧的必然结果，但它也来自本能欲望的力量，因此会创造一个取之不尽、用之不竭的总是与乳房、乳

房理想相关的图像。

（Klein，1986：182）

在另一方面，对心理现实的否定，包含了对恶的目标的消灭。由于早期的精神生活会有一种无所不能的感受，消灭恶的目标是有可能的。当目标被否定时，它的目标关系，与目标联系的主体中的一部分也会被否定。克莱因认为理想化和否定这两个过程是一起发生的，发生在她所指的妄想的满足过程中。在正常的人格发展情况下，必须在早期阶段实现一个最理想的平衡。过度地进入理想化的内在目标，或过度地加以否定，可能会导致感情的破裂，弱化年轻的自我意识。

投射性认同是主体首先向别的人表达其自身令人不快的一面，接着意识到那一方面，进而认识到一个人的过程。换言之，投射过程是人类在人际关系中移情或理解能力的基础。然而，这种能力的副作用是，如果投影明显地被依赖或被敌对，那么真正的移情和理解就会受到损害。

克莱因自己看到了投射过程的重要性，认为这可以作为一种理解成人精神生活的方式：

内心世界的创立是外在世界的部分反映，也就是说，投入和投影的双重过程贯穿于人生的每个阶段。以同样

> 的方式，投射和投影在整个生命中继续发生，在成长的过程中得以改进；但它们永远不会失去其在个体与周边世界关系方面的重要性。因此即便是成人，也无法摆脱内心世界对其现实判断的影响。
>
> （Klein，1963：5）

精神发展的方向大体上是向主体寻求更多的整合，减少会引发分裂的焦虑的生成。在下文中，我将矛盾的经验视为一种焦虑或不安的来源，当她或他寻求减少焦虑的时候即能推动个人精神发展。这就是说，我认为矛盾的经验是主体性动力中的一种重要力量。

回想起莫娜在探讨自己与母亲关系时是这样说的：

> 对于黑人我其实抱有许多消极态度，这是我内心的真实想法，因为我具备黑人的一切人格。

正如我们已经看到的，莫娜也像这样描述她的母亲：

> 她对黑人十分严厉，这是自己的民族啊。她是那些人之一——她过去很喜欢说的一句话是“你不会想和黑人一起工作的”，因为“他们什么都不做”。你知道——

你不会想到像那样的一些东西！……

我想，在她的头脑中，她实际上并没有把自己当成黑人。如果你想让她把自己视为“有色人种”，就好像是她实际上能把自己视为一个独立的实体一样。所以她可以名正言顺地坐在房子里，很强烈地批评黑人：“女孩都害怕会怀孕”和“男孩都害怕陷入困境”。

根据话语分析，这是对莫娜母亲处在迫害黑人的殖民话语体系中的一个描述。莫娜将它描述成远离一切的一种方式；她采用的立场深深植根于黑人种族话语中，这种话语体现了莫娜母亲对其他黑人不屑一顾的态度。

以心理学术语对此进行解读，我们可以说莫娜离开母亲和这样做的原因是自我身份的分裂，对早些时候对黑人采取消极态度的立场做出了改变，意识到自己是黑人并肯定身为黑人的价值。同时她压抑自己以前对黑人的负面评价，将此投射在母亲身上来缓解矛盾。现在她愤怒的语气巩固了自己在黑人激进话语中的地位，与和她交谈的其他两位黑人女性达成了共识。她经历的变化使其能够采取这个立场，把自己和母亲疏远开来。然而，当莫娜说她母亲“在头脑中不认为自己是黑人”时，她同样是在谈论自己，种族化前的自我：那是因为她一直处在那个位置，知道这一点。从殖民地化到黑人激进话语的逐渐变化，同时也是一个关于分裂的心理运动，包含对恶的黑人主体的抑制和对一个良好的黑人主体的理想化。

自相矛盾的是，莫娜由母亲抚养长大，如今却以母亲作为投射的对象：她将自己无法再确认的黑人消极观念投射在母亲上，那么如今以身为黑人而自豪的莫娜必须全盘拒绝她的母亲。只有以这种方式保持距离，莫娜才能真正成为一个可以体会自身美好，生活上不会与后殖民时代的英国和她母亲负面预期的种族主义氛围发生联系的人。这些变化的一个后果是，虽然她们不再持有相同的意见，但莫娜仍然在情感上与母亲存在联系。现在母亲成了她预测的蓄池，是她自我定位所要反对的标准。通过援引母亲的例子，她更好地表达对其他参与讨论的黑人女性的认同，并且我们可以看到其他黑人女性（特别是特丽萨）很容易就明白了：她所描述的是一些她们可以分享和理解的东西。

主体性的这一理论意味着在前一章中所观察到的散漫运动都伴随着个体的心理动态过程，反之亦然。心理动力学学科包含多层次（社会的、历史的）的内容，换句话说，心理动力学和社会经验在个人主体性的构建和再生上存在着一种恒定的共鸣。这意味着话语（作为表达历史、文化和社会意义的传输工具）和个体是凭借连续的辩证过程产生的，是历史文化和心理条件的反射。在这里，我们找到了一个超越了二元论的理论，因为它认为个人和社会是同时产生的。这并不是说每个个体变化都会产生新的话语，而是当个体变化为常见的（例如种族性别的）条件所激发时，更可能得到传播，获得社会力量，成为传达文化社会意义或集体性知识的话语。这里提到的分析是围绕黑人女性的特殊经验展开的，也就是说，这个理论关注的是种族主义的历史和个人经验（在占主导地位的文化和个人关系中）是如何产生黑人种族话语和种族化主体的。一个类似的分析似乎可以在其他的话语和主体上开展，例如女性或男性的性别话语，伊斯兰话语和世俗或原教旨主义者主体，或者是任何新的或旧的民族主义和随之而来的民族或宗教身份。

## 潜意识里受压抑事物的持久性

到目前为止，心理动力学分析做出了一系列改变，让人们接受新的观点。这些过程似乎是连续发生的。在种族化主体案例中，黑人好像必须不断地重申自己的种族身份，因为种族身份在个人很难自我确认的情况下仍是不稳定的。这很可能是由于生活在白人统治社会。经过观察，很少有人会花大量时间有意识地去“做黑人”，倒不是由于天真而是这是多余的，他们生活在一个世界，那儿每个人都是黑人。当来自美洲的黑人在对非洲的朝圣中宣称自己的黑人身份（或非洲本性）时，往往会使他们的非洲兄弟和姐妹感到困惑，匪夷所思[2]。

然而，在心理层面，不断重申是因为个体没有完全抛弃以前的观点。而这似乎是个体在某种意义上对其曾经拥有的所有立场（模糊和心理动态上）的总结。即使没有任何东西会被完全遗忘——我们也是由个人历史中所有的自我组成的——显然不是所有的观点会一直处于主体经验的同一水平。这就是我们需要一个潜意识理论的原因。这样主体性才能被理解为是多层次的，有着不容易被意识觉察到的包含受压迫元素的更深层次，伴随着时间的流逝和新事物的涌现而产生或是由事物引发的焦虑，一种由最初被分裂和受压迫引起的不适感。

这一观察符合心理动力学理论，因为依据这个，分裂和压抑并没有消除个人过去目标关系中被拒绝的方面，甚至连投影过程也无法提供最终的解决方案。相反，被压抑的事物，特别是与高层次的情绪或焦虑联系时，会继续影响个人，在与他人关系的发展过程中可以观察到这一点。

在下文中，我运用从黑人女性之间关系的讨论中收集的材料，来证明受压抑事物的存在，以及它对主体性的持续影响。为了说明这一理论，我采用的材料，可以证明黑人在种族身份方面持续存在着不安全感，这种不安全感是黑人在与他人关系发展过程中很容易出现的。

在莫娜的案例中，我们可以看到，其他黑人女性能够轻易地破坏自己作为一个黑人女性的意识。她介绍了自己在之前工作的黑人社区组织中身份受到同事们抨击时候的几个情景。下面的摘录中就包含这个例子：

莫娜：事实上克劳德特（Claudette）在某些方面威胁着我。是的，克劳德特吓到我了，她一直在观察我的头发和物品。（紧张地笑）

阿米娜：她什么？

特丽萨：她是怎么做的呢？

莫娜：我不知道……我想她是在开玩笑，她没有对我试图做任何可怕的事情，但我……当我和黑人组织一起工作遇到真正的困难时，这个想法就好像会再次出现。所以我辞职了。

阿米娜：是什么样的事情？

莫娜：她说的第一件事是……她对我说……我没有辫子，然后接着说："你为什么要把头发拉直？"我回答："我并没有拉直我的头发。"这是，嗯……很好，反正，我立刻变得多疑了。（笑）我很快就想到，啊，该死的，我们又回到这个话题了，我因拉直头发而被指责，但我无能为力，我的头发原先就是这个样子的。我立刻感到我的黑人身份受到了质疑。这种情况经常发生，特别是和那些我最初感觉，嗯，意识水平相当高的人一起的时

> 候。然后我就真的辞职了。在某些情况下，我可以变得自信……（晃了晃马尾辫子）

（1）莫娜是在早些时候她尝试和其他黑人一起工作的经历中熟悉这类话的，但这并没有阻止她自卫的想法。甚至在向别人描述这一事件时，她说的“我无能为力”指的是她的发质。事实上，她从来没有拉直过头发，但现在把它编起来，仅留出后面一小段，所以她真实的发质是不易分辨的。

（2）这是些“有意识”的人，换句话说，是“知道”黑人意味着什么，让她感受到“多疑”这种性质言论的人。莫娜这样说是因为表面上这似乎是一个矛盾——莫娜也认为自己是有意识的，但她在自我定位方面并不自信，不认同她本身就属于黑人群体，也不担心其个人历史中自身的种族矛盾。具有讽刺意味的是，黑人意识的一项原则是团结，是“姐妹”，但克劳德特并不支持莫娜。相反，她伤害了莫娜，似乎是利用莫娜的不安全感，来重申自己的黑人观念。为什么莫娜竟不加以辩驳，不纠正克劳德特，告诉她没有拉直过头发的事实？为什么这样的话会成为一种“对她黑人身份发起挑战”的体验，这是她拼命努力想要证实的事吗？

话语分析指出黑人激进话语会谴责头发加工、皮肤漂白和其他朝“白人”方向改变外观的行为。其中，黑人被鼓励拒绝占统治地位的美的种族标准。莫娜事实上没有拉直头发却被指责这样做了，大概是因为她的皮肤太黑了，“混合型”发质就会被误认为是人工染上去的。这也可能是一种嫉妒。在任何情况下它都会从那些被她称为“有意识的黑人”那里挑起敌意和排斥。浅肤色的黑人女性可能更受男生欢迎，但是，若她们拒绝性别上的进步，更可能被指责为偏爱白人而不喜欢自己的黑皮肤姐妹。浅肤色女性描述了受到女性排斥的相似经历，她们浅色而非白色的肤色是被敌视（或许是垂涎）的，因此她们会被指责皮肤漂白、“与敌人勾结”，或者人们会假设她们不是“真正的黑人”。这些行为的产生可能是因为甚至是有黑人意识的人都倾向于运用周边事物来显示自己是多么有自我意识，并采用一个更为神圣的立场来为自己授权[3]。这个过程的背后是具体的一成不变的模式，描绘了真实黑人或非洲人看上去应该有的样子。事实上这是有点讽刺意味的。大部分英国黑人具有加勒比血统，大多是混合了的种族。那些去过或来自非洲大陆的人都知道，非洲人的皮肤和长相比较多样化，其中许多人和帝国主义人类学和种族主义神话中描绘的“黑人”类型不同（见第二章）。

换句话说，话语不总是理性的。它们也不是社会现实的直接反映。这里我们所看到的是种族民族主义身份政治的一种表现，其中种族政治与生理特征相关，而身份政治在国际黑人激进话语体系中有普遍的影响力（见第五章）。在心理动力学方面，这也表明了一种高水平的否定方式。被否定的是有矛盾的种族间关系的历史，其中的协作与合谋关系并存于更易被称颂的抵制和反抗历史中。种族“杂质”意味着否认曾经合谋的历史，以及人内心欲望、情感生活往往继续反驳代表黑人激进立场的公众政治的事实。在黑人激进话语开辟的有限空间里，肤色统治的权力关系出现逆转，使一个人“黑人色彩”越浓越好。莫娜是以黑人所包含的积极意义去看待其他黑人的，因为像这个年龄层的其他人一样，她不是按照黑人的标准被抚养长大的，她不得不为自己寻求一些必要的信息（见第六章）。

这些过程的心理动力学解释表明，许多黑人并不像其表现的那样确认自己的黑人身份。许多人仍然有向别人投射自身内在种族不安全感的需要。最可能采取这些投射的是像莫娜那样的人，由于其生理属性不符合黑人理想——这种理想是应对白人理想而建构起来的——因而她们被觉察到是脆弱的。在英国可以找出很多这样的人，黑人有着“白人”个人历史的例子比比皆是。对于那些不选择继续“白人化”或是遵从令人窒息的话语机制的黑人来说，生活会不断地与种族和自己多重性的矛盾现实发生冲突[4]。

莫娜由于她的个人关系历史很容易受到同事攻击。在经母亲设计的“白人化”童年时代受压抑的方面被置于其黑人自我肯定意识的表层之下，所以克劳德特很容易就把这些方面激发出来。莫娜在这个和其他类似事件中的焦虑源自她对自我暴露的恐惧，不是因她的现在而是因她的过去而恐惧，对此她很不舒服，并进行了心理斗争。

这种对莫娜的脆弱性的解释，与她的一些因自己感到羞愧的经历相符，承认了在某些方面她有母亲灌输给她的一切“优势”：

> 莫娜：……我们正在讨论就业前景及种族主义是如何运作的。当然，我很清楚，在一个白人社会里，如果他们要雇用黑人，就会雇用一些他们觉得可以应付的黑人。事实上他们所真正在做的就和你说话的方式、你看起来的样子一样。他们会尝试匹配，让黑人做自己喜欢做的事或者是类似的活。如果人们认为我的容貌看起来像欧洲人，这就有助于我的就业前景……我很清楚这是如何运作的，但对我来说问题在于，知道了背后的原因之后，我却不能为之做什么。就是这么回事。我无法阻止白人与我联系的方式。但是，接着就有黑人用同样的方式来反对我……于是你就没有任何可以用来团结的地方了。你不能后退，因为他们会说“那不公平”。我知道这是不公平的，但这不是我的错。对此我什么也做不了。我无法改变自己的特征。

(1) 莫娜在这里把她的经验归结为自己无法改变的“特征”。在之前援引的摘录中，是她的头发，而在其他时刻，则是她的着装风格受到攻击。似乎最有可能的是，她所描述的是她的身体外观、着装风格和行为综合影响的结果。也许，像这篇引文中犹豫的语气一样，这是该情况引起的焦虑和防卫的进一步表观。像许多黑人一样，莫娜的特征不符合盛行在黑人群体内外的“黑人”的刻板印象：厚嘴唇，大鼻子，毛茸茸的头发，黑色的皮肤。她并没有尝试弥补，甚至做不到“穿着像一个黑人”。

（2）莫娜觉得自己被否定她的黑人冤枉了。事实上，她所描述的是团体内部种族主义的效应。它显示了黑人通常是如何在彼此间发泄种族主义和种族歧视的挫败感及压力的，因为他们仍然生活在白人统治之下。换言之，虽然变得有意识但仍然不能解决问题。主体从一个事物转变成另一个事物，不可能不受一些事件的影响，黑人对彼此也并不宽容。在话语分析层面上，我们可以从这些摘录中看出，黑人话语对不同的人来说意味着不同的习惯（行为、说话方式和着装风格）。克劳德特（像伊斯卡拉一样，见第五章）是拉斯特法里派成员，对于黑人女性应该是怎样的有独特的看法。在一个单独的讨论中，特丽萨指出，克劳德特和莫娜的另一个黑人同事确实将莫娜描述为“白人”，表明莫娜已经正确地理解他们对她的行为的含义。作为情绪化反应，对于霸占他人定义什么是黑人什么不是黑人的权利，即使在意识层面，莫娜也认为紧握那种权利的人是“愚蠢的”。服装、发型和皮肤的颜色仍然是身份的重要标识，但更重要的是态度。多亏了黑人激进话语的发展，黑人对白人的价值评价也发生了变化。虽然莫娜的头发不是欧洲风格的直发，可能是因为结合了其他强劲的阶级标识（衣着和言语风格），仍然让她的同事们联想到了其他白人。

**深入分析**

来自同一个讨论小组的另一份摘录中，莫娜描述了同事克劳德特攻击她的另一个实例：

> 莫娜：事情发生在午饭后我要离开的时候。我要吸烟，所以从人们正在吃饭的桌上移开，往后坐了一点，这样烟就不会吹向人们的脸上了，克劳德特突然转过身来，说："为什么你要穿成这样？"那时我差点……呀！
>
> 阿米娜：你穿的是什么？
>
> 莫娜：我穿着三件式的西装或别的什么，系着一条领带。
>
> 阿米娜：哦，我明白了。
>
> 莫娜：是的，我知道可能还戴了一个礼帽，穿了一件大衣。我——我有时是做得过火了。(1)
>
> 特丽萨：不，你只是时髦。
>
> 莫娜：不管怎样，我只是害怕。我根本就不敢回头。是温斯顿帮助我摆脱了困境。他转身对克劳德特说："滚

> 开，让她独自待一会。”对此我真的感到很糟糕，因为我本应该转过身说：“拜托，克劳德特，不要做一个傻女孩，我不会坐在这里评论你的衣服，请你也不要评论我的。”但我很快退了回来，想到“哦，天啊”。(2) 我认为这仍然是与我相关的事，需要理清与……不是与全体黑人女性而是与某几个来自特殊地方的黑人女性的关系。(3)

(1) 莫娜差不多是在为她的穿衣风格而道歉，就像在评价她的发质时做的那样。然而，实际上，多年来她一直保持着按自己的喜好穿衣的习惯。在同一个讨论中，她微微一笑，说：“我怀疑自己目前的形象是非常奇怪的。”后来莫娜争辩说，实际上不是自己的着装风格引发了“有意识”黑人的这种反应，而要归因于自己的身体特征，当然这是她无论如何都没有能力改变的。她的穿衣风格多样且时尚。她高挑，苗条，有吸引力，而且很喜欢打扮。

(2) 焦虑/不安：莫娜受到克劳德特的抨击，无法以自己的防卫来回应。

(3) 这一点再次出现在了讨论中，她无法回应的是一个特殊类型的黑人女性。莫娜指的是“某几个”黑人女性，正如我们已经注意到的，在别处她将其描述为“有意识的”黑人女性，对此她有权利界定什么是黑人什么不是。作为拉斯特法里派成员，克劳德特可能有更多强烈的寻根性。

随后的讨论重申了最后一点，这是一种只会发生在黑人女性之间的动态过程：

> 特丽萨：如果她是一个白人工作者，你本该回击的，你会吗？
>
> 莫娜：哦，没问题，我本来会扇她耳光的。（笑）
>
> 特丽萨：嗯，这是……你知道，因为这是克劳德特或姬恩。
>
> 莫娜：是的，这是我的同类人之一。因为我被自己期望的黑人拒绝了。（1）
>
> 特丽萨：但并不是你造成的。
>
> 莫娜：那给我带来了问题。因为我所做的发生在我身上，一定是我错了，不是她们。（2）
>
> 特丽萨：我想我们都错了很长一段时间了，直到你突然问自己（拨弄手指）——为什么我应该这样？
>
> 阿米娜：但我们仍受其影响，这就是你正在说的吗？（对莫娜）我承认我受到了影响。

（1）她已经（正确地）感到被黑人女性拒绝了。正如我们所看到的，这是她所熟悉的源自过去的一种旧有的沉郁感。

（2）因为这是来自黑人的，莫娜接受了而不是加以蔑视（用精神分析的术语来说，她吸取了这一看法）。但克劳德特为什么要花这么多精力攻击莫娜，并经常（如上所述的在酒吧午餐的场景中）发生在现场仅有她们两个黑人女性的时候？权力动力学对这一情景的一种思考解释了她没有变得更为慷慨的原因。莫娜认为自己的权利被剥夺了，没有明确地想过可能她并没有像自己感觉的那样脆弱和易受伤害，尽管当克劳德特抨击她时，她描述自己穿着和做法的方式，暗示在某种程度上她惹恼了克劳德特。权力分析认为，莫娜的姿态和风格在克劳德特看来是优越的，甚至是傲慢的。莫娜的风格是带有精致的欧洲特色的，与她身体后仰抽着烟的事实相结合，代表着自信和世界大同主义。这可能是莫娜自然的个人风格，但克劳德特认为她装腔作势，没什么了不起的；作为拉斯特法里派成员，克劳德特不抽烟、不喝酒，英国的酒吧不是她该去的地方，也可能不会穿三件式的西装。莫娜似乎很自在，（尽管是无意地）彰显出不同的特点，使她与白人、中产阶级的现状和环境相匹配，并与克劳德特保持了一定的距离，而这一距离使克劳德特受到了更多的刺激，因为她们实际上有着非常相似的背景：都来自落户伦敦的牙买加工人家庭。以这样的方式攻击莫娜，克劳德特削减了莫娜的威风，并强烈地表示自己与莫娜为人熟知的地位是有距离的。通过剥夺莫娜的种族基础，克劳德特也成功地扭转了权力对比劣势。心理动力学上取得的成功是，克劳德特——由于种族的不安全感内心也许会不安定——发泄了她的愤怒，通过将白人投射到莫娜，重申了自己在黑人话语中的地位。如果莫娜对于自己黑人女性的地位更加确定并感到安全，克劳德特就不可能以这样的方式成功地使她不安。但在这时，她们彼此都熟知这一点，莫娜就一次又一次败下阵来。

我已经指出黑人普遍会把其他同伴描述成白人，并表明这是英国种族主义持续性话语霸权的一个直接结果，而这一霸权事实上意味着有许多非洲和加勒比血统的人，没有被定位在黑人话语中，或者没有形成黑人主体性。在英国，许多加勒比和非洲血统的人没有生活或成长在一个牢固的黑人社区中，而是彼此孤立。这就解释了为什么对于很多人来说，黑人身份是成人早期的当务之急：一个在他们离开童年时候的家，或者去重要的黑人聚居地、有着“黑人文化”的大城镇时就会发生的过程。那些在白人环境（郊区、保健机构、寄宿学校、寄养家庭）中长大的人，无法接触到黑人话语立场。这种情况的一个后果是，即使这是他们经验的一部分，他们可能也无法感知和应对种族主义。这样的人会有种族化了的主体性，但不同于已经产生由黑人激进主义预示的集体性变化的那部分人，因为他们会受到种族歧视，无法获得任何真实或假想的替代品，就像我们在这项研究里的女性身上看到的那样。举一个极端的例子，成长在儿童之家的黑人孩子会普遍养成一个称为“皮肤划伤”的习惯，强制性地刮擦自己的皮肤，仿佛是在给自己蜕皮。在白人家庭长大的黑人孩子，往往不会下意识地产生那么戏剧性的皮肤和头发方面的问题，因为在温带气候条件下二者都需要额外的照顾。这些和其他可见的标记可以看作黑人贬损形象内化的结果，这些形象继续盛行于他们尚未受到足够挑战的地方。但值得指出的是，即使彼此隔离，个人仍然可以承受这样的形象，开拓出积极的主体，就如杰基·凯（Jackie Kay，被爱丁堡一个苏格兰家庭收养并在那长大的诗人）拥有的女性创造力那样。

当我们考虑黑人之间关系时，在心理动力学方面，也有可以在任何黑人群体中替代白人的既定利益。这些人可以被用来投射每一个其他黑人身上有的那些无法接纳的白人成分。根据这一理论，只要种族主义话语充斥着黑人经验，这些动力学就很可能继续描述黑人社会关系。

莫娜描述的有这种背景的个体，在与黑人同伴的关系中遭受高强度的压力，而那些同伴往往是危害而不是肯定他们种族身份的同龄人。一些人（在这项研究中是莫娜和多特）和不施加种族压力的人成了朋友，也许是因为后者是白人。其他人，像艺术家、歌手、诗人和作家，无论是在全职的基础上，还是自己腾出时间来，在创造性的工作中表达了这种压力。也许是由于这些来自莫娜仍然认为的自己人那里的再三拒绝，具备多重身份的女性有着强烈的个人主义，在其职业和社会生活的许多方面，将自我置身于黑人身份政治之外。在一个肤浅的水平上，并且在许多“有意识”的黑人看来，莫娜似乎完全符合法农“黑人想像白人一样”的讽刺性结论。而黑人男性只有一个命运，即世界是白人的（Foner，1967: 228）。然而，这章中提出的分析，还提供给了我们一些方法思路：人们不是简单地归属于黑人或是白人，而是以多种复杂的形式存在的，凭借着在各种位置间进行转换的能力，可以创造出新的形式，并不断地调节自己的身份，让世界变得有意义，固定的类别也会不断地被颠覆和改变。

心理动力学的应用，让我们的主体性理论包含的范围远远超出了话语方面。主体性，现在不仅是一个发源于人们已知的集体性历史的动态社会过程，也是一个在个人关系史影响下地位和变化形成的内部心理过程。但精神分析理论的这种用法是如何避免早期应用时候的缺点的呢？

首先这种理论将身份看作连续的动态过程，不会认为固定心理结构的发展是理所当然的。这让我们变得不确定了。我们可以回想，那些没有后结构主义思想可以借鉴的早期殖民心理学的社会理论家，曾表明殖民者和殖民地的复合物对二者都会产生负面影响，尤其对殖民地影响更甚（见第二章）。即使是黑人们拼命想变白所依据的法农（1967）“乳酸生成”理论，也会含蓄地歪曲黑人。通过对主体性话语和心理动力学理论的探索，我已经试图避免将种族认同削弱为静态物质，因为那会给黑人带来病理结论。相反，种族化的主体性仅仅被视为主体性发展过程的一个维度，这一过程包含社会关系中不断发生的协商和变化。主体性的理论化是动态和多层次的，可能会引发矛盾性的经历，使他们感到不安，也会推动文化的创新和自我发展。

这一分析结果的报告认为种族是主要的分析载体，由此来建构主体性理论，避免了紧随精神分析理论之后出现的性别政治。虽然，在许多女性研究的类型中，我选择了一个仅由女性组成的对象组，但这不像其他女性主义心理学研究那样是为了彰显女性主义。我专注于种族化主体的产物，但并没有像精神分析学家运用性别一样，将此用于发展一种宏大和普遍的主体性理论，而是发展了一种基础性的理论途径和方法论，来确立潜在的无限多的人类主体性概念。

这种途径有一个额外的好处，就是可以避免许多心理分析叙述的普遍主义。因为并不是所有的社会都是以相同的方式种族化的，也因为目前欧洲反对黑人的种族主义思想已经阐明了其与奴隶制和殖民主义特殊历史的联系，种族比性别有着更为清晰的背景。这使得它更容易基于调研对象群体特定的历史而非毫无根据的一般概念来发展理论。在下一章中我会进一步探讨研究参与者的主体性，但不再强调种族，而是会考虑已确认了的种族化主体性为何也与性别相关。

**尾注：**

[1] 游历于非洲（在那里我的肤色相对较浅，会被描述为“混血”或者“白皙”，无论如何国籍被赋予了更多重要性）、加勒比（在那里我的肤色被描述为“红色”）和欧洲（在那里我被划分和自我定位为“黑人”）之间，我自己的类别发生了变化。与在西非人和加勒比人面前相比，在南部非洲黑人面前，我对自己外表的重要性看得更淡一些。换句话说，种族有明确的历史性和情境性，而这些在性别上是很难界定的。无论我身处世界何地，在种族上如何被看待或误解，我都是一名女性。

[2] 尼日利亚作家沃莱·索因卡（Wole Soyinka），在通过质问老虎是否有必要宣告它们的“虎类文化认同”来回应20世纪60年代的“黑人文化认同”的时候，对此进行了总结。对他们来说，离散的犹太黑人经常认为他们的非洲伙伴非常天真，缺乏种族意识。

[3] 克罗斯（对他的思想在第三章中进行了讨论）在美国黑人身上观察到了自命不凡的态度，但他把这些看作黑人化的一个阶段特征，而不是种族化主体性的连续表现。

[4] 黑人话语中用于描述不懂什么是黑人的人的一个贬义词是“椰子”，意思是那些人的黑色只表现在外面，而里面是白色

的。鉴于当代英国越来越多的黑人成长在白人主导的世界里，一直都是黑人的可能性已大大降低，这逐渐不再是一种焦虑常见的来源。

/ 第八章

# 黑人女性主义

如公正的司法般不近人情，

如我的伤痕及命运般不可磨灭，

我就在这里，

以一名女性的身份出现在这里……

我的一生就像珠子一样；

呈现在我面前的

特权或怜悯，

不是我所寻求的；

尊严或安全、

短暂的幸福或贞洁，

也不是；

是力量！

> 力量成就了我，使我成为
> 一名能描绘自己未来的女性，
> 一名能将自己的珠子握在手心的女性。
>
> （Grace Nichols）

## 引言

我们一直在思考种族化主体性的形成过程。现在我提议看看这些黑人女性主体的种族化在性别方面是如何表现的。正如黑人女性运动所意识到的那样，事实上，黑人女性的生活不仅由晚期资本主义社会的阶级分裂框定，而且受到种族和性别双重压迫的综合影响。“三重压迫”的概念试图建立一种排斥和边缘化多重压迫动力学的理论并对此做出反应，解释在英国（和北美国家）社会黑人女性处于不利经济和政治地位的原因。三重压迫的理念发源于二元结构主义与马克思主义社会理论传统，让人联想到一个承载了所有受压迫群体，尤其是黑人女性的单一社会结构概念。就黑人女性心理状态而言这可能是最有效的，因为它将累积的病症，或黑人女性视为最终受害者。它无法解释黑人女性主体性动态和创造性的表现，无法解释她们的适应力，以及提出崭新生活和存在方式的洞见能力。然而，可以合理地进行假设，如果主体在种族分裂的环境中带有种族化色彩，那么它在男权制社会中也将带有性别色彩。但是，说主体性带有性别色彩是什么意思呢？

女性或男性持有的观点是否都会受到性别的影响？或者具体地说，是否会受“女性主义”或“男性主义”的影响？主体性的男性主义和女性主义方面并不总是会体现出来的吗？黑人女性与白人和更大范围内的其他女性有什么不同？这些问题并不能完全得到回答，但一个可以用来确立种族化主体理论的非致病性方法已被提出，我现在就是要进一步完善这一方法，来思考他们是如何受性别影响的。

近代女性主义理论家认为主体性是被制造的，因此不是一个一成不变的事实，而是一种可以改变的东西。从早期对性与性别做出区分以来，这种认识一直是女性主义社会理论的核心。根据这一早期理论，生物角度的性（这是不变的）是人与生俱来的，然后在社会化过程中发展出了性别。二元论研究范式的概念中，社会化包含一个社会对个人在其成长和教育过程中的影响。在这里我深化了对主体性过程的一种认识，即它比社会化理论揭示的更活跃、更复杂，在集体和个人社会关系的发展过程中人们通过推论或借助心理动力学理论形成自己的立场，或在不同的立场间转变。若将这种方法扩展到考虑黑人女性主义的产生上，我们就能提出不同的问题，思考受性别影响的黑人女性种族化了的主体究竟是什么。

自弗洛伊德以来，有一点就已经明确了，即男性特质和女性特质的概念本身是有问题的。人类学研究也表明，这些概念不具有普遍意义，而历史证据显示，它们会随着时间的推移，在文化、种族和阶级之间发生变化。这意味着在我们提出人们是否可以接受异性话语立场的问题之前，不得不重新考虑男性特质和女性特质意味着什么。

在我看来，种族和性别都是将不同的社会生活水平联系起来的桥梁，是在心灵内部、社会文化、经济和历史关系过程中产生和再创的概念。在前面的章节中我关注种族分裂世界中出现的黑人主体。事实上，研究对象群体还生活在一个以性别划分的世界里，考虑性别化的黑人女性主体性是恰当的。我对黑人女性的思考也是根植于特定的历史和生活在英国的黑人女性主体的经验，尽管，正如我们可以看到的，黑人女性特质的概念不只是不列颠群岛和多重压迫传统遗留给生活在该群岛上的黑人女性的一切。

在前面的章节中，我们看到研究参与者就黑人意味着什么的话题谈论了很久。从讨论中得到的材料，大部分带有含蓄的或明确的性别色彩，因为它显然来自女性而非男性。接下来，我找到了一些论述，它们将黑人女性定位成女性，谈论了遭受种族和性别歧视负面传统综合影响的黑人女性是如何进行抗争并战胜这一切的。换言之，这里我们主要探讨作为女性主体的黑人女性在过去和未来是如何塑造和展现自我的。

但关于黑人女性早期研究说了些什么呢？现在有越来越多关于黑人男性的研究文献（例如Segal，1990；Staples，1982），但是黑人女性研究很大程度上仍然是尚未开发的社会科学。在第二章中，显而易见，黑人女性几乎没有出现在有关殖民地人民的心理论述中[1]。曼诺尼（1956）很少谈到马达加斯加的女性，只提及有关他们对法国男性持有的所谓神秘感的传闻。而在法农看来，他在法国和安的列斯群岛（the Antilles）遇到的黑人女性痴迷于成为白人，或至少想要吸引白人男性，从而生育出比自己更白的孩子（Foner，1967）。在阿尔及利亚女性身上，他看到了从殖民主义的灰烬中产生的一种革命性的蜕变，一名女战士英雄身穿白布大罩衣不是因为受到传统的逼迫，而是因为这是对自由战士的精明伪装（Mama，1980: 14–45，77–98；Perinbram，1977）。他对殖民主体最深刻的见解不是那些有关女性的，而是他对法国男性和阿尔及利亚男性的观察。那些法国男性暴力性侵了顽强反抗的阿尔及利亚女性，而阿尔及利亚男性，难以继续与其被法国人强暴过的妻子保持关系，难以应对战争时期所需的性别关系的变化[2]。

北美黑人心理学家也没有认真考虑性别在种族身份形成过程中发挥作用的可能性（第三章）。至多我们有对男女性测试分数之间细微差异的观察（Cross，1991）。值得重申的是，美国基于黑人心理进行的研究真的已经集中在了黑人男性身上，而性别问题仍未解决且没有相应的理论建树。例如，黑人化心理学家，至今仍认为男人和女人以同样的方式“黑人化”。美国黑人心理学家对性别的这种忽视更是令人惊讶，因为自黑人女统治者的概念被首次提出并用于解释黑人在美国处于弱势地位的原因以来，性别就已成了孕育矛盾的温床（见第三章）。早在20世纪70年代，华莱士（Wallace，1978）就能够详细地介绍白人团体和黑人男性在一成不变的黑人女性地位建构中的既得利益。她的争辩促进了有关黑人性别关系历史的大量反思及黑人女性地位新观念的蓬勃发展（例如Davis，1981；Hooks，1982）。即便如此，种族身份理论领域回避了在性别政治方面的辩论，研究人员很少甚至基本不会提及性别和性的问题。

黑人心理学对性别的忽视在一定程度上可以归因于对种族和种族主义的简单概念化，归因于心理学家大体上趋向于认为种族是以同样的方式影响所有黑人的。类似的观点可能出现在性别的概念化上。性别发展的精神分析和心理学理论聚焦于女性的普遍概念，而忽视了种族和其他社会分化的作用，忽视了这些可能参与产生和再创性别概念的方式（Chodorow，1978；Gilligan，1982）。因此，这就要求我们在考虑黑人女性时对“女性”和“黑人”的类别进行解析，抵制建立胡克斯精妙描述的一种新的“累计目的”（Hooks，1991）。因此我特意没有指出黑人女性是什么。相反地，我只是大致描绘了其在黑人女性之间讨论中的体现，并以在黑人女性诗歌中发现的女性创造性表达作为补充。

大西洋彼岸非洲裔美国女性学者进行的工作为黑人女性主义

研究开辟了道路，她们反对黑人社会和学术生活中无处不在的大男子主义，主要在文化研究领域进行了斗争。贝尔·胡克斯在北美社会黑人文化表象方面的研究对白人和黑人再现性别歧视的文化创作方式发起了挑战（Hooks，1992）。在其有关种族、性别和文化政治的随笔中可以看出，胡克斯进一步发展了早前的黑人性别歧视论述，她争辩道，只有真正激进的黑人主体（她的意思是受女性主义和反种族主义影响的一类人）才能促进黑人解放斗争目标和目的的实现。

接下来我将关注英国环境和习俗中黑人女性主义衍生出的产物，在这些习俗中黑人女性超越日常生活的即时条件形成了作为黑人和女性新的存在方式。在下边的摘录中我们可以看到黑人女性通常是如何在讨论中回忆起自己的青春期的。我们也可以看到年轻黑人女性的种族化主体性是如何带有性别与性的印记的。其中最容易辨识的是有关魅力概念的女性成见。

## 肤色歧视、吸引力和女性气质

我讨厌烫头发
和漂白皮肤
讨厌烫头发
和漂白皮肤
但如果我不这样做

就总会被孤立

(Louise Bennet, 引用自Cobham and Collins, 1987)

对身体和性别方面吸引力的关注也可以促进对女性主义由来的调查探究。对异性恋的女性而言，这是一个想要吸引男性的基本欲望，虽然女同性恋和男同性恋者也会高度关注自己的性吸引力。吸引力也有其他广泛的社会效果，从那些被认为不起眼的证词上可以得到最好的理解。早先主体性性别的一项研究通过吸引异性将此定位于主流话语中的方式，引起了人们对女性偏见的关注（Hollway，1982）。这一“有把握”的话语使男性在女性主义生成过程中占据了重要的位置。虽然霍尔威的研究可能只涉及白人、中产阶级的研究对象，但下面的材料清楚地表明，对黑人女性气质的关注更为强烈，因为种族主义话语历来将黑人女性定义为“丑陋的”，而她们的性取向则是负面的。如果白人女性被期望体现一种无性的纯洁和美丽，那么黑人女性则被认为是性别上的色情和粗俗。欧洲公众对女性，例如对萨尔特杰·巴尔特曼（Saartje Baartman）（第五章）的迷恋，是较为执拗的，这是动力学的一部分，在其中黑人女性被赋予了所有禁忌幻想，来疏解遭受性压抑的欧洲心理。20世纪20年代身着香蕉芭蕾舞裙的超级巨星约瑟芬·贝克（Josephine Baker）和今天衣着暴露被关在笼中的葛蕾丝·琼斯（Grace Jones）的成功，在很大程度上归因于黑人女性特质的这些建构。

20世纪70年代，在英国长大的黑人女孩受到了主流社会女性吸引力观念的很大影响：这些观念体现在她们对长而飘逸的头发、浅色皮肤和钩状鼻子的追求上。“吸引力”的内涵必然受种族化的影响，这表明许多黑人女性的女性主义早期经验是由来源于殖民融合论话语的种族主义美学决定的。黑人女性被期望看起来尽可能像白人并抑制她们的性特征，是可以理解的。在白人或以白人自居的母亲或类似母亲角色的抚养下长大的一些人，回忆起被警告不要穿颜色鲜艳的衣服，不要暴露她们的身体，或以任何方式将注意力吸引到自己身上，以免被视为性欲放纵。无论如何，尽管可能已经非常注意自己的穿着，生活在种族主义社会的年轻黑人女性仍然日复一日地遭受不同程度的性侵犯和侮辱。许多长大了的黑人女性感觉自己没有吸引力：

> 多特：在身体方面我可能会觉得自卑，但这不是因为我是黑人，而是因为黑人身份给我带来的问题。我自卑不是因为我身为黑人，而是因为我是黑人……一个丑陋的黑人。我曾经常常被住在隔壁的乔·史密斯（Joe Smith）叫作“黑丫头”，我们一起上过小学，最近我问他：“记得你曾经在学校取笑过我吗？”他们不和我玩。如果这些家伙不和你玩的话，那么女孩们也不会（和你

玩）。

阿米娜：谁把你叫作“黑丫头”，其他黑人孩子吗？

多特：是的。

阿米娜：是因为你比他们更黑吗？

多特：是的。还有“扁鼻子”（笑）。在成长过程中我很介意自己的鼻子。我总是说，当我25岁的时候，我要改变它。那是我叔叔的错，他最喜欢叫我“大鼻子丑八怪”，他现在还这样叫我呢。我不认为自己以前是丑陋的。

值得注意的是，在这个案例中，主要是黑人（乔·史密斯）和男性（她叔叔）认为多特是“丑”的，虽然她指出，学校里的女孩们在男孩们的引导下也排斥她。这一摘录说明了男性在设定女孩外形标准方面拥有主导权，他们对年轻黑人女性如何看待自己产生了影响。不出所料，多特是这样回应她的同学和叔叔的嘲弄的：

多特：有一种名叫“断臂维纳斯”的面霜可以消除斑点，我的意思是我买这个只是为了祛斑，可接着我发现自己越来越白了，那时我很喜欢这种面霜。是的，我想变得更白，但后来有一天，大约在我十八九岁的时候，我镜子中的脸看上去很好，我觉得我的脸根本就没有什么过错。我心想，嗯，你永远不会是白皙的，你不会成为白人，你的肤色没有什么过错，我开始关注一些真正好的事物，关注起身边的黑人。我也注意到，白皙的皮肤并不一定意味着你长得好看。那时我联想到了自己。在搬到乔·史密斯这家人的隔壁之前，我真的没有什么可以烦恼的，乔·史密斯就是我跟你讲的把我叫作“黑丫头”的人，他的姐妹和整个家庭的人长得真的很白。我想我正在经历一个阶段，想知道为什么我没有男朋友。

多特承认自己使用过美肤产品时是有矛盾心理的。她似乎是在暗示，于她而言这不是一个完全深思熟虑的、有意识的行为，而是她碰巧喜欢上的一个偶然结果。多特现在受到不同话语的影响，不会再让自己的皮肤变得美白，所以她之前有过的这一想法，让她难于彻底承认。也有可能她只是一定程度上想变得更白，换句话说，这只是她的一个观点，而不是她主体性的一个普遍特征。玛丽表现出了同样的矛盾，她谈到自己的头发并非“真的笔直”，而是用了热梳子“只是为了让它变得柔软些”，虽然她也承认，她和她的朋友们都有想要长而飘逸头发的童年幻想（第六章）。黑人男性是多特生活中重要的男性人物，但他们对她的态度与安吉拉描述自己如何不受喜欢时提到的白人非常相似。这表明，各色人种中的男性主导着女性吸引力的种族化观念，这是很小一部分黑人女性能够指望达到的。因此让皮肤变得美白和拉直头发是黑人女性想要变得有吸引力，而不是想要变白或让头发变直，尤其是对在男权世界中认为美意味着金发和蓝眼睛的男性来说，这在女性拥有足够吸引力来吸引男性方面很有必要。

不仅是在英国，在别处，黑人女性也发现很难以任何积极的言语，例如有吸引力来描述自己。深肤色的女性回想起在加勒比的童年时有着相似的记忆，但与在英国，一个忽视肤色间细微差异的地方长大的女性相比，这里的黑人女性肤色越浅就越可能有一个不同的故事。特丽萨对她几乎是白色肤色的奶奶的记忆是其拉拽并冲着她的“黑人头发”尖叫，让她深感自己丑陋（第五章），她的体验也并非个例。克劳德特·威廉姆斯（Claudette Williams）回忆了自己在牙买加圣托马斯区一个宁静小社区里的牙买加式童年生活，那里她最小限度地与白人接触。她描述了社区生活的温暖和友爱，也描述了无处不在的“肤色主义”。

> 不管什么时候房子里出现了差错我总是会受到责难……在成长的过程中我一直怀疑自己的能力，由于批评与我的肤色相关，我简单地就将黑人与无法做对任何事情等同了起来。我是家里肤色最黑的孩子，在牙买加生活中受到了严重的种族歧视。我对自己的不自信是我

> 花了很多年才得以认清并尝试纠正的。
>
> （Williams，1988: 148–149）

从这一引述中我们可以看到一名牙买加黑皮肤女孩所遭受的肤色歧视。接着，她讲述了自己后来的英国学校经历是如何向同一个方向发展的，因为在学校里，相同地，黑人女孩，也不被期望能取得什么大的成就，而是被置于最底层。殖民化/种族残余在伦敦南部并没有受到挑战，直到20世纪70年代黑人权利运动在那生根发芽。像黑豹这样的组织也没有解决性别问题，直到后来参与黑人女性运动后她才能够重建自己的女性主义，这便毫不奇怪了。

我所给的例子表明，和白人女性一样，黑人女性十分注重吸引异性。统计数据表明，与白人相比，有更大比例的黑人女性成为单亲母亲。这一数据往往被误解为证实了黑人女性强大、独立而积极，因此不需要任何社会或个人的支持的刻板形象。这个版本的黑人女家长神话旨在孤立黑人女性。在别的地方我已经记录了她们吸引和维持住一个男性伴侣的渴望是多么强烈，这使很多黑人女性可以容忍不令人满意的关系处境（Mama，1989b）。

值得注意的是，这个种族神话与黑人女性主义话语内容是一致的，因为这些也往往体现出男性对于黑人女性并不重要。虽然这可能是真的，即许多黑人女性在没有男性伴侣的情况下可以而且确实生活得很如意，但事实上，除了黑人女同性恋者之外，大多数黑人女性和其他人一样，即使她们可能在与男性的关系方面有自己的想法，也都希望能成为异性恋夫妇的一员。在我看来，单独生活的黑人女性数量比例失调，不是因为黑人女性不需要、不渴望男性在其他方面给予支持，例如社会或物质方面[3]。

面对一个通常可望而不可即的话语政权，难怪许多黑人女性开始拒绝殖民种族话语规范，并创造出新的话语，以女性主义主题来丰富黑人激进主义。

### 改变黑人女性气质

种族和性别矛盾的集体性反应在维罗妮卡·威廉姆斯（Veronica Williams）的一首简洁的小诗中：

> 我是一名女性，我很生气。
> 这个世界将我
> 归类成我并不符合的千篇一律的角色。
>
> （Cobham，Collins，1987：21）

黑人女性不会轻易接受男权制对女性的规划。牙买加诗人露易丝·班纳特（Louise Bennet）对黑人女性外观主题的巧妙讽刺可以追溯到20世纪50年代。我们发现20世纪80年代黑人女性也同样在拒绝白人至上的话语政权，这一事实表明，对白人和男性主导秩序下压迫性规划的抵抗是几代人反复进行着的。总有女性拒绝不适的话语地位，因为她们发现自己无法达到理想状态，充满矛盾或者不受欢迎。然而在英国，黑人女性以运动形式聚集在一起的现象到20世纪80年代才变得明显。这种情况的出现是因为她们对于在种族和性别两个维度迫害自己的主导秩序有着同样的情感和理智上的反应。伴随这个运动而出现的是黑人女性主义的产生和该领域崭新话语的创建。

在非洲移民社区一个明确的女性主义运动的出现也必须被看作传统中女性自主权和黑人反抗性在当代的一种表现形式：这些传统可以追溯到不同的源头，非洲、加勒比和大西洋两岸，以及黑人诗人、作家和电影制作人的想象。20世纪80年代20—30岁的女性受复兴的西方女性主义话语的影响，同时促进了西方女性主义话语的发展，这些话语挑战了仅把女性当作性工具的观念。黑人女性主义便发起于这些不同的源泉，明显地表现在黑人女性之间的对话和黑人女性运动中产生的诗歌里，其中一些不仅表达了愤怒、痛苦和苦难，也表达了她们对黑人激进话语中男性主义方面的拒绝：

兄弟，你叫我“妹妹”，
但我知道，

很简单，这是一个撬开我双腿的杠杆。
“妹妹为运动煮咖啡，
妹妹为斗争创造婴儿。”
你用你的身体夺走了我的意识，
用理性夺走了我的身体。

（Lyamide Hazeley，引自 Busby，1993：907–909）

今天，许多黑人女性都希望与黑人男性建立一种不同的、不太具剥削性的关系。在拒绝男性压迫和剥削的过程中，黑人女性经常发现女性之间的关系特别重要。女性间彼此关注的一个结果就是产生了黑人女同性恋。对其他人来说，简单地认识到女性在他们生活中的重要性就已经足够了。伊斯卡拉（Iscara），一名参加了本研究讨论会的拉斯特法里教诗人，承认美国泛非主义者穆尔太后（Queen Mother Moore）对她将自己确认为非洲身份的决定起了主要影响。其他人引用了安吉拉·戴维斯（Angela Davis）、米歇尔·华莱士（Michelle Wallace）、安德罗·洛德（Audre Lorde）和贝尔·霍克斯（Bel Hooks），以及一个新小说流派的创造者们，例如托妮·莫里森（Toni Morrison）、保罗·马歇尔（Paule Marshall）、托妮·凯德·班巴拉（Toni Cade Bambara）、玛雅·安吉罗（Maya Angelou）、艾丽斯·沃克（Alice Walker）和其他人的表述。这些活动家和作家的一个共同点是，她们向大西洋两岸黑人女性助推的黑人解放运动中男性主导地位发起了集体性的挑战。

虽然在英国为黑人女性所接受的大多数文学形象是非洲裔美国人，但是随着英国20世纪80年代以来黑人政治特性的性别意识的增强，出现了黑人女性主义文化。这些对黑人女性的多样化表达为替代性女性主义概念的诞生提供了可能：对于所有发现在她们所生活的世界里自己可能永远不会变得足够苗条、拥有金发碧眼或者长头发的女性来说，新美学是可以追求的。因此，尼克尔斯可以大胆地宣布：

美
就是一位丰满的黑人女性
走在田野里
轻轻地
把芙蓉花
贴在她的脸颊
而此时阳光照亮
她的双脚

（Grace Nichols，1984）

尼克尔斯，一名最初来自圭亚那的英国诗人，在这一热带地区寻找自己的意象：意象可以来自非洲世界的任何地方，是她从自己的非洲加勒比遗产中衍生出来的。洛娜·古迪逊（Lorna Goodison）也在英国黑人女性社区找到了一批追随者：

> 曾祖母
> 是一个几内亚的女人
> 大大的眼睛不时转动
> 她脸上每一个角落
> 可以从她身后看到
> 她的脸颊布满了
> 一种喷射珠疣的细皮疹
> 下雨时就会发痒
>
> （Lorna Goodison，1986）

古迪逊出生于牙买加，但我们看到在她创新性地塑造自己黑人女性身份的过程中提到了非洲。经常性地提及黑人女性诗歌，讨论其中的年代和地域，表明了她们希望凭借创造性的工作，跨越海洋和世纪来积极获得身份认同的一种愿望，即借用底层女性英雄主义形象这个新的主体，这一英雄主义可以用来打击和摆脱几个世纪的压迫残留。从逃亡黑奴南妮（Nanny）到安哥拉的恩津加（Nzinga），从加勒比的玛丽·希科尔（Mary Seacole）到扎诺的阿米纳女王（Queen Amina of Zazzau），英国的黑人女性似乎已不再像从前那样缺乏英雄人物。因此，我们看到了一个跨越国界的泛非洲话语的诞生和发展，这不仅表现在诗歌中，还体现在个体女性的主体性和风格里。

除了可以利用现有的历史信息，黑人女性也拥有着不同的经历。我们已经看到加勒比经历是如何在像克劳德特·威廉姆斯这样的女性主体的种族化过程中发挥作用的。对一些人来说这是真实体验，可对另一些人，例如莫娜和玛丽（第五章和第六章）来说，不管其是浪漫的还是压抑的，是可以从字面上理解的还是需要一点想象力的，对加勒比的印象都是通过父母的回忆获得的。非洲起源的参考文献也有真实的和虚假的（第六章）。它们也可谓五花八门，有表现拉斯特法里派成员虔诚宗教梦想的，也有表现肯特派说唱乐手深度商业化、商品化展示和销售经历的。

对于英国学校种族主义对其产生的潜在影响，非洲血统的女性有着相似的回忆，不管是体现在她们老师的歧视态度中，还是体现在拒绝自我消亡的没落帝国文化影响下白人孩子显示的无知里。我的一个合作者回忆说，她划伤自己的皮肤，“想看看尘垢是否会脱落”，另一个人描述曾被问及她的血液的颜色及她的家人是否仍住在树上。因为很多有着非洲血统的人不是到过非洲大陆，就是通过常年奔走在非洲和英国之间的亲戚朋友得知（非洲大陆）的，她们往往不会有异化或无根的极端感受。那些造访过其非洲来源的人在这一经历中不是收获了许多便是经受了创伤。几个人描述了一种安心的初始感受，她们发现周围到处是黑人，而自己突然不再是“他者”。

对于混血儿和有着非洲父母的人来说这是一种真实的体验。例如，安吉拉指出，在她第一次抵达加纳的时候，突然发现自己作为一名女性是十分受欢迎的。其他有着非洲血统的女性谈到自己的感受经历了一个变化，在欧洲会觉得自己没有魅力感到不安，而到非洲则变得自信了，在非洲她们发现了女性新的存在方式因而能够以女性身份“大方展示”[5]。奥利维特·科尔-威尔逊（Olivette Cole-Wilson）介绍，有一次回到父母家乡，自己是如何受非洲女性鼓舞的：

> 许多所谓男性工作每天都由塞拉利昂的女性担任着，如起重、搬运和敲锤，以及许多叫不出名字的……即使经济上的影响可能是巨大的，但是越来越多的女性选择不结婚，更多的女性满怀信心和决心进入了就业领域。
>
> （Grewal et al.，1988：162–163）

现实和想象来源的这种多样性为黑人女性开辟了无限的可能性，这种多样性体现在英国和大西洋彼岸黑人女性展示的文化作品和风格上。

这种丰富性也存在着问题。尽管黑人女性运动形成时期，黑人女性很容易认同彼此的种族和性别歧视经历。但就像我在第一章中指出的，一旦认识到了这一共性，多样性便成了问题，新的集体身份开始需要被阐明。一种竞争性的身份政治经常起作用，黑人妇女为真实度而竞争，往往诉诸本质主义的黑人女性身份建构，而这些结构往往更多的是一种反对种族主义的成见，而非我所概述的来源的多样性。在最后一章，我分析了这一过程的心理动力学原因。由于强调在多重压迫力量面前需要团结，黑人便冒险创造了一个新的话语体系，即如何做黑人的一套方法及针对那些敢于异化之人的一些制裁与谴责（第七章）。在体现黑人本质概念的更为简单和安全的观念与流亡斗争经历中形成的黑人身份特殊方式的更具挑战性的认知之间，贝尔·霍克斯（1991：28–29）做了一个有效的区分。身份政治可能是对同化他人且拥有普遍范式的暴政的必要回应，但为取得进步，这一博弈必须以多样和多变的形式开展，而不能促进令人窒息的本质论的发展，缩小黑人和女性解放斗争开辟的话语空间。

**尾注：**

[1] 沃恩（1991）在其殖民医学作品中提供了殖民者对非洲女性看法的一些有用信息，殖民者大多认为非洲妇女是有缺陷的母亲。

[2] 在《揭开面纱的阿尔及利亚》（*Algeria Unveiled*）一文中，法

农反对法国运营的女性组织的扩张，认为这是帝国女性主义的一种形式；也就是说，这是一个旨在穿透和破坏阿尔及利亚抵抗力量的最后堡垒，为帝国利益服务的幌子（Fanon, 1980: 13–45）。

[3] 社会因素包括黑人女性的高等教育水平、合格黑人男性的短缺、黑人男性对白人女性能感知到的偏好，以及至少直到最近，黑人女性对跨种族关系的抵制。物质因素包括黑人低下的经济地位和较高的无家可归率。

[4] 虽然其他黑人女性描述过在一个黑人社会环境中突然自我感觉良好的相同经历，但可以确切地说，在安吉拉的案例中，她可能会因为混血而被众多人追求。关于混血女性，西非人有他们自己纵欲和滥情的传说。

[5] 拿我自己来说，经常往返于尼日利亚和一系列英语学校，不断的变化，也促使我尝试运用自我表达的多种方式，学会如何看待和应对社会中种族主义和肤色主义的各种表现形式。

/ 第九章

# 绘制后殖民主体性

## 解构主体，建立主体性理论

现在到了这本书该结尾的时候了。但是，该如何结束一些才刚开始的东西呢？在开发一种用于理论化主体产生和再创的新方法的过程中，我所提出的问题和我已经回答了的一样多。此外，在这里所提倡的方法的核心是一种永恒的变化和运动的感觉：文化、个人和科学理论的运动及变化。其本身就使得结束的想法有点不太合适。这本书不是一个囊括全身毛细血管、以外科手术的精准度缝合的完整故事，而是开启了一扇小门，并希望借此生发出许多新的想法和观点。为此，我将以一个简短的评价作结，谈谈我们已经获得的进展及未来可能取得的成果。本书的前一部分所承诺的问题解决得如何已经交由读者来决定，故不会再详细地重述和评价之前的内容。在这一方法对其他当代主体性研究适用性的简短思考作结之前，简要回顾已经提过的中心思想足矣。

一开始，我概括了一种确立主体性理论方法的特征，不管主体性是自我确认的还是在他人主导下形成的，这种方法认为其最初产生应归功于当时盛行的社会环境。在下定决心要构建英国后殖民时代黑人女性特殊主体性的理论之后，我详细说明了自己与其他黑人女性在20世纪80年代的伦敦所提出研究的社会和政治背景，明确了知识水平对我研究方法的主要影响：黑人政治激进主义和黑人女性运动、女性主义政治理论、心理动力学理论，以及之后哲学大体上的转向，即现在所谓的后结构主义。我认为，后结构主义虽然远离知识宇宙的中心，却也打破了以西方为中心的宏大理论的霸权，提供的不仅仅是新理论，还有理论化的新途径。

然后我开始在心理理论的科学话语中分析黑人主体的历史代表性，着眼于非洲奴隶、殖民地主体，以及生活在欧美地区的黑人。我认为是心理学生发了科学话语，这些科学话语以重现和合法化白人至上的方式分析了“他者”。我也认为科学话语不单单是维护了现存政权的真理性，因为它们也是多产的。学术创作和政治权力以这种方式紧密联系，即知识分子也可以创作新的理论和事实，以满足主导政权不断变化的制度和知识需求。奴隶不只是为适合奴隶制的需要而产生，而是在抗拒它的时候被歪曲的。殖民地“非洲人”及英国和北美洲“黑人”的心理学建构，告诉我们更多的也是关于欧洲人的主体性，而非关于殖民地或种族主义秩序中黑人和他者的内涵。心理学的研究成果和理论，与主导性真理政权想当然的假设串通一气，显然会倾向于打压那些挑战现状的努力。我对科学话语和更广泛社会话语之间复杂、动态的联系进行了概念化，这一联系颠覆了线性因果关系的定律。两者可以看作陷入了一个由此及彼的递推关系中，在社会和科学之间稳定的共鸣中发生着轻微的变化。主要的话语转移更为偶然，产生于不太频繁且更戏剧性的变化中，比如那些像跨大西洋奴隶贸易的废除、民族主义运动下殖民统治的灭亡一样的宏大历史事件所预示的变化。学术话语和社会条件的这种递推关系，只能进行回顾性研究，需要那种有结构主义特征的详细历史反映出来，两者都会经由对方以复杂的方式不断产生和再生。

对权力关系及权力关系之下主流话语制度兴衰的思考也是必需的。自古至今（在废止之后，北美民权斗争以来及后殖民时代的欧洲）种族主义的一再复兴，表明旧的认知很少会被全盘否定，在它们似乎已经失去意义之后很久，可能还会得到复兴，再次发挥作用。在第二章中，我的分析表明，即使一个占主导地位的政权，例如奴隶制度被推翻，相关的科学话语也可能继续以从属的方式存在，只要条件允许就会复兴。既然科学家的意图不在这一观点上，那么应该明确的是，虽然在科学的建立过程中肯定也存在着种族主义阴谋，但我也不会将科学种族主义的持久性单方面地归属于阴谋论。相反地，科学心理学的方法论为了确保社会科学创作中体现一定的保守主义，将话语政权作为自己的行动指南，我认为这是它的局限性所在。在我看来正是在这一小点上，心理话语的产生也受到了后启蒙哲学假设的制约，这些假设从整体上强化了学科基础，特别是支持了将人视为一个通用、单一、理性主体的概念，并坚持经验主义的科学方法。总的来说，心理学因其坚持狭隘的经验主义方法而受到限制，这些方法仅允许基于主体单一、理性，存在并独立于社会结构的假设之上，来形成理论。强调可衡量和可观察的外部行为及保留实验和定量的方法，已经避免了主体性被更为全面的理论化。另外，人与社会宏大而普遍的理论已经无法解释社会和心理存在的动态性，或总是带有历史和个人特征的主体内在的多样性和复杂性。

在第三章中，我提到尽管在20世纪70—80年代黑人心理学是为应对西方心理学的种族主义而出现的，但它一直是主要的现存的正统方法和假设。因此，除了变化了的情况和其反种族主义的意图之外，那些从事黑人心理研究的人仍然经常重复有关黑人的主流观点。换句话说，经验主义范式只允许以某些特定的方式定义主体，从而会延缓更激进理论的出现，而这样的理论能够更好展现后殖民时期现实的多样性和活力。

然而，我认为黑人学院式心理学是非常有意义的，因为它不仅探索了主流（白人）社会，还是黑人社会、文化和政治生活的一个衍生品。我用黑人自我厌恨观念形成的例子来说明这一点。这一观念成形于一些早期的黑人文学中，但被白人心理学家转述并加以科学性地证实，随后被民权运动采用，紧接着又被一些希望借此成名的黑人心理学家进一步验证。黑人心理学的核心也是一个单一的主体，并且毫不意外地，是男性。区别在于，虽然黑人心理学家认为种族主义必须被废止，因为它会损害黑人同胞，但是种族主义者认为黑人会受到伤害是因为他们不懂得进步。

有关黑人身份的最新北美理论取得了重大进展，它们将身份的形成与社会变化联系了起来。黑人心理学最初是一个简单的阶段模型，最近得到了发展，黑人个体以线性方式从消极的自我憎恨状态向一个更综合、更成熟和更种族化的身份进行转变，各种不同阶段之间的连续循环转化成为可能。这样，它现在就包含了存在各种“黑色层次”的想法，承认可观察到的非裔美国人主体的多样性。然而，虽然黑人化理论及其在预定种群上的科学测试可以为黑人身份发展提供一个有效描述，但它实际上并没有确定主体性理论。其中，黑人仍然被认为是一个单一的主体（尽管是一个黑人主体），不包含性别、阶级或社会生活的其他重要方面。我把这些局限性归因于黑人心理学范式的保守主义。黑人化心理学以科学术语有效地重申了1960年后种族意识方面的黑人话语，完成了对测量方法的校正。该方法是一些调查问卷，旨在评估个体“黑色程度”。已观测到的黑人个体与20世纪七八十年代黑人运动之间的联系事实上并没有被理论化。例如，是否存在一种相关性？是个体反映了社会还是社会反映了个体？这是个人和白人社会，还是个人和黑人社会之间相互作用的产物？事实上，这些问题尚未得到解决或答复的事实意味着，不管对黑人化的描述是多么有效，也终究只是描述，限制了黑人化理论在概念领域的贡献。

一些黑人心理学家已经意识到经验主义范式在理论化黑人精神生活可能性方面的制约作用，因此想在非洲哲学中寻找可替代的指示物。在这里也已经假定有可能存在一种思想和价值观（非洲世界观）的单一组合，黑人心理学由此得以诞生。事实上，人们就是否存在一个单一“非洲”的哲学概念争论激烈，这主要发生在以非洲为中心的黑人知识分子移民群体学校中，因为在他们看来非洲中心主义是对欧洲中心主义和种族主义合乎逻辑的回答。总的来说，很清楚的一点是，非洲和欧洲中心论哲学都假设哲学世界是以种族划分的。因此他们拒绝承认由文化、基因、地理位置和除此之外许多其他因素的单向交流所预示的旧的分类方式。这些交流创造了一个流通和多样的后殖民世界，使当代欧洲（或非洲、亚洲等）的成果体现出世界各地的文化和心理学特征。

在这种情况下，后结构主义的出现并非偶然，它使我们摆脱了由一个帝国主义世界秩序引发的大理论暴政，为解决当代社会现实的复杂性提供了新的途径。我认为，无论是欧洲中心哲学、非洲中心哲学，还是任何其他种族或民族的哲学都无法承受后结构主义和庞大旧参考框架瓦解所预示的范式转变，这一瓦解，预示着我们在20世纪末进入了后殖民时代。

在先前章节中讨论的他者心理学话语，可以通过对其历史地位（在奴隶制、殖民主义和种族主义的背景下，以及这三种制度的理论与实践中的根植性）的理解得以很好的掌握。换句话说，现代主义和前女性主义是心理理论的话语条件。

为了使理论突破这一点，我继续前行，不再着眼于黑人主体的心理学结构，而是试图利用一些女性主义和后结构主义的思想见解来发展主体性理论。为此，我使用了英国黑人女性之间的讨论摘要，以形成理论。我引用了黑人女性之间的社交片段，用这些来论证个体意识发源于集体历史与个人经验之间的共振；主体性的发展过程实际上是各种话语位置之间的一个运动过程，而这些话语位置是否可用取决于个人的经验、生活环境和想象力。

我运用的不是一个正统的心理学研究方法。与声称距离感和客观性不同，我是以一名研究人员和参与研究的社会群体成员身份来陈述自己的观点的。我没有否认自己的个人特点，在发起对话和分析他人的过程中区分了自己与参与研究过程的那些人之间的相似点与不同之处。我分析的第一个层次涉及识别和描述话语，并在其中找出个人主体性片段。这帮助我完成了确立主体性理论的目标，即将其视为是动态且多样的，在特定社会和历史中生成的。更特别的是，我通过一系列描绘，论证了英国黑人女性是如何不自在地受殖民和种族主义话语传统的摆布，而这些是她们如今正在抵制的，以支持黑人激进的女性主义话语。

正是意识中的这种转变，为黑人女性运动表达和传播的追求提供了支持，这一运动对我的研究思路及包含我自己在内的研究参与者的主体性影响很大。在第一章中，我介绍了这一运动，因为它是这项研究的社会背景。我对黑人女性变化主体的测试表明，这是一个个人变化与社会变化相结合的运动。个人变化因矛盾和不公的经历而产生，社会变化则伴随着殖民秩序的消亡和民族主义及黑人激进主义的各种表达而出现。

将这种话语分析方法作为展示主体性社会历史建构的一种手段加以发展和应用之后，我转而考虑个人历史和个人关系在个人主体性产生方面发挥的作用。为此我分析了莫娜对其生活、人际关系和个人身份的叙述。在断定这与她从殖民融合论观点到黑人激进话语观点的转变相关之后，在第七章，我思考了其身份中的个人关系，以验证种族主义主体性心理动力学方面的一些理论。这里身处矛盾和压迫性体制中的情感后果变得更加明显，作为黑人和女性的焦虑及不适感，使个体寻求、占据新的地位。我表明了一个观点，即主体性是心理动力学的也是话语层面的。

我的结论是，对由此及彼话语位置的转移和心理变化过程，最好的理解是，它们同时发生，不可分离。这样，主体过程就被认定为同时与社会历史和内心相关。这是一个很难把握的想法，通过某些衔接概念来理解它也许会更容易些。如此描述，不是因为它们弥补了两个独立层面（个人和社会）之间的差距，而是因为它们使我们能够从一个层面联想到另一个。将二者作为主要的概念工具，是我们获得理解的关键，这种理解超越了二元对立并使其变得多余。

位置性是第一个这样的概念。我已经提出了主体性是个人可达到的一切位置总和的概念：这些位置既是心理动力学的，也是话语层面的。参照其个人和集体历史，主体性研究可以通过描绘个人所占据的任何位置来进行。在这项研究中我记录了大量黑人女性从殖民融合话语立场到黑人激进话语立场的转变过程，接着具体探索了发生在某一个人身上的相应心理变化过程。

第二个衔接概念是活动性，我借此指代源于投射过程的内心变化及因个人话语立场变化而出现的社会运动与文化变化。当许多个体经历类似的变化时，新的话语便会产生，成为集体经历。如果越来越多的人把它作为自己的立场并参与其中，或者说拥有共同的愿景，那么任意给定的话语都能赢得社会力量。另外，话语的重要性可能会减少，关联度降低，原因很简单，对于人们而言它们缺乏意义，所以不会被采纳，不会被集体化。在这一特殊研究中，我们看到黑人女性因黑人激进立场而舍弃了殖民融合主义观点，以新的女性概念注入和丰富了黑人激进立场。

根据这一方法，个人和社会的变化是一致的，因为心灵和话语事件产生了共鸣。当这样的共鸣发生时，它们被体验为顿悟的突然闪现，或作为原始事件，然后重塑个人的主体性和经验。这样，我们就能够从非二元论的角度将主体性理解成是循环再生的，而不是两种低层次存在的互动。

**其他后殖民时代的主体性**

我不明白为什么这里开发的方法和途径不能应用于其他社会集群和主体的调查。尽管种族和性别是这个特殊分析的主要趋向性，人们同样可以以阶级、性特征、民族性、宗教或其他任何主要的差异变量为出发点来研究世界上任一地域产生的主体性。例如，在西欧，人们可以用类似的方法来确立黑人男性特质或白人女性特质的理论。最近，泛欧洲主义的出现及微民族主义和种族主义的中兴可以在欧盟宪法（现在称之为“欧洲壁垒”比较恰当）和政治变革的背景下进行研究。

在前殖民地也存在着主体问题。更早之前的民族主义运动和浓缩在独立国家非洲个性或新男性女性公民概念中的激进想法，在非洲社会和政治背景下，不是被遗弃，就是发生了深刻的变化。在后殖民时代的非洲或加勒比地区的（或关于这一问题的其他的）国家出现了什么样的主体？种族和性别比喻延续或被其他类别取代的程度如何？例如，今天的尼日利亚人，主要是民族化的主体，还是受穆斯林和基督教影响了的主体，或者，受殖民分析师推崇的“部落范式”在当代社会和政治生活中是否还行得通？

在加勒比地区，也许能取得成效的是，记述该地区整个主体而非孤立个体的出现，检测肤色主义在欧洲殖民主义者离开后的几十年里克服、改变或继续占据人们意识的程度。

在每一个可能的背景下，主体性的性别因素都值得研究和记录。人们可能会在性别化的主体方面提出一些新的问题。与军事独裁相比，做一名多党派背景下的女性意味着什么？军事化是如何影响一个国家人口中的男性特质的？国家独立甚至是民主化，在何种程度上受到女性及其性别化主体情况剧烈变化的影响？如果存在着新非洲女性，那么也会有“新男性”吗？我们如何能确保过去的暴行被成功瓦解，来为新主体、新社会运动和新社会秩序的出现创造话语空间？

简而言之，现在的问题和以前一样多，但是我们已经掌握了一种可以和他们交流的全新语言，一种希望能够对我们自己和我们在这个世界上的定位产生新的洞察和理解的语言。

/

# 附 录

录音转写（录音时长45分钟）

A　即阿米娜（Amina）

M　即莫娜（Mona）

A　你在哪儿长大？你是在这里出生的吗？

M　是的，我出生在这里——蒙菲尔德（Munfield）。

A　那你的父亲母亲呢——他们是哪里人？

M　他们是牙买加圣伊丽莎白人。

A　他们俩来自同一个城镇、同一个村子？

M　是的，同一个地方。他们的关系——我想是远亲——是较远的表兄妹之类的。

A　然后他们就到这里来了——远在你出生之前来的吧？

M　也不尽然……

A　是什么——促使他们过来的呢？

M　他们是来工作并且……

A　……常见的那些原因吧？

M　是的，常见的原因。他们来的时间……我的姐姐是1957年出生的，那么他们大概是1954年来的——具体时间我记不清楚了。

A　哦——是那一代人。

M　是的（笑）——你懂的。

A　相当符合标准……你几岁？——和我差不多年龄吗？

M　26岁。

A　咱俩同龄。那么，你在蒙菲尔德长大，上学，所有的事情都在那里经历吧？

M　我19岁那年离开蒙菲尔德了。

A　那就是你来到伦敦的时间？

M　是的，就到伦敦来了。

A　自那以后你就一直在伦敦了吗？

M　嗯，在这儿7年了。

A　那么是什么促使你到伦敦来的？

M　唉，是……（叹气）是我表妹，她正要来伦敦……她打算去上北伦敦工艺专科学校，但是这取决于她是否具备甲级考试证书，是吧？

A　是的。

M　那时，她对我提起了这事，我说：啊，那么我和你一起去。你知道，我那时心情真的烦闷。

A　知道。

M　（叹气）我不能说是沮丧……但是……某种程度上说确实如此。那时我常常说我自己如同行尸走肉，过着那种生活，就像已经死去一样，你懂的。

A　理解。

M　那时我每天出去工作，然后回家，盯着电视机，第二天一早起床又去工作——日复一日，同样的事情，你明白吗？

A　明白。

M　然后，听到表妹说要去伦敦，我想——我就直说了——我和你一起去。你懂的。

A　嗯。

M　但是接下来发生的是——她没有拿到甲级考试证书，因此她不能上那所大学，然后，她遇到了一个男人，她决定就和他生活在一起。我想，啊，我只想走。因为一旦这个想法进入我的头脑，我就对自己说，不，我再也不想待在蒙菲尔德了。因此，我来到了这里。

A　一个人来的？

M 是的。

A 那，蒙菲尔德怎么样？我奶奶是北约克郡人——就在那一带——蒙菲尔德怎么样呀？是不是很小——那里是不是有黑人社区？

M 是很小，不过有很大的黑人社区……

A 噢。

M 很多人来自牙买加同一个地区——很多——我想主要是牙买加人，嗯，相当——我的意思是现在有了一些改变。现在像一个城市，过去是个社区，也有很大的亚洲人社区。

A 哦。

M 并且它——你知道的——非常沉闷。那里没有什么就业机会。养育孩子却是个好地方。

A 哦。

M 这就是我对蒙菲尔德一直以来的看法，因为你知道——人们非常友好——我说现在改变了一些，变得越来越大，越来越城市化，但是它……我不知道……怎么说才好。它就是有些死气沉沉，对年轻人来说没有很多发展机会，你知道，从政治角度说我认为它没有任何前途——我觉得来到伦敦以后我学到了很多。

A 是的。

M 因为我之前根本不懂政治，嗯……

A 听起来和我相似，因为我出生在这里——我很小的时候去了尼日利亚，但我在肯特长大——在肯特根本没有黑人社区，所以我生活在……我是寄宿的，但有外婆，外婆是英国人，由她照看我。所以，嗯——你说你在黑人社区长大？

M 是的，我在黑人社区长大。是的——主要是——我的家庭里都是黑人。当然，我去上学后学校里有许多白人——白人孩子，但我是——如我所指——哦，你说的是小学、中学还是……

A 是……中学以上。

M 中学，非常有趣，因为，嗯……因为我没有通过11+考试。

A 噢。

M 但是我是没有通过11+考试的学生中成绩较好的一个，接着学校就组织了综合考试，嗯，有点难，因为我班上真的没有几个黑人孩子。你知道，我指的是我们就像……为中等教育证书备考对于我来说就是浪费时间，因为，除非你能获得一级证书——不是每个人都可以获得一级证书的，然后，你懂的——不值得那么全力以赴。

A 嗯。

M 嗯——但是我喜欢待在学校——我最好的朋友是印度人，曼基·辛格（Manjit Singh），我一直记得她和玛格丽特·贝利（Margaret Bailey），还有贝弗利·琼斯（Beverly Jones）。玛格丽特·贝利是黑人——我得说，她是黑人，但贝弗利·琼斯，是白人。

A 噢。

M 所以我的两个闺密是黑人，还有一个白人，但她更像是个黑人，从某个角度。她经常和黑人男生出去玩，与黑人接触，尽管她的父母不喜欢……但是……你懂的。

A 那么，当你在那里长大，你想过没有——你的脑海里有没有想到过种族，想到过自己是黑人等诸如此类的事情?

M 想过——我自称是黑人，但是那时候的视角和现在不一样，如果你能明白我的意思。

M 嗯。

M 因为我一直认为自己是黑人，对吧?但是，我不懂种族主义，真的。我只是想——你是黑人——离开学校时，就会回到黑人身边，回到自己的黑人社区。我真的和白人接触不多，而在学校……说实话，在学校我从没有和白人有过多少交往，因为……我不知道为什么会是这样。我仅仅有自己的朋友——就像他们所说的，我最好的朋友。嗯……

A 那么你从来没有身处这种情况——（在一个群体中）唯一的一个黑人?

M 哦，是的，从来没有。我的确注意到了所有黑人都处于较低的阶层中。

A 是啊。

M　我始终记得一个黑人老师说过“你现在是在英国，在这里你不说方言”（模仿她的老师）。我一直记得，所以我认为在某种程度上我意识到了种族主义，但在那时候我并非真正——

A　不是所谓的理解种族主义。听上去和我相似。我以前也根本不把这当作政治。这仅仅是——我妈妈过去常说“偏见”——这意味着他们无知。他们（阿米娜的父母）觉得你没有必要特别去应对这事。这仅仅是，生活的一部分。

M　哦，是的，我觉得这只不过是生活的一部分。我知道，我确实记得一些事情，在白人面前我过去常常感到羞愧，因为身为黑人。我想这种感受真的很普遍。

A　是啊，我认为我们绝大多数黑人有这种感受。

M　是的，有些事情我过去深感羞耻。比如当时玛格丽特常来我家玩，看看我是否在吃山药和香蕉。实际上这是一个谎言，因为我从来没有真的吃它们——我们只是在房子里种着，虽然我爸爸会吃。我的意思是我喜欢吃饺子，但我从来没有吃山药、佛手瓜或任何其他类似的东西，因为上学时你吃的是白人食物而且以一种方式……你知道，我们的食物不像现在那么受欢迎。

A　是的。

M　而且，过去当我的白人朋友们来的时候，我常常——哦，上帝，赶紧把食物藏起来！哦，这些愚蠢的小东西。而且我想要——每个人都想要长长的、飘逸的头发（笑起来）。

A 是呢。

M 还有一件同样陈旧的标志性事件——你知道的——我和很多人进行了这段对话，发现每个人都有类似的遭遇。

A 那么你拉直头发或者做头发了吗？

M 我曾经用一把热的梳子烫我的头发，但从来没有真正喜欢直发，我以前只是把我的头发理顺，让它不是太粗硬，但不会真的把它拉直。我从不喜欢那样。

A 哦。你的父母——你回到过牙买加吗？

M 从来没有。

A 从来没有回去过。

M 我希望有点钱之后可以回去看看。

A 你仍然——你还没有去过牙买加？

M 从来没有。

A 你父母是否经常谈到它，或者……

M 没有，真的没有。仅仅在有人来坐坐，聊起达艮山（Duggenhill）和莫兰特海湾（Morant Bay）的时候他们才有些怀旧，但是如果我试图和他们谈论——说说牙买加，牙买加大概怎样——他们就不……出于某种原因他们不希望我了解。我不知道是什么原因。也就在最近，我变得对政治有点了解了——因为时间的流逝——我真的想了解牙买加。

A 嗯。

M　我不想——我的意思是不想了解某些事情——我真的不想知道很多政治方面的事情，对吧？

A　嗯。

M　仅仅想了解一下基本事实，比如他们出去后做了什么，并且——就是那些简单的事情，你从中可以了解到很多东西。比方说，他们对孩子们哼唱的摇篮曲此类的东西。就是这些基本内容我觉得自己错过了，古老的谚语、民间故事等这些东西。

A　为什么你认为父母亲没有那么热切地想把你培养成牙买加人呢？他们打算住在这里，还是想回到牙买加？

M　我知道目前他们不会回去。但是我不知道——就像我说的，他们不想谈论这事儿。比较有意思。我想他们已经被“洗”得很白了，他们认为白人的一切都很好，诸如此类的观点。有点儿把所有的过去都撇开的意思。

A　所以他们希望你像英国人一样长大。

M　是的。我只是不……我的意思是我想和他们谈谈，但是他们似乎不想和我谈。他们只是不断对我说：“玛丽，你为啥纠缠不休地想了解那些黑人的事情？”这就是我得到的答案。但我试了好多次，在过去，甚至在刚刚过去的圣诞节——就是几周前我回家的时候，我爸爸说：“哦，玛丽，放下那一切吧——你应该跟随时代的步伐。”他们还在使用带有种族歧视的言语，无论我对他们怎么说，他们仍旧使用“有色的”这样的词语。

A 哦。

M 他们对黑人青年的印象不好，认为拉斯塔（Rasta）令人讨厌——很多诸如此类的老话……

A 是的，很多人的父母都这样。有些人不这样，但是很多人说他们的父母不改变——他们不愿意接纳，这是因为他们没有朝某个……方向前进。

M 我想他们仅仅这么想：在牙买加生活艰难，他们为了更好地生活，为了孩子来到英国，他们想把过去的一切丢到脑后。因为他们认为我想往后走，在倒退（所以不告诉我过去的事）。但是同时他们不希望我和——有一次妈妈对我说如果我嫁给了白人他们就不认我。所以这又似乎是个矛盾。我——从很多方面看，我就一直生活在矛盾之中。

A 是的。

M 这就像在家一个样，出门另一个样。（门铃响起，莫娜走回房间）抱歉。

A 是啊。所以当你……你认为来到伦敦改变了你对事物的许多看法。

M 不是马上改变的，但，是的，大约几年之后，我得这么说。

A 哦。你认为这是什么原因导致的？因为遇到的人或者交往过的人，还是……？

M　嗯。

A　或者某种情境，或者……？

M　是的，主要是人。我在——我在现在的工作中受人影响。当我第一次来到……我从蒙菲尔德来到伦敦，在GPO工作。

A　哦。

M　我做数据处理，是的。

A　哦。

M　还有某些人。这些我过去有过接触的人有点——我曾经一度憎恨女性。

A　是吗？

M　我确实曾经憎恨她们。她们曾经非常让我心烦！我告诉你，因为她们曾经啥也不做，只是嚼舌根，嚼舌根，嚼舌根。（笑起来）你明白吗？

A　明白。

M　记得我在蒙菲尔德工作时曾经在一个办公室工作，那里至少有200名妇女。

A　哦。

M　我曾经几次气得发狂！她们只会嚼舌根。后来在伦敦附近，在一个，就像蒙菲尔德的那种开放式办公室工作，周围都是这样的女性，唯一的男性是老板。

A　哦。

M 非常典型，对吧？到了伦敦之后，我工作在一个小一点的办公室，嗯，一个注册登记处，处理个人档案，办公室里有两个人，我负责另一个人交手的事务，也遇到很多人——有邮差——他们也很八卦！你知道，就像——我不是生来被人说长道短的，对吧？我觉得这点我随了我妈妈。

A 哦。

M 我也会和朋友一起八卦——但你知道，都是最亲密的朋友——不会去说别人的长短。所以呀，她们真的会把人逼疯。后来有一天我说我要离开，因为我受够了。因为——我知道——我不知道我要什么，但是我知道那时的一切不是我想要的。

A 嗯。

M 因为那些人，我的意思是，她们年龄也比我大多了。我只有19岁，而她们——我想也许莎拉（Sarah）年龄最小，或者她们中另外一个——还有一个28岁，但是她对我来说有38岁，因为她们的外表实在显老。

A 啊，她结婚成家了吗？

M 是的，结婚成家了，所以她们整天看到、聊起的都是那些话题。嗯……我不喜欢那些东西。现在我也不能说那些人影响了我很多，除了我真的不想待在那里，所以我就……有一天，某件事突然触动了我，就那么巧，于是我来到工作的地方，说："今天起我打算辞职了。"因为我已经——我一周领一次薪水，对吧？我知道一周之后我才能离开，于是——因为你只需要提前一周给出通知，所以我对她们说："今天起我要走了。"

A　哦。

M　她们全都……是这样，我的意思是我在邮局已经工作了5年，从没得到过晋升。在蒙菲尔德我可以理解，因为那里没有发展机会。但是当我来到伦敦，发现处处是这种不实的承诺，比如，你会得到提升，这呀，那呀，等等。我参加了考试并且通过了——之前我是文书助理，考试过关之后我就是文书官。但是我没有得到这样的工作。于是我仍旧日复一日做着相同的枯燥的事情，我——你知道——在伦敦我就这样停滞了整整一年半，然后，我下定了决心，那，前面一定有比这更好的生活。

A　同样的情况。

M　因为我不像其他许多来自蒙菲尔德或其他地方的人一样充满幻想，是吧？我只能说说蒙菲尔德因为那里是我真正有所了解的地方。

A　嗯。

M　他们往往这么想，诸如"哦，伦敦，大城市——明亮的灯火，你可以走上街头，兴高采烈"。这些想法很有趣吧，但是我不这样想——这些念头从来没有进入我的脑海。因为从十三四岁起，我就在叔叔的俱乐部里干活了——我对热闹的生活习惯已久，因为我经历过啦。

A 哦。

M 所以这不是什么大不了的事情。

A 那么你离开以后做了什么?

M (叹口气，笑了笑)我失业了。不，然后我去了……哦，我没有失业，因为我不是没有事做，对吧?

A 对。

M 那时我的生活非常糟糕，喔，天哪。然后我就去了就业机构，你可以想象，有点类似于售卖了自己。

A 那时你住在伦敦哪里呢?

M 哦，说来话长。当我第一次来伦敦时，我曾经流落在街头——就在南菲尔德巷不远，对吧?

A 哦。

M 那又是一个故事了，是吧?因为，当我，到了这里，住在一个女士——班顿(Bunton)太太的家里。我都不记得我是怎么度过头6个月的了。这可真是一件值得自豪的事。从我的自豪上，是的，我不是那种……我的爸爸妈妈和我之间在这事上没有什么分歧。

A 哦。

M 我的意思是——这里——一切还好。我妈妈不敢相信我真的要走。因为她不想我走，她在我走之前3个月没有和我说话。不过我和她关系一直很好。然后我就来和班顿太太住在一起，她的……屋里还有一个男人，我不记得他的名字了，他是个很不错的人——大概65岁——他是唯一一个让我觉得神清气爽的人。我们常常一起喝朗姆酒或者别的什么，他给我讲很多故事。

A　啥——他是英国人，还是牙买加人？

M　牙买加人——米萨·比尔（拍手）！这就是他的名字。他是我的一个叔叔还是一个堂兄——和我的另一个堂兄有关系，因为我有两对堂兄弟表兄弟——不，三对，住在伦敦，但是我和他们不熟——他们对我来说是陌生人，不过通过那次联系，我喜欢上了那座房子。

A　那座房子，哦。

M　第一天我妈妈和妹妹陪我一起来的，是个星期六，她们原来打算住到星期一，没错吧？但是当她们看到我的住处之后，第二天就回去了。（大笑）我简直不敢相信，我有一个单独的房间，而且老太太——这实实在在是个黑人家庭，班顿太太是黑人，她有个女儿名叫卡萝尔。

A　哦。

M　是叫卡萝尔吧？她曾经差一点把我逼疯。每一天她都叫喊我的名字。但我想因为我还年轻——她12岁，我19岁，嗯——她妈妈40多岁，所以我对她（卡萝尔）而言很年轻。

A　嗯。

M　她总想和我说话，一开始我觉得很好，因为我不认识任何人，所以就让她叫吧，但后来，她让我神经紧张。还有，我晚上必须9点前回来，你明白吧？所有与此类似的事情。我房间里没有电水壶，因为蒸汽会熏坏墙纸。她把塑料壶放在床上，所以床单就……

A　哦，天哪！

M　头6个月日子真是难熬。

A　是啊。

M　记得有一次妈妈打电话过来，喔，天啊！天知道……因为妈妈从没有给我打过电话，而且又因为我（不听她的话）离开家，但她决定打电话进来。第一次听到妈妈的声音，哦——我哭了将近3个小时，我那么（大笑）——当时情况真的不好，因为我孤孤单单——我真的不认识任何人。

A　打电话时向家里哭诉。

M　是啊——是的。只有我一个人——一间屋子。在家里我更自由自在。

A　是啊。

M　我是说——19岁的年龄，每晚必须9点前回来。

A　好呀，听上去像个学校。

M　令人害怕。因为在蒙菲尔德，我……如我前面所说我14岁开始在叔叔的俱乐部里做了几年，已经习惯了凌晨2点以后回家——因为2点钟俱乐部打烊，那个时间我们已经打扫拾掇好一切，然后出来，回家。和现在完全不一样，必须那么早回来……

A　是啊。

M　好像我又在倒退。我开始打算另找住处，花多少钱都乐意。正巧，我遇到了一个朋友琼·贝利（Jean Bailey），她的姐姐是我在学校里最好的朋友之一——记得我说过有个叫玛格丽特的黑人女孩吗？哈，那是她姐姐。她（琼·贝利）和我妹妹同班，我8岁就认识她了。我回到蒙菲尔德，只是回去看看，恰好遇到琼，她告诉我："哈，我也恰好住在伦敦。"于是我问她住在哪里，她告诉我住在旺兹沃思（Wandsworth），我说我住在贝尔汉姆（Balham），离贝尔汉姆街不远，她说："哦，就在我附近！"我太高兴了！她和另外3人共用这套公寓，于是每个周末，我就——我得说感谢上帝把琼带到我身边，因为如果没有琼，我想我现在早就垮了。每个周末我都去她那里，真的非常开心。

A　好，真好。

M　这样我清醒了很多，直到我找到一个新住处。接下来……有两个和她（琼）同住的人搬走了，于是我搬进来和她住在了一起。后来我们收到了离开通知——我们没有被驱逐，但是我们称这个为"许可证"，他们说我们的"许可证"到期了。

A　哦。

M　因此我们不得不另找住处。我在邮局工作的时候曾被要求把名字写在局管委会等候名单上，于是我跑到管委会去骚扰他们。

到那个时候我才知道如何骚扰别人。(笑)

A 嗯。

M 我得到了一套管委会分配的公寓，在那里住了5年，之后搬到这里。

A 哦。

M 不过这不是你原来想问我的问题。我想想……嗯……什么时候起我可以说真正受到了影响？我想从某种意义上说我是受到了琼的影响。

A 哦。

M 当我来伦敦时，她在上大学——她的朋友就成了我的朋友，是吧？

A 哦。

M 因为我真的没有别的朋友。

A 当然。

M 因为，尽管我个性相当开朗，我仍旧——因为我不会走到邻居家说："我是玛丽，你叫什么名字呀？"我不会那么说，我不是那种人。不过有一阵子我觉得和琼的朋友也有距离，我感觉到缺失一些东西。

A 哦。

M 因为她们不是我真正意义上的朋友。我的意思是：她们有点儿像二手的朋友，虽然有好几个我至今和她们有交往……但是，嗯……那时候我的生活中有许多白人。因为就像琼的朋友，在大学里黑人学生不太多，所以……她的很多朋友都是白人，也就成了我的朋友，是吧？

A 嗯。

M 因此……我想……我变得对白人越来越大方友好了。因为我来自一个非常强大的黑人社区，那里白人很少出现在我们的社交生活中，是吧？在我的工作中有接触，但是仅此而已，下班后我看不到他们，也没有任何联系。后来就到了伦敦——从哪方面说琼都有点像白人。

A 哦。

M 我不知道你们是否使用相同的称谓。比方说我们称呼她们为白人化的黑人。

A 是的，也用。

M 比如她的姐姐玛格丽特——我无法再把她联系起来，她嫁给了白人——我不是说这事……这事仅此而已，但就像——她和我过去认识的她不一样了，我不能……

A 理解。

M 我意识到，也许我可以做点更好的事情。于是我开始加入志愿者工作——基本上没有任何报酬但是我不能抱怨。

A 嗯。

M 在某一点上看（叹口气），我有了这份临时保姆的工作。

我曾经在早上6点起床，然后直接去斯特普尼（Stepney），8点半到那里，下班后回来——6点45分左右到家，那个男人会在我家门口，接上我，带我去做保姆。有时凌晨3点左右我回来，然后第二天一早我又开始做相同的工作——6点起床——仅仅勉强维持生活。相当艰苦。现在和过去比起来好了很多。起初真的非常艰难。仅仅为了支付生活花销……因为很明显作为一个文书助理——在斯特普尼我是个文书助理——收入很少。路费要5英镑，7年前这是一笔不小的开销。加上薪水……我记不清我的总收入了，但是实在不多。另外我还得每月支付40多英镑的房租，这是我住在管委会公寓的费用——加上供暖费等开支。

A 哦。

M 所以……我认为我根本没有时间像今天这样受人影响。

A 是啊。

M 不过保罗（Paul）——我认为保罗对我影响很大——马林（Marlene）和欧内斯特（Ernest）——有两个马林，大马林和小马林，他们也以一定的方式对我产生了影响。

A 哦。

M 但同时我开始认识这些过去住在我隔壁的人了——他们也都是白人。他们——

A 他们多数是白人吗？

M 是的。于是，从某种程度上说我——理解我的意思——我理解了种族主义的基本概念，比如我知道了黑人找不到工作是因为该死的黑皮肤，还有住房等这样的困难。但是那时我没有意识到这个有多深刻，我仅仅想，这些都是我的朋友，我没有别的朋友，有朋友总比没有朋友强吧，你能理解吗？

A　是的。

M　那就是我当时的感觉……我想直到那时我才意识到吧。因为当你独自一人在伦敦，生活不容易，是吧？

A　是的。

M　他们把我排除在现实之外，因为他们是我的朋友，他们都是好人。那就是我可以看到的一切……

A　那么现实什么时候走近了你？

M　实际上不是多么久远之前——我认为不是。通过和埃罗尔（Errol）这样的朋友聊天，他是黑人——是琼的一个朋友——这事开始击中了我。但是此事实实在在地、狠狠地击中我是在我组建黑人女性团体的时候，那时我接触到了明显的种族歧视。

A　哦，是在克拉珀姆（Clapham）那个吗？

M　是……那是一个……关于……

A　是的。哦，那是我第一次遇见你的时候。

M　对的。你知道，因为……当我第一次组建团体——我说了我想组建一个女性团体，对吧？

A　是的。

M　不，我撒谎了，让我回到——更久远一点——我想我比这还早就受到影响了。这不过是实实在在地触动了我，但实际上我比这还早就有意识了。当时我在志愿者办事处工作。

A　那是怎样的志愿者工作？

M　哦，实际上我的工作有报酬，我要做的是召集志愿者为社区某些部门服务，如帮助儿童之家和残疾人之家，为老年人等人群服务，类似的事情。那里有位叫扬（Jan）的女人，是我的老板，她非常讲政治。

A　哦。

M　特别在女性问题上。

A　她是英国人吗？

M　是的。我们曾经讨论过……黑人的事情和……等一等，我想想……让我把这些事情捋一捋。那个时候我有一堆的事情要做。想起来了，因为常做志愿者工作，最多的是年轻人的工作，我还在做失去关爱孩童的志愿工作——这就是我那时要做的各种事情。我想把这些事情排个时间先后……哦，我想甚至——实际上比那还早。哦，天——我从来没有想过这事！但甚至比那还早我就……是的！

A　是啊，只有当你开始回忆的时候，过去的事情才都开始进入脑海。

M　千真万确！在那之前我就在做关爱孤儿的工作，那里有两个混血孩子，是吧？

A　哦。

M　其中一个坚定地认为自己是白人。他看上去不是白人，但是他在儿童福利院长大——他实际上不愿意自称是黑人。除了我，他甚至不喜欢黑人朋友，因为他……

A　是的，我也一样，我还是学生时去儿童福利院做过志愿工作，那里给我印象深刻。

M　是呢。

A　我到贝克斯利·希斯（Bexley Heath）的儿童之家，那里都是这样的混血儿，当然我自己也是混血儿……但是他们完全不同，他们一个劲儿刮擦皮肤，不知道他们自己是黑人，或者自己来自哪里……

M　是的！

A　这就是让我吃惊的地方。

M　是的，也就在那个时候——我想我大概20岁。4年，快5年前了，那时我有点意识到了。主要是彼得（Pete）——彼得和戴维（David）。彼得是那么反感黑人——

A　嗯。

M　他总对我说黑人是多么可怕。如果你不小心踩到他们的脚趾，他们会转身用刀捅向你——诸如此类的东西。

A　哦。

M 从那以后，我试图说服他，比如黑人也是好人，你得对自己的身份有个肯定的认识——不管你说什么，你都是黑人。

A 这个男孩怎样？彼得怎样？

M 彼得是个混血儿，一半英国人一半是哪里呢……说起来，我甚至想他也不知道父亲是谁。我不确定他另一半是牙买加还是尼日利亚。我想或许是尼日利亚。

A 他也在其中一所儿童福利院吗？

M 是的。他从2岁起就待在福利院。儿童福利院有这个规矩，当孩子们到了一定年龄就……他们过去就这样做，一旦你到了18岁，他们仅提供住宿和早饭——这就是彼得以前住的地方。或者孩子们会离开，福利院不再提供任何帮助。我的意思是除了在儿童福利院长大，你什么也没有学会——他们不教给你任何东西，对吧？

A 嗯。

M 那时管委会在执行一个计划：几个孩子分享一套公寓。但是他们成长的条件有限，他们需要帮助。于是我来到了这里。我带着他们去商场。他们真的，对现实生活一无所知。

A 是的，是的。

M 因为他们得到了这么多钱——大约200镑，可以购买家居用品之类的东西——他们说："噢耶，我想要深色的绒毛地毯，所有那些很棒的东西。"

A （笑）

M 我说："嗨，生活不是那样过的。"

A 是啊。

M 你得懂得钱不能乱花，所以……他们根本不相信我，于是我买了铅笔和白纸，仅仅带着他们逛逛商店——回来时他们简直失望透顶。

A 哦。

M 你明白吗？

A 明白。

M 就是——那种现实击中了我，你知道，在儿童福利院的方方面面。他们应该教给孩子们更多，而不仅仅是提供最基本的生活。而且，你知道吗，特别是彼得对自己的身份认同问题。因为这个家伙（笑了笑）……我的意思是当你看着他——显而易见他是个黑人。但是他竭力否认，他不愿意和黑人们住在一起。这样那样，种种表现。

A 哦。

M 所以我觉得自己是从那时开始意识到种族问题有多么真切。但是在蒙菲尔德我甚至不知道什么是社工。就像此刻，我可以从头脑中取出这么多关于这个话题的实例，不过我仅仅听说过名称。就像在蒙菲尔德的许多事，你听说了名称，但是——我很尊敬警察——在蒙菲尔德！因为你是知道的，我生活在那么闭塞的社区，周围的事情是如此……微妙。

A 它们可能不同。

M 是的，你说的对。

A 是啊，就像我来到伦敦，之前我在肯特，在苏格兰，然后我和你差不多年龄来到伦敦，住在伦敦南部，也做过类似的事情。我和其他白人一起住在一个房子里，他们是英国人，来自布里克斯顿（Brixton）。于是我在日常生活中接触到了他们，之后我开始了认真思考。

M 哦，嗯。

A 在我的家庭里，我自然没有这些念头。我的意思是我被告知自己是尼日利亚人，这没什么错，但是妈妈说我是英国人——不是黑人。她用了一个词“有色的”。我外婆当然是——她是约克郡人——“这些有色人种”，她是个真正的种族主义者，但是——我不是——我是她女儿的孩子。

M 是的，事实如此。

A 我是她的外孙女，我们相处得很好，至今如此。但是她的种族主义态度很典型。

M 是吗，现在有所改变吗？

A 没，没有多少改变。所以我不是一边成长一边思考——我是黑人我很自豪——我小时候没有看到种族问题，或者没有把它当作一个问题。

M　是啊。

A　只是我到了这儿以后……所以是相同的事——非常相似……

M　是的，同样的事情我也经历了。那时……是的，我想我是……当我开始仔细思考这件事情时……哦，是，当然！当时我碰到了这个黑人男孩就这么对待福利院里的其他孩子。你知道，我几乎已经忘记了所有这一切！现在它们重新回到我脑海，好神奇呀！是的，我正和那本书扯上关系。那个时候我正做着那么多的事情，比如我正在青年俱乐部工作，做着企划，还有其他工作和——我还做着什么呢？——保姆工作，那时我仍旧没什么钱。所以我想我在某种程度上受到了这种状况的影响，但——我什么——我觉得那时候我没有意识到。

A　嗯嗯。

M　我想我是刚才意识到的——它确实影响到我了。之后我回到了志愿服务处。我觉得自己对女性问题更感兴趣了。

A　哦。

M　是因为那位女性的影响，她非常讲政治，她甚至令我精神紧张。

A　什么？非常典型的女权主义者？

M　是的，非常坚定的女权主义者。

A　哦。

M 我的意思是，记得有时候她令我紧张，比方她常说“这些家伙”（怒气冲冲）。她对我也生气，比如我从不反对这些男人，我总是认为自己是女性而不愿提升自己的能力，等等。

A 哦。

M 就是我从不给自己贴上女性主义者的标签。

A 嗯嗯。

M 我至今认为我不是女性主义者。

A 嗯嗯。

M 我不知道——这个称谓有点含义，我觉得它不太适用于黑人。我认为它绝不是为黑人设计的，尽管许多人不会同意这个观点。

A 嗯。

M 但这是我个人的感觉，所以我自己从不用这个称谓。嗯，我的意思是，我是完全——

A 为什么你不认为它……是什么使得你那样思考这个词语？

M 我认为它是白人中产阶级女性主义者设计的。白人中产阶级女性，对吧？

A 哦，嗯。

M 能理解吗？所以我想，除非我们一开始也在相同的起点上，参加那意识和政策等的形成过程——

A 嗯。极少数参与其中的黑人女性是某种——认同黑人身份或者任何她们——

M　嗯，是的，所以我不可能与此有任何瓜葛。尽管我同意她们的很多原则，但是我不想把自己标为这种人。

A　嗯。

M　我想黑人女性的经历大不相同。因为我从小就被教育长大要坚强。

A　嗯。

M　像我前面说的，我无法忍受（那些）女人。（笑）不过，不是我无法忍受女人，因为对我来说她们都——嗨，我在说的是白人女性。

A　哦。

M　因为她们总是假笑，我还经常听说她们挑逗男朋友。前一天晚上她们男友对她们说的每一句血腥的话及类似的话，她们都会告诉我。她们几乎让我发狂！

A　哦。

M　所以，通过这些事情，我的很多朋友都是男性。

A　哦。

M　但那时我没有意识到男人如此性别歧视。（大笑）所以——你知道——我受了影响……是的，我被影响了，我想是被男人影响了。

A　嗯。

M　但是我得承认那时我周边的男人……比如我来到伦敦，通过琼的朋友——他们考虑的都是性别歧视。他们谈论——不是像我碰到的许多黑人男性那样用那么贬损的方式——

A　哦，他们绝大多数是男性白人？

M　是的。

A　是的，他们很不一样。（大笑）他们的性别歧视很不一样。（大笑）

M　是的，所以扬——我不记得她姓什么了——她对我在女性问题上的影响很大。

A　哦。

M　因为我一直以来这么想——没有什么可以阻止我，如果我想去干什么——这就是我。但我从来不会从女性主义角度去思考它。你看，比如选择权，因为我就是这么做的。

A　是呢。

M　比如我来到伦敦，当我感觉那工作不对我就辞职走人……你知道，我在做我自己的事。我认为黑人女性从小就被教会要自强自足，是吧？因为，来伦敦——很多人会担心害怕……有的白人对我说："你能独自来伦敦，很能干。"但对我来说，这并不算什么。

A　嗯。

M　我知道怎么照顾自己。我知道怎么花钱——至少我那时是这样的——现在我不知道（该怎么用钱）了！（笑）嗯……所以对我来说，这不算什么。比如我爸爸妈妈总是说“去找份工作”。我得认识到，他们不是要我出去搬砖块，做苦力，对吧？

A　是的。

M　他们想得更多的是教师、护士等工作，同时他们确实希望我能够养活自己，自给自足。

A　养活自己，对。

M　我总是听到妈妈说“当你准备好了再要孩子”。你能明白吗？

A　明白。

M　不要草率行事。所以我认为我的爸爸妈妈对我真的有影响——嗯，他们一直影响我——很多。

A　你有兄弟姐妹吗？你说过有个妹妹吧？

M　是的，我有5个姐妹、2个兄弟。

A　五姐妹，我一个都没有。（笑）

M　是吗？我喜欢大家庭，尽管有些问题，但是我无法想象家中仅有一个孩子。我的意思是，至少——如果家中没别人的话，还有你的姐妹们。

A　是啊。

M　我的意思是在伦敦，我缺失了一样东西，有时我很想家——

A 他们（你的兄弟姐妹们）中没有一个人在这里吗?

M 一个没有。

A 都还在蒙菲尔德?

M 不，有一个在津巴布韦——

A 是吗?

M 是的，她今年5月份去的，她签了3年的合同。在此之前她在莫桑比克待了2年，所以她有点儿来来去去、总在旅行的样子……我还有——其他的现在都在德比。嗯……一个姐姐嫁给了军人，因此她也随军迁移，不过，现在她离婚了，回到了蒙菲尔德。

A 哦。她丈夫哪里人?

M 牙买加人——他的父亲是非洲人，母亲是牙买加人，不过我不知道是非洲哪里。我想，他父亲是……半非洲人，不太确定。我不喜欢说非洲人因为这听上去像是一个国家，而实际上却不是。不过我不知道他是非洲哪里人，这就是我能说的一切。他的名字叫欧内斯特——欧内斯特·鲁滨孙……实实在在一个暴力的好色之徒。幸好，他们分手了，他现在住在伦敦南菲尔德，我常常在诺丁山嘉年华上看到他。(笑)

A 哦，嗯。因此你关心起了女性问题……我们该怎么称呼它?所以什么……之后……那时你组建女性团体?

M 不，那是后来——

A 后来？

M 是的，当我在哈德森巷（Hadson Lane）社区中心工作的时候。那时候——我认为，那时我是个合适的社区工作者——

A 嗯。

M 在那之前我已经做了许多社区工作，但是——因为即便到了现在我还不够称职，所以我——我对遇到的人说我是社区工作者，但在一定程度上，如果我已经称职了，我会感觉好很多。我知道经验很重要，但是这事已经灌输在我头脑里——如果有张名片会好些，接着——我能说的是……但是，是的，就在我认为自己是社区工作者的时候。我想组建女性团体，一个像——实话实说——我必须诚实地告诉你，对吧？组建一个很棒的黑人女性团体，和政治没关系。

A 噢。你想组建黑人女性团体？

M 是的，我做到了。但我不是为了权利等。

A 你为什么说你做到了呢？

M 因为就如同我说的，我希望它是一个令人高兴的想法，而不像种族主义等与政治关联。它更像是——“哦，这个想法不好吗”——这是我真实的想法。

A 那么——怎么——把一群黑人女性聚集起来？

M 嗯，是的。没有仔细思考所有相关的可能性，尽管我知道——我确实知道——我想要它怎样。做了一些调查之后，比方与各种各样的人谈话，像萝丝（Rose）这样的人。然后我得到一些信息，因为……哦，我——我遇到那么多麻烦！

A 嗯，怎么了？

M 这就是我说过的这事令我印象深刻的原因。我受到了公然的种族歧视——而且我——管委会不支持我，他们不理解我为什么想称之为“黑人女性团体”，也许我应该取名为非洲—加勒比—亚裔女性团体。诸如此类，各种麻烦。人们把海报退还给我，我接到来电，说如果——哦，我在《时事传报》上打了广告，我确实把这事搞大了，对吧？因为我曾经在《时事传报》工作过，所以我真的把这事宣传开了——一切都是实在、真切的，除了这——这样每个人都看到了，是吧？

A 嗯。

M 我接到电话说：“如果你不把广告从《时事传报》上撤下，我就去起诉你！”

A 是吗？

M 是的——一堆麻烦事，你简直无法相信。说实话，我头都大了。真受不了，实际上没人支持我。同办公室的人……唉，可——他们都采取明哲保身的态度，没有人——我不得不——

A 我记得你提起过。

M 是的！

A 在我们第一次相遇的时候。

M　一大堆麻烦事！

A　在黑人女性中心。我猜这就是你到那里工作的原因。

M　是的，你说对了——这就是我为什么要到那里工作。去学习一些组建新团体的知识，了解其他团体，看看他们是怎么做的，了解他们集中精力做好哪块工作，等等。我一直希望我组建的团体为当地劳动妇女服务。我不希望它成为某种……高度政治化的东西。我不想疏离任何人。因为就像我现在对你所说的，即使今天我仍旧非常尊重那个团体，因为你可以看到人们——这个群体里的女性——的想法在改变。

A　哪个群体——你指在布里克斯顿吗？

M　不，在哈德森巷——尽管我没有去过那里，但上周我见到了苏珊（Susan）和伊薇特（Yvette），所以你看，这，这就如同我看到了她们大家——她们变了，态度上不同了，就像我也不一样了，对吧？

A　嗯。

M　我想这样真好。但……是的，我惹了一堆麻烦事。甚至我有——有位市政厅主管跑来见我。我居然创造了历史。（笑）

A　什么——在哈德森？（大笑）

M　是的，因为通常——

A　那里……有许多黑人生活在那里吗？

M　是的，你知道吗？请看品顿房产（Pinton　Estate）。

A　哦。我错过了那种经历，因为我接触到的第一个黑人女性团体在布里克斯顿。嗯，我最初去了白人女性团体，待了很短一段时间。

M　哦。

A　他们问我为什么没参加过黑人女性团体，因此我想，是的，我为什么呢？（笑）这事儿有趣，因为问我这个问题的是犹太人。那是在……我看见了黑人女性中心，于是我想，是啊，我去把这课补上。因此那是我遇见的第一个黑人女性团体，于是看到了组建的一些情况和你的所有广告——第一次听说此事实际上是来自你。

M　是的。

A　那里的人们谈论艰难和挣扎，已经是10年之前——组建了。

M　是的。我很高兴我做了，因为从中我学到了很多。我的意思是在那时……我真切地感觉到自己经历了艰难岁月。因为当我回到家——恰好在圣诞前，因为这个团体在11月份成立，我从10月份开始工作，11月份建立这个团体，然后——当我回家过圣诞时，我只顾蒙头大睡。

A　哦。

M　我是多么累！你知道，从始至终——比如我不得不面对管委会的发难。之后我们得到了批准。情况更糟了！（笑）简直令人害怕！我们遇到了各种各样的困难。有些女人过来——白人妇女过来打扰我们，过来售卖一些什么牌子的灯笼裤，诸如此类，像在一个议程中途——一大堆的抱怨。我不得不出去，不得不对人们说话，不得不安慰她们。甚至现在，如果我和当局者交涉，我会生气；如果我和当地社区打交道，我会坐下，解释原因，是吧？

A 嗯。

M 因此那时我甚至痛苦成那样，如今我还在做这事。比如市政厅来传唤等事情——我就是生气！我简直不想理他们。唉，实际上，那是我离开的一个原因。

A 哈德森巷吧，哦。

M 是的，因为这事情一年之后我无法接受他们的种族歧视。

A 什么？你仍然一直遭受着歧视？

M 情况不是那么糟，我的意思是……在某些方面——比如说他们根本不尊重我是个女性，作为黑人女性——其他没什么。

A 哦。

M 你知道吗？在那里我就是个小小的标志物。我不知道我怎么就被选中了。唉，我做的部分事情——因为我曾经在那里组织女孩之夜，只在每周三晚上——也许他们知道了我做的事情，认为我就是实际的主要联络人。你知道吗？约翰（John），一个心胸相当宽广的人，认为我做得很好。我想——如果我评价自己，我认为自己对那个中心做了很多有益的事情。他们需要激励。你能明白吗？

A　明白。

M　不过我仅仅——1年多后——你知道，我还是无法忍受。我感觉非常孤独。我得到了黑人女性的支持，但是我们仅仅聚会了一次，在一个周一。这是远不够的。虽然管委会里有我们一位成员，给我支持，但是即使那样……我的意思是希望得到常规支持。况且还有一大群黑人青年，正被那些联络员轻率地洗白。因为他们不能理解——你理解吗——那时我正面对的问题。他们不能理解妇女在某种角度上的孤独无助。

A　嗯，是啊。

M　她们（黑人女性）过去常常，好像生活在重重矛盾之中——我可以看到这些矛盾，我就是身处其中——没有坏到像——哦，我不能说坏，但没有强烈到那样。我的意思是从某种意义上说她们真的是黑人。

A　嗯。

M　但这事使我更坚强了。我拥有了自信，不管是狂风暴雨还是艳阳高照，不管发生什么——如果有人再挑衅——即使我不得不死，我也会坚持到底。

A　看来，组建女性团体——你所说的女性主义对你产生了某些影响。那么你自己的性别歧视经历——有这样的经历吗？或许不能算。因为你所说的，好像没有什么特别的事情……

M　我认为我的工作整体上与此关联很多——因为我是唯一一名女性。

A　哦。

M　我们总共4人，等等，我说的不对，是2位女性，其中1位是秘书，是的。但是工作是联络、辅助的联络员总共有3个，我是唯一一名黑人而且是女性。我曾经注意到很多时候，比方说人们走进这个中心来预定大厅——

A　哦。

M　他们会径直走向管理员。你知道吗？他们不能……我的意思是部分原因是我还年轻，我……当时我几岁？24岁、23岁，23岁多24岁不到，大概是那个年龄。嗯，部分是因为我还年轻。也许他们无法相信这样年轻的姑娘管理着一幢大楼，有时——联络员出去时——我负责这里，于是只剩我和管理员。但我的意思是，主要是因为与黑人有关——我认为首要原因是黑人、女性，而且这么年轻。管理员艾德，是个中年白人，他显然看上去像是该向他走去并咨询的人。他有时非常有趣！我笑过几次，因为艾德说："她是老板！"（笑）我看到来客的脸色马上变了！但是，即使那个时候他们也不想走向我——他们不敢相信——他们甚至不想和我说话。所以……是的，我通过这种事情确实经历了歧视。你懂吧。

A　哦。

M　我得说——我想是因为——就像我前面说的，在志愿者办事处，还有我曾经工作过的办公室，一共4个人……慈善机构——志愿者组织——他们也有强大的女性主义。我的意思是，是他们引领我进入我的第一个女性（舞会）——仅仅是迪斯科舞会而已！（笑）

A 哦，是吗。具体哪个舞会呀？

M “排骨”10周年舞会。我去的时候害怕得要命。

A 哦，你觉得这些全是女性的迪斯科舞会怎样？

M 嗯，现在这样的舞会已经很多了。但是第一次——现在我回想起来很可笑。第一次，我想想，我甚至想不起来她们的名字，真糟糕！英格丽和……不记得了，不过没有关系——她们对我说："最近有个"——那天星期五——"明天有个迪斯科舞会——'排骨'10周年庆，仅有女性参加。"我说哇——?!（大笑）因为我从没有——我这辈子还从来没有听说过这样的事儿！

A 然后呢？

M 她们对我说："别傻了，啥事儿也不会有，来吧，你会玩得很开心。"于是我回到住处，对琼说，琼那时和我住在一起——我对她说："琼！这些女人邀请我参加只有女性的迪斯科！"（大声地笑）我真的很傻！今天，当我回想一切，我觉得好傻！（继续大笑）是吧？

A 哦，我们从小不是这样长大的。

M 是啊。所以我对琼说："一起去吧，求你了，求你——因为她们说我不去就是傻，我不想在她们面前显得傻。"对吧？因为在离开前我对她们说了——第二天我会打电话给她们，告诉她们我是否会去。所以我对琼说："一起去吧，我不知道我能否找到那里呢。（笑）"

A （笑）你以为自己会发现什么呢？

M （尖叫）我不知道！哈，当然，我以为那里有一大群女同性恋会向我猛扑过来，是吧？

A 和我一样！（笑）

M 是啊，那就是我脑子里想到的。所以我（对琼）说："喔，我有一点儿好奇。"但是她有别的事情，所以我决定：那，我一个人去！

A 喔，你一个人去的？

M 是的，不过我打电话给她们，说："到外面来见面！（大笑）"因为我不想走进去，是吧？可是，我进去了，玩得很开心！舞会不像——有点像——隆重的会议，嗯，但不错，我根本不介意，可是——我一直记得走进洗手间的时候——我上完洗手间，然后出来，正想去洗手时，碰到了一个女人——她微微笑着，仅此而已，我对天发誓——她只是微笑着。我赶紧洗了手，冲了出去！（大笑）现在回想起来，我感觉挺不好意思的，哎，现在我觉得羞愧，因为很显然，我当时好傻。

A 嗯。

M 但那是我第一次去这种场合。

# 参考文献

ADEBIMPE V. 1981. Overview: white norms in psychiatric diagnosis of black patients[J]. American journal of psychiatry, 138 (3): 279-285.

ADLAM D, HENRIQUES J, ROSE N, et al., 1977. Psychology, ideology and the human subject[J]. Ideology and consciousness, 1: 5-6.

ADORNO T W, FRENKEL-BRUNSWICK E, LEVINSON D J, et al., 1950. The authoritarian personality[M]. New York: Harper & Row.

AKE C, 1979. Social science as imperialism: the theory of political development[M]. Ibadan: Ibadan University Press.

ALCOFF L, 1988. Cultural feminism versus post-structuralism: the identity crisis in feminist theory[J]. Signs, 13 (3): 405-436.

ALEXANDER Z, DEWJEE S, 1984. Wonderful adventures of Mary Seacole in mauy lands[M]. Bristol: Falling Wall Press.

ALLIER R, 1929. The mind of the savage[M]. London: G. Bell & Sons.

ALLPORT G W, 1979. The nature of prejudice, reading[M]. Massachusetts: Addison-Wesley.

ALTHUSSER L, 1963. For Marx[M]. London: Allen Lane.

ALTHUSSER L, 1971. Lenin and philosophy and other essays [M]. London: New Left Books.

AMOS V, PARMAR P, 1984. Challenging imperial feminism[J]. Feminist review, 17: 3-20.

APPIAH K, 1992. In my father's house: Africa in the philosophy of culture[M]. London: Methuen.

BALDWIN J L, 1986. African (black) psychology: issues and synthesis [J]. Journal of black studies, 16: 235-249.

BANKS J A, GRAMBS J D, 1972. The black self-concept: implications for education and social science[M]. New York: McGraw-Hill.

BANKS W C, 1976. White-preference in blacks: a paradigm in search of two phenomena[J]. Psychological bulletin, 83 (b): 1179-1186.

BARATZ S S, BARATZ J C, 1970. Early childhood intervention:

the social science basis of institutional racism [J]. Harvard educational review, 40: 29–50.

BARNES E J, 1980. The black community as the source of positive self-concept for black children: a theoretical perspective [M]// JONES R L. Black psychology. New York: Harper & Row.

BARRET L, 1972. Rastafarianism in Jamaica [M]. Kingston: Sangsters.

BARRETT M, 1980. Women's oppression today: problems in Marxist feminist analysis [M]. London: Verso.

BARRETT M, MACINTOSH M, 1982. The anti-social family [M]. London: Verso.

BARRETT M, MACINTOSH M, 1985. Ethnocentrism and feminist theory [J]. Feminist review, 20: 23–48.

BASTIDE R, 1972. African civilization in the new world [M]. New York: Harper Torchbooks.

BECKER H S, 1970. Problems of inference and proof in participant observation [M]// FILSTEAD W J. Qualitative methodology: firsthand involvement in the social world. Chicago: Rand McNally College Press.

BECKER H S, GREEN B, 1970. Participant observation and interviewing: a comparison [M]// FILSTEAD W J. Qualitative methodology: firsthand involvement in the social world. Chicago: Rand McNally College

Press.

BEECHEY V, DONALD J, 1985. Subjectiviy and social relations [M]. Milton Keynes: Open University Press.

BENEDICT R, 1942. Race and racism[M]. London: RKP.

BHABHA H K, 1983. The other question... [J]. Screen, 24 (6): 18–36.

BHABHA H K, 1991. Nation and narration[M]. London: Routledge.

BHASKAR R, 1979. On the possibiliy of naturalism[M], Brighton: Harvester.

BHAVNANI K, 1990. What's power got to do with it? Empowerment and social research[M]// PARKER I, SHOTTER J. Deconstructing social psychology. London: Routledge.

BILBY K, STEADY F C, 1981. Black women and survival: a maroon case [M]// STEADY F C. The black woman cross-culturally. Cambridge, Mass.: Schenkman.

BILLIG M, 1976. Social psychology and intergroup relations, European monograghs in social psychology No. 9 [M]. London: Academic Press.

BILLIG M, 1982. Ideology and social psychology[M]. Oxford: Blackwell.

BILLINGSLEY A, 1968. Black families in white America, Englewood cliffs[M]. New Jersey: Prentice Hall.

BILLINGSLEY A, 1970. Black families in white social science [J]. Journal of social issues, 26: 127-142.

Black Patients and Health Workers Group, 1983. Psychiatry and the corporate state[J]. Race and class, 25 (2): 49-64.

BLACK J, 1961. Family structure in Jamaica [M]. New York: Glencoe Free Press.

BLACKLER F, 1983. Social psychology and developing countries [M]. Chichester: Wiley.

BLOCK N, DWORKIN G, 1977. The IQ controversy[M]. London: Quartet Books.

BOAHEN A, 1985. Africa under colonial domination[M]// KI-ZERBO J. UNESCO general history of Africa, vo1.7. London: Heinemann.

BOAS F, 1911. The mind of primitive man[M]. London: [s. n.].

BOYKIN A W, 1979a. Black psychology and the research process: keeping the baby but throwing out the bath water[M]// BOYKIN A W, FRANKLIN A J, YATES J F. Research directions for black psychologists. New York: Sage.

BOYKIN A W, 1979b. Work notes on empirical research in black psychology// BOYKIN A W, FRANKLIN A J, YATES J F. Research directions for black psychologists. New York: Sage.

BOYKIN A W, FRANKLIN A J, YATES J F, 1979. Research

directions for black psychologists[M]. New York: Sage.

BRAITHWAITE E K, 1974. The African presence in Caribbean literature [M]// MINTZ S W. Slaver, colonialism and racism. New York: Norton.

BRAND E S, REIZ R A, PADILLA A M, 1974. Ethnic identification and preference: a review [J]. Psychological bulletin, 11: 860–890.

Brixton Black Women's Group (BBWG), 1981. Speak out 4[Z]. [s.l.]:[s.n.].

Brixton Black Women's Group (BBWG), 1984a. Black women organising[J]. Feminist review, 17: 83–89.

Brixton Black Women's Group (BBWG), 1984b. Statement[Z]. [s.l.]:[s.n.].

BROVERMANN I K, BROVERMANN D M, CLARKSONFE, et al., 1970. Sex role stereotypes and clinical judgements of mental health[J]. Journal of consulting and clinical psychology, 34: 1–7.

BRYAN B, DADZIE S, SCAFE S, 1985. The heart of the race [M]. London: Virago.

BULHAN H A, 1981. Psychological research in Africa: genesis and function[J]. Race and class, 23 (1): 25–41.

BURMAN E, 1990. Feminists and psychological practice [M].

London: Sage.

BURT C L, 1909. Experimental tests of general intelligence[J]. British journal of psychology, 3: 94-177.

BUSBY M, 1993. Daughters of Africa[M]. London: Vintage.

BUTLER J, 1990. Gender trouble: feminism and the subversion of identity[M]. London: Routledge.

CABRAL A, 1980. Unity and struggle[M]. London, Ibadan: PAIGC/Heinemann.

CARASCO B, 1983. Participatory research: a means towards collective community action[J]. The Hague, 7: 4-15.

CARBY H, 1982. White women listen: black feminism and the boundaries of sisterhood[M]// CCCS. The empire strikes back: race and racism in 70s Britain. Birmingham: [s.n.].

CAROTHERS J C, 1953. The African mind in health and disease: a study in ethnopsychiatry[R]// WHO Monograph Series No. 17. Geneva: WHO.

CAROTHERS J C, 1954. The mind of mau mau[M]. Nairobi: [s.n.].

CAROTHERS J C, 1972. The mind of man in Africa [M]. London: Tom Stacey.

CATTELL R B, 1946. Description and measurement of personality [R]. Birmingham: CCCS.

CATTELL R B, 1980. Culture, media, language[R]. Birmingham: CCCS.

CATTELL R B, 1982. The empire strikes back[R]. Birmingham: CCCS.

CESAIREA, 1950. Discours sur le colonialisme [M]. Paris: Editions Reclame/Presence Africain.

CHESLER P, 1972. Women and madness[M]. New York: Doubleday.

CHINWEIZU K, 1975. The west and the rest of us: white predators, black slavers and the African elite[M]. New York: Vintage Books.

CHODOROW N, 1978. The reproduction of mothering[M]. Berkeley, Calif.: University of California Press.

CLARK R, CLARK M, 1947. Racial identification and preferences in Negro children[M]// NEWCOMB T M, HARTLEY E L. Readings in social psychology. New York: Rhinehart & Winston.

CLEAVER E, 1965. Soul on ice[M]. New York: McGraw-Hill.

COBHAMR, COLLINS M, 1987. Watchers and seekers: creative writing by black women in Britain[M]. London: The Women's Press.

COLLARD J, 1937. Caste and class in a southern town[M]. New York: Harper & Row.

COLLIGNON R, 1982. Social psychiatry in French-speaking Africa

[M]// ERINOSHO O A, BELL N W. Mental health in Africa. Ibadan: Ibadan University Press.

COOPERSMITH S, 1967. The antecedents of self-esteem[M]. San Francisco: Freeman.

COOPERSMITH S, 1975. Self-concept, race and class[M]// VERMA G, BAGLEY C. Race and education across cultures. London: Heinemann.

CRONBACH L, 1957. The two disciplines of scientific psychology [J]. American psychology, 12: 671-684.

CRONON E D, 1968. Black moses[M]. Madison, Wis.: University of Wisconsin Press.

CROSS W E, 1971. The negro to black conversion experience: towards a psychology of black liberation[J]. Black world, 20 (9): 13-37.

CROSS W E, 1974. Empirical analysis of the Negro-black conversion experience[R]. Ann Arbor, Mich.: University of Michigan.

CROSS W E, 1980. Models of psychological nigrescence [M]// JONES R L. Black psychology. New York: Harper & Row.

CROSS W E, 1991. Shades of black: diversiy in African-American identity[M]. Philadelphia, Pa.: Temple University Press.

CURTIN P, 1969. The Atlantic slave trade: a census [M].

Madison, Wis.: University of Wisconsin Press.

CURTIN P, 1974. The black experience of colonialism and imperialism [M]// MINTZ S W. Slaver, colonialism and racism. New York: Norton.

DALY M, 1979. Gyn/ecology[M]. London: The Women's Press.

DAVIDSON J P, 1974. Empirical development of a measure of black student identity[D]. Baltimore, M.D.: University of Maryland.

DAVIS A Y, 1975. An autobiography[M]. London: Hutchinson.

DAVIS A Y, 1982. Women, race and class [M]. London: The Women's Press.

DAVIS A Y, 1990. Women, culture and politics [M]. London: The Women's Press.

DEUTSCH M, 1960. Minority group and class status as related to social and person-ality factors in scholastic achievement [M]. Ithaca, N.Y.: Cornell University Press.

DINNERSTEIN D, 1978. The rocking of the cradle and the ruling of the world[M]. London: Souvenir Press.

DONZELOT M, 1980. The policing of families [M]. London: Hutchinson.

DUBOIS W E B, 1903. The souls of black folk: essays and sketches[M]. Chicago: A. C. McClurg.

DUBOIS W E B, 1920. Darkwater[M]. New York: [s. n.].

EASLEA B, 1981. Science and sexual oppresston: patriarchy's confrontation with woman and nature[M]. London: Weidenfeld & Nicolson.

EYSENCK H J, 1971. Race, intelligence and education [M]. London: Temple Smith.

FANON F, 1967a. Black skin, white masks [M]. New York: Grove Press.

FANON F, 1967b. The wretched of the earth[M]. Harmondsworth: Penguin Books.

FANON F, 1970. Towards the African revolution[M]. Harmondsworth: Penguin Books.

FANON F, 1980. A dying colonialism[M]. London: Writers and Readers Co-op.

FILSTEAD W J, 1970. Qualitative methodology: firsthand involvement in the social world[M]. Chicago: Rand McNally College Press.

FIRESTONE S, 1971. The dialectic of sex[M]. London: Cape.

FLAX J, 1990. Thinking fragments: psychoanalysis, feminism and postmodernism in the contemporary west [M]. Berkeley, Calif.: University of California Press.

FONER N, 1979. Jamaica farewell: Jamaican immigrants in London [M]. London: RKP.

FOUCAULT M, 1967. Madness and civilisation[M]. London: Tavistock.

FOUCAULT M, 1972. The archeology of knowledge [M]. London: Tavistock.

FOUCAULT M, 1976. The history of sexuality, vol.I[M]. Harmondsworth: Penguin Books.

FOUCAULT M, 1979. Discipline and punish[M]. London: Peregrine Books.

FOX K, 1983. Gender and science[M]// HARDING S, HINTIKKA M. Discovering realiy: feminist perspectives on epistemology, metaphysics, methodology and the philosophy of science. Dordrecht: The Netherlands, D. Reidel.

FRAZIER E F, 1939. The negro family in the United States[M]. Chicago: University of Chicago Press.

FRAZIER E F, 1949. The negro in the United States [M]. London: Macmillan.

FREUD S, 1910/1976. Two short accounts of psychoanalysis[M]. Harmondsworth: Penguin Books.

FREUD S, 1970. Beyond the pleasure principle[M]. New York: Liveright.

FREUD S, 1970/1973a. The crisis of psychoanalysis[M]. Harmondsworth: Penguin Books.

FREUD S, 1973b. New introductory lectures on psychoanalysis [M]. Harmondsworth: Penguin Books.

FREUD S, 1976. The lnterpretation of dreams[M]. Harmondsworth: Penguin Books.

FREUD S, 1977. On sexuality[M]. Harmondsworth: Penguin Books.

FROSH S, 1987. The politics of Psychoanalysis[M]. Basingstoke: Macmillan.

FRYER P, 1984. Staying power: the history of black people in Britain[M]. London: Pluto Press.

FRYER P, 1988. Black people in the British empire: an introduction[M]. London: Pluto Press.

GARVEY A J, 1967. The philosophy and opinions of Marcus Garvey, or Africa for the Africans[M]. New York: Frank Cass.

GARVEY M, 1983. The Marcus Garvey and universal negro improvement association papers[M]. Berkeley, Calif.: University of California Press.

GENDZIER L L, 1973. Frantz Fanon: a critical study[M]. London: Wildwood House.

GENOVESE E O, 1979. From rebellion to revolution: Afro-Amercian slave revolts in the new world[M]. New York: Vintage Books.

GERBER S N, 1968. The family in the caribbean[R]. Puerto Rico: University of Puerto Rico.

GIDDENS A, 1976. New rules of sociological method: a positive critique of lnterpretative sociologies[M]. New York: Basic Books.

GILLIGAN C, 1982. In a different voice[M]. Cambridge, Mass.: Harvard University Press.

GILROY P, 1987. There ain't no black in the union Jack[M]. London: Hutchinson.

GLASER B G, STRAUSS A L, 1967. The discovery of grounded theory: strategies for qualitative research [M]. Chicago, Ill.: Aldine.

GLASS R, 1961. London's newcomers: the west Indian migrants [M]. Cambridge Mass.: Harvard University Press.

GOODISON L, 1986. I am becoming my mother, London and port of Spain[M]. New York: New Beacon Books.

GOODISON L, 1988. Heartease, London and port of Spain[M]. New York: New Beacon Books.

GORDON C, 1980. Michel Foucault: power / knowledge [M]. Brighton: Harvester Press.

GRAMSCI A, 1971. Selections from the prison notebooks[M]. London: Lawrence & Wishart.

GREWAL S, KAY J, LANDOR L, et al., 1988. Charting the journey: writings by black and third world women[M]. London: Sheba Feminist Publishers.

GRIFFIN S, 1984. Woman and nature: the roaring lnside her[M]. London: The Women's Press.

GROTSTEIN J S, 1981. Splitting and projective identification[M]. Northvale, N.J. and London: Jason Aronson.

GUNTRIP H, 1968. Schizoid phenomena, object relations and the self[M]. London: Hogarth.

GUTHRIE R V, 1976. Even the rat was white[M]. New York: Harper & Row.

GUTHRIE R V, 1980. The psychology of black Americans: an historical perspective[M]// JONES R L. Black psychology. New York: Harper & Row.

GUTMAN H G, 1976. The black family in slavery and freedom, 1750–1925[M]. Oxford: Blackwell.

GUTZMORE C, 1993. Carnival, the state and the black masses in the United Kingdom[M]// JAMES W, HARRIS C. Inside Babylon: the Caribbean diaspora in Britain. London and New York: Verso.

HALL G S, 1904. Adolescence[M]. New York: Appleton.

HALL G S, 1905. The negro in Africa and America[J]. Pedagogical Seminary, 2: 350-368.

HALL S, LUMLEY B, MCLENNAN G, 1978. Politics and ideology: Gramsci[R]. Birmingham: CCCS.

HALL W S, CROSS W E, FREEDLE R, 1980. Stages in development of black awareness: an exploratory investigation [M]// JONES R L. Black psychology. New York: Harper & Row.

HARAWAY D, 1989. Primate visions: gender, race and nature [M]. New York: Routledge.

HARAWAY D, 1990. A manifesto for cyborgs: science, technology and socialist feminism in the 1980s [M]// NICHOLSON L J. Feminism/postmodernism. New York: Routledge.

HARDING S G, 1979. Social being[M]. Oxford: Blackwell.

HARDING S G, 1986. The science question in feminism [M]. Ithaca, N.Y.: Cornell University Press.

HARDING S G, 1987. Feminism and methodology [M]. Bloomington, Ind.: Indiana University Press.

HARDING S G, 1990. Feminism, science and the anti-Enlightenment critiques [M]// NICHOLSON L J. Feminism/postmodernism. New York: Routledge.

HARDING S G, 1991. Whose science? Whose knowledges: thinking from women's lives[M]. Milton Keynes: Open University Press.

HARDING S G, HINTIKKA M, 1983. Discovering realiy: feminist perspectives on epistemology, metaphysics, methodology and the philosophy of science [M]. Dordrecht, The Netherlands: D. Reidel.

HARDING S G, O'BARR J F, 1987. Sex and scientific enquiry [M]. Chicago: University of Chicago Press.

HARTSOCK N, 1983. The feminist standpoint: developing the ground for a specif-ically feminist historical materialism [M]// HARDING S, HINTIKKA M. Discovering realiy: feminist perspectives on epistemology; metaphysics, methodology and the philosophy of science[M]. Dordrecht, The Netherlands: D. Reidel.

HARTSOCK N, 1990. Foucault on power: a theory for women? [M]// NICHOLSON L J. Feminism / postmodernism. New York: Routledge.

HAYES W, 1980. Radical black behaviourism[M]// JONES R L. Black psychology. New York: Harper & Row.

HECKMAN S J, 1990. Gender and knowledge: elements of a postmodern feminism[M]. Oxford: Polity Press/Blackwell.

HELMS J E, 1990. Black and white racialldentiy: theory,

research and practise[M]. Conn.: Greenwood Press.

HENRIQUES J, HOLLWAY W, URWINC, et al., 1984. Changing the subject: psychology, social regulation and subjectivity [M]. London: Methuen.

HIRST P Q, 1976. Althusser and the theory of ideology [J]. Economy and sociey, 4 (5): 385-412.

HIRST P Q, WOOLLEY P, 1982. Social relations and human attributes[M]. London: Tavistock.

HOLLWAY W, 1982. Identity and gender difference in adult social relations[D]. London: University of London.

HOLLWAY W, 1989. Subjectiviy and method in psychology: gender, meaning and science[M]. London: Sage.

HOOKS B, 1982. Ain'tl a woman: black women and feminism [M]. London: Pluto Press.

HOOKS B, 1991. Yearning: race, gender and cultural politics [M]. London: Turnaround.

HOOKS B, 1992. Black looks: race and representation, between the lines[M]. Toronto: [s. n.].

HOMEY K, 1939. New ways in psychoanalysis [M]. New York: Norton.

HOROWITZ E, 1936. The development of attitude toward the

Negro[A]. New York: Columbia University.

HOROWITZ E, HOROWITZ R, 1938. Development of social attitudes in children[J]. Sociometry, 1: 301-338.

HOROWITZ R, 1939. Racial aspects of self-identification in nursery school children[J]. Journal of psychology, 4 (1): 91.

HOUNTOUNDJI P J, 1983. African philosophy: myth and reality [M]. London: Hutchinson.

HUIZER G, MANNHEIM B, 1979. The politics ofanthropology: from colonialism and sexism towards a mew from below[M]. New York: Mouton.

JACKSON G, 1971. Soledad Brother: the prison letters of George Jackson[M]. New York: Bantam Books.

JACKSON J J, 1973. Black women in a racist society[M]// WILLIE C V, KRAMER B M, BROWN B S . Racism and mental health: essays. Pittsburgh, Pa.: University of Pittsburgh Press.

JAGGAR A, BORDO S, 1989. Gender/body/knowledge: feminist reconstructions of being and knowing[M]. New Brunswick, N.J.: Rutgers University Press.

JAMES W, 1993. Migration, racism and identity formation: the Caribbean expe-rience in Britain[M]// JAMES W, HARRIS C.

Inside Babylon: the Caribbean diaspora in Britain. London and New York: Verso.

JAMES W, HARRIS C, 1993. Inside Babylon: the Caribbean diaspora an Britain[M]. London and New York: Verso.

JAYAWARDENA K, 1986. Feminism and nationalism in the third world[M]. London: Zed Books.

JENSEN A R, 1969. How much can we boost IQ and scholastic achievement?[J]. Harvard educational review, 39: 1–123.

JOHNSON B, 1985. I think of my mother: notes on the life and times of Claudia Jones[M]. London: Karia Press.

JORDAN W, 1977. White over black: American attitudes towards the negro, 1550–1812[M]. New York: Norton.

JUNG C G, 1928. Contributions to analytical psychology[M]. New York: Harcourt Brace.

JUNG C G, 1930. Your Negroid and Indian behaviour [J]. Forum, 83: 193–199.

KAGAME A, 1956. La philosophic bantu-rwandaise de l'etre[M]. Brussels: [s.n.].

KAMIN L, 1974. The science and politics of IQ [M]. Potomac: Erlbaum.

KAMIN L, 1977. Heredity, intelligence, politics and psychology

[M]// BLOCK N, DWORK N. The IQ controversy. London: Quartet Books.

KARDINER A, OVESEY L, 1962. The mark of oppression[M]. New York: Norton.

KIELSTRA N, 1979. Is useful action research possible? [M]// HUIZER G, MANNHEIM B. The politics ofanthropology: from colonialism and sexism towards a mew from below. New York: Mouton.

KLEIN M, 1963. Our adult world and its roots in infancy[M]. London: Heinemann.

KLEIN M, 1986. The selected Melanie Klein[M]. Harmondsworth: Penguin Books.

KLEIN M, RIVIERE J, 1964. Love, hate and reparation[M]. New York: Norton.

KLINEBERG O, 1956. Race and psychology[M]// KUPER L. Race, science and society UNESCO. Paris: Allen and Unwin.

KRAMER J, 1972. Unsettling Europe[M]. New York: Random House.

KRATE R, LEVENTHAL G, SILVERSTEIN B, 1974. Self-perceived transformation of negro-to-black identity[J]. Psychological reports, 35: 1071-1075.

KUHN T, 1962. The structure of scientific revolutions [M]. Chicago: University of Chicago Press.

KUHN T, 1976. Changing Jamaica[M]. London: RKP.

LACAN J, 1977a. Ecrits: a selection[M]. London: Tavistock.

LACAN J, 1977b. The four fundamental concepts of psychoanalysis [M]. Harmondsworth: Penguin Books.

LADNER J, 1973. The death of white sociology[M]. New York: Vintage Books.

LANTERNARI V, 1963. Religions of the oppressed: a study of modern messianic cults[M]. London: MacGibbon & Kee.

LATHER P, 1988. Feminist perspectives on empowering research methodologies[J]. Women's studies international forum, 11 (6): 569–581.

LAWRENCE E, 1982a. In the abundance of water the fool is thirsty: sociology and black pathology[R]. Birmingham: CCCS.

LAWRENCE E, 1982b. Just plain common sense: the "roots" of racism[R]. Birmingham: CCCS.

LEIGHTON, et al., 1963. Psychiatric disorders amongst the Yoruba [M]. New York: Cornell University Press.

LEMAIRE A, 1977. Jacques Lacan[M]. London: RKP.

LERNER G, 1973. Black women in white America [M]. New

York: Vintage Books.

LEVENE L W, 1977. Black culture and black consctousness: Afro-American folk thought from slavery to freedom[M]. Oxford: Oxford University Press.

LEVI-STRAUSS C, 1966. The savage mind[M]. London: Weidenfeld.

LEWIS G, 1993. Black women's employment and the British economy [M]// JAMES W, HARRIS C. Inside Babylon: the Caribbean diaspora an Britain. London and New York: Verso.

LORDE A, 1984. Sister outsider: essays and speeches by Audre Lorde[M]. Trumansburg, Calif.: The Crossing Press.

MALCOLM X, 1965. The autobiography of Malcolm X [M]. Harmondsworth: Penguin Books.

MAMA A, 1984. Black women and the economic crisis [J]. Feminist review, 17: 21-36.

MAMA A, 1987. Race and subjectivity: a study of black women [D]. London: University of London.

MAMA A, 1989a. Violence against black women: race, gender and state responses[J]. Feminist review, 32: 30-48.

MAMA A, 1989b. The hidden struggle: statutory and voluntary sector responses to violence against black women [R]. London: London Race and Housing Research Unit/Runnymede Trust.

MAMA A, 1991. Shedding the masks and tearing the veils, gender analysis and African social science[M]. [S.l.]: [s.n.].

MAMA A, 1994. Heroes and villains: conceptualising colonial and contemporary violence against African women [M]// MOHANTY C, ALEXANDER J. Third world feminisms. London: Routledge.

MAMA A, MARS M, STEVENS P, 1986. Breaking the silence: women's imprisonment[R]. London: Greater London Council.

MANNONI O, 1956. Prospero and Caliban: the psychology of colonisation[M]. London: Clay & Co.

MANNONI O, 1966. Towards the decolonisation of myself [J]. Race and class, 7 (4): 15-21.

MARCUSE H, 1962. Eros and civilization: a philosophical enquiry into Freud[M]. New York: Vintage Books.

MARCUSE H, 1970. Five lectures[M]. Boston, Mass.: Beacon Press.

MARKS E, DE COURTIVRON I, 1981. New French feminisms: an anthology[M]. Brighton: Harvester.

MARX K, 1974. Political writings, london: new left review and the Pelican Marx library[M]. Harmondsworth: Penguin Books.

MARX K, 1977. Selected writings of Karl Marx [M]. Oxford: Oxford University Press.

MARX K, ENGELS F, 1973. Manifesto of the communist party

[M]. Moscow: Foreign Languages Press.

MATHURIN L, 1975. The rebel woman in the British West Indies [M]. Kingston: Jamaica.

MBITI J S, 1969. African religions and philosophies[M]. London: Heinemann.

MEMMI A, 1965. The coloniser and the colonised [M]. New York: Orion.

MIES M, 1979. Towards a methodology of women's studies[R]. The Hague, The Netherlands: Institute of Social Studies.

MILLER C L, 1986. Blank darkness: Africanist discourses an French[M]. Chicago: University of Chicago Press.

MILLER J B, 1973. Psychoanalysis and women[M]. Harmondsworth: Penguin Books.

MILLER J B, 1976. Towards a new psychology of women[M]. Harmondsworth: Penguin Books.

MILLET K, 1981. Sexual politics[M]. London: Virago.

MILLIONES J, 1973. Construction of the developmental inventory of black consciousness[D]. Pittsburgh, Pa.: University of Pittsburgh.

MILLIONES J, 1980. Construction of a black consciousness measure: psychotherapeutic implications of psychotherapy [J]. Theory and practice, 17 (2): 175–182.

MILNER D, 1981. Racial prejudice[M]// TURNER J, GILES H. Intergroup behaviour. Oxford: Blackwell.

MINTZ S W, 1974a. Slaver, colonialism and racism[M]. New York: Norton.

MINTZ S W, 1974b. The Caribbean region[M]// MINTZ S W. Slaver, colonialism and racism. New York: Norton.

MINTZ S W, Economic role and cultural tradition[M]// STEADY F C. The black woman cross-culturally. Cambridge, Mass.: Schenkman.

MITCHELL J, 1971. Woman's estate[M]. Harmondsworth: Penguin Books.

MITCHELL J, 1974. Feminism and psychoanalysis[M]. London: Allen Lane.

MITCHELL J, ROSE J, 1982. Feminine sexuality: Jacques Lacan and the ecole freudienne[M]. London: Macmillan.

MOHANTY C, 1988. Under western eyes: feminist scholarship and colonial discourse[J]. Feminist review, 30: 61–88.

MOORE R, 1975. Racism and black resistance in Britain[M]. London: Pluto Press.

MORRISON T, 1987. Beloved[M]. London: Chatto & Windus.

MORRISON T, 1992. Jazz[M]. London: Chatto & Windus.

MOSES Y T, 1981. Female status, the family and male dominance in a West Indian community[M]// STEADY F C. The black woman cross-culturally. Cambridge, Mass.: Schenkman.

MOYNIHAN D P, 1965. The Negro family: the case for national action[R]. Washington D.C.: US Department of Labor, Office of Planning and Research.

MULLARD C, 1973. Black Britain[M]. London: George Allen & Unwin.

MUSE B, 1968. The American negro revolution: from non-violence to black power 1963-1967 [M]. Bloomington, Ind.: Indiana University Press.

MYRDAL G, 1944. An American dilemma [M]. New York: Harper.

NARAYAN U, 1989. The project of feminist epistemology: perspectives from a non-western feminist [M]// JAGGAR A, BORDO S. Gender/body/knowledge: feminist reconstructions of being and knowing. New Brunswick, N.J.: Rutgers University Press.

NETTLEFORD R M, 1970. Mirror, mirror: identity, race and protest in Jamaica[M]. Kingston, Jamaica: Collins/Sangster.

NICHOLS G, 1983. I is a long memoried woman [M]. London: Karnak House.

NICHOLS G, 1984. The fat black woman's poems[M]. London: Virago.

NICHOLSON L J, 1990. Feminism/postmodernism[M]. New York: Routledge.

NKRUMAH K, 1964. Consciencism: philosophy and ideology for decolonisation and development with particular reference to the African revolution[M]. London: Heinemann.

NOBLES W W, 1973. Psychological research and the black self-concept: a critical review[J]. Journal of sociallssues, 29 (1): 11-29.

NOBLES W W, 1978. Towards an empirical and theoretical framework for defining black families[J]. Journal of marriage and the family, 11: 675-88.

NOBLES W W, 1980a. African philosophy: foundations for black psychology[M]// JONES R L. Black psychology. New York: Harper & Row.

NOBLES W W, 1980b. Extended self: rethinking the so-called Negro self-concept[M]// JONES R L. Black psychology. New York: Harper & Row.

NORRIS, K, 1962. Jamaica, a search forldentity[M]. Milton Keynes: Open University Press.

OAKLEY, A, 1981. Interviewing women: a contradiction in terms?

[M]// OBERTS H. Doing feminist research. London: Routledge.

OKPARA E, 1985. Psychological strategies for national development [M]. Ibadan: Nigerian Psychological Association.

OPITZ M, OGUNTOYE K, SCHULTZ D, 1992. Showing our colours: Afro-German women speak out [M]. London: Open Letters.

OTAALA B, 1971. Performance of Ugandan African children on some Piagetian conservation tasks: an exploratory investigation [M]. Kampala: Makerere University.

OWENS J, 1979. Dread: the rastafarians of Jamaica[M]. London: Heinemann.

PADMORE G, 1956. Pan-Africanism or communism?[M]. London: D. Dobson.

PARHAM T, 1989. Cycles of psychological nigrescence[J]. The counselling psychologist, 17 (2): 187-226.

PATTERSON O, 1964. Rastafari: cult of outcasts[J]. New society, 4 (3): 15-17.

PATTERSON O, 1967. The sociology of slavery: an analysis of the origins, development and structure of negro slave society in Jamaica[M]. London: MacGibbon.

PATTERSON S, 1965. Dark strangers[M]. Harmondsworth: Penguin

Books.

PEACH C, 1968. WestIndian migration: a social geography[M]. Oxford: Oxford University Press.

PERINBRAM B M, 1977. The parrot and the phoenix: Fanon's view of the West Indian and the Algerian woman[J]. Savacou, 13: 7–13.

PETTIGREW T, 1964. A profile of the negro in America[M]. New York: Van Nostrand.

PETTIGREW T, 1973. Racism and the mental health of white Americans: a social psychological view[M]// WILLIE C V, KRAMER B M, BROWN B S. Racism and mental health: essays. Pittsburgh, Pa.: University of Pittsburgh Press.

PHILIPS C, 1991. Cambridge[M]. London: Bloomsbury.

PHINNEY J S, 1990. Ethnic identity in adolescents and adults: review of research[J]. Pyschological bulletin, 108 (3): 499–514.

POSTER M, 1984. Foucault, Marxism and history [M]. Cambridge: Polity Press.

POTTER J, WETHERALL M, 1987. Discourse and social psychology[M]. London: Sage.

POWELL G J, 1973. Self-concept in white and black children

[M]// WILLIE C V, KRAMER B M, BROWN B S. Racism and mental health: essays. Pittsburgh, Pa.: University of Pittsburgh Press.

PRICE H D, 1957. The negro and southern politics[M]. New York: New York University Press.

PRICE R, 1973. Maroon societies: rebel slave communities in the Americas[M]. New York: Anchor Books.

PRINCE M, 1831. The history of Mary prince, a West Lndian slave, related by herself[M]. London and Edinburgh: [s.n.].

PROSHANSKY H, NEWTON P, 1974. Colour: the nature and meaning of Negroself-identity[M]// WATSON P. Psychology and race. Chicago: Aldine.

PRUDHOMME C, MUSTO D F, 1973. Historical perspectives on mental health and racism in the United States[M]// WILLIE C V, KRAMER B M, BROWN B S. Racism and mental health: essays. Pittsburgh, Pa.: University of Pittsburgh Press.

PUGH R W, 1972. Psychology and the black experience[M]. Monterey, Calif.: Brooks/Cole.

RAINWATER L, 1967. Crucible of identity: the Negro lower-class family[M]// PARSONS T, CLARK K B. The negro American. Boston: Beacon Press.

REASON P, ROWAN J, 1981. Human inquiry: a sourcebook of new paradigm research[M]. Chichester: J. Wiley & Sons.

REICH W, 1970. The mass psychology of facism [M]. Harmondsworth: Penguin Books.

ROBERTS H, 1981. Doing feminist research [M]. London: Routledge.

RODGERS-ROSE L A, 1980. The black woman [M]. London: Sage.

RODNEY W, 1969. The groundings with my brothers [M]. London: Bogle-L'Ouverture.

RODNEY W, 1974. How Europe underdeveloped Africa [M]. Washington D.C.: Howard University Press.

ROGERS J A, 1967. Sex and race, vol.1[M]. New York: H. M. Rogers.

ROSE N, 1979. The psychological complex: mental measurement and social administration[J]. Ideology and consciousness, 5: 5-10.

ROSE N, 1985. The psychological complex: psychology, politics and society in England 1869-1939[M]. London: RKP.

ROSE N, 1990. Governing the soul: the shaping of the private self [M]. London and New York: Routledge.

ROSE S, 1976. Scientific racism and IQ[M]// ROSE H, ROSE S. The political econory of science. London: Macmillan.

ROSE S, ROSE R, 1971. The myth of neutrality in science[M]// FULLER W. The social impact of modern biology. London: RKP.

ROSENBURG M, 1972. Society and the adolescent self-image [M]// BANKS J A, GRAMBS J D. The black self-concept. New York: MacGraw-Hill.

ROSENTHAL R, 1966. Experimenter effects in behavioral research [M]. Appleton, N.Y.: Century Crafts.

Runny mede Trust Statistics Group, 1982. Britain's black population [M]. London: Runnymede Trust.

SAID E, 1978. Orientalism[M]. London: RKP.

SARTRE J P, 1963. Black orpheus[M]. Paris: Presence Africain.

SAYERS J, 1982. Biological politics: feminist and anti-feminist perspectives[M]. London: Tavistock.

SEGAL L, 1990. Slow moteon: changeng masculenetees [M]. London: Virago.

SENGHOR L S, 1971. The foundations of "Africanite", "Negritude", "Arabite"[M]. Paris: Presence Africain.

SHARPE S, 1976. Just like a girl: how girls learn to be women

[M]. Harmondsworth: Penguin Books.

SHERWOOD R, 1980. The psychodynamics of race[M]. Brighton: Harvester.

SHYLLON F, 1974. Black slaves en Britain[M]. Oxford: Institute of Race Relations.

SINHA D, 1977. Orientation and attitude of the social psychologist in a developing country: the Indian case [J]. International review of appleed psychology, 26 (1): 1–10.

SMITH D, 1981. Unemployment and racial minorities[R]. London: Policy Studies Institute.

SMITH M G, 1965. The plural soceey en the British West Indies [M]. Berkeley, Calif.: University of California Press.

SPIVAK G C, 1990. The post–colonial critic: interviews, strategies, dialogues[M]. New York and London: Routledge.

SQUIRE C, 1989. Segneficant defferences: feminism and psychology [M]. New York and London: Routledge.

STANLEY L, WISE S, 1983. Breaking out: feminist consciousness and femenest research[M]. London: RKP.

STAPLES R, 1982. Black masculinity: the black male's role en American society[M]. San Francisco: The Black Scholar Press.

STEADY F C, 1981. The blackwoman cross–culturally [M].

Cambridge, Mass.: Schenkman.

STEPHAN N, 1982. The idea of race en sceence: great Bretaen 1800–1960[M]. London: Macmillan.

STONE M, 1980. The educateon of the black cheld en Bretaen: the myth of multeraceal educateon[M]. London: Fontana.

STOTT R, 1989. The dark continent: Africa as female body in Haggard's adven–ture fiction[J]. Femenest review, 32: 69–89.

SUTTON C, MAKIESKY–BARROW S, 1981. Social inequality and sexual status in Barbados[M]// STEADY F C. The black woman cross–culturally. Cambridge, Mass.: Schenkman.

TAJFEL H, 1973. The roots of prejudice: cognitive aspects[M]// WATSON P. Psychology and race. Chicago: Aldine.

TAJFEL H, 1978. The structure of our views about society[M]// TAJFEL H, FRASER C. Introducing soceal psychology. Harmondsworth: Penguin Books.

TAJFEL H, 1982. Social identity and intergroup relations[M]. Cambridge: Cambridge University Press.

TAJFEL H, and Fraser C, 1978. Introducing soceal psychology [M]. Harmondsworth: Penguin Books.

TEMPELS P, 1959. Bantu phelosophy[M]. Paris: Presence Africain.

THOMAS A, SILLEN S, 1974. Racism and psycheatry[M]. New

York: Bruner-Mazel.

THOMAS C, 1970. Different strokes for different folks [J]. Psychology today, 9 (4).

TOMLINSON T M, 1970. Determinants of black politics: riots and the growth of militancy[J]. Psycheatry, 1: 33.

TOWA M, 1971. L'ldee dune phelosophee negro-Africain [M]. Yaounde: Editions Cle.

TURNER T C, GILES H, 1981. Intergroup behaviour [M]. Oxford: Blackwell.

VAUGHAN M, 1991. Curing their ills: colonial power and African illness[M]. Cambridge: Polity Press.

VENN C, 1984. The subject of psychology[M]// HENRIQUES J, HOLLWAY W, URWIN C, et al. Changing the subject: psychology, social regulation and subjectivity. London: Methuen.

VERMA G K, BAGLEY C, 1979. Race, education and identity [M]. London: Macmillan.

WALDEN R, WALKERDINE V, 1981. Girls and mathematics: the early years [M]. London: Heinemann.

WALKERDINE V, 1981. Sex, power and pedagogy [J]. Screen education, 38: 14-21.

WALKERDINE V, LUCEY H, 989. Democracy in the kitchen:

regulating mothers and socialising daughters [M]. London: Virago.

WALLACE M, 1978. Black macho and the myth of the superwoman[M]. London: Calder.

WALVIN J, 1973. Black and white: the negro an English society 1555-1945[M]. Harmondsworth: Penguin Books.

WATSON P, 1973. Psychology and race[M]. Chicago: Aldine.

WEEDON C, 1987. Feminist practice and poststructuralist theory [M]. Oxford: Blackwell.

WHITE J L, et al., 1980. Black psychology: the Afro-American tradition as a unifying force for traditional psychology [M]// JONES R L. Black psychology. New York: Harper & Row.

WILCOX R C, 1971. The psychological consequences of being black American: a collection of research by black psychologists [M]. New York: J. Wiley & Sons.

WILKINSON S, 1986. Feminist social psychology [M]. Milton Keynes: Open University Press.

WILLIAMS C, 1988. Gal ... you come from foreign[M]// GREWAL S, KAY J, LANDOR L, et al. Charting the journey: writings by black and third world women. London: Sheba Feminist Publishers.

WILLIAMS C，1993. We are a natural part of many different struggles: black women organizing[M]// JAMES W，HARRIS C. Inside Babylon: the Caribbean diaspora in Britain. London and New York: Verso.

WILLIAMS E，1964. Capitalism and slavery [M]. London: Deutsch.

WILLIE C V，KRAMER B M，BROWN B S，1973. Racism and mental health: essays [M]. Pittsburgh，Pa.: University of Pittsburgh Press.

WILSON A N，1978. The developmental psychology of the black child[M]. New York: Africana Research Publications.

WIREDU K，1980. Philosophy and an African culture [M]. London: Cambridge University Press.

WOBER M，1975. Psychology in Africa[R]. London: International African Institute.

YOLOYE E A，1971. The effect of schooling on the performance of bilingual students in tests of intelligence [J]. Research in education，5: 25–34.

# 译者致谢

本书翻译过程中参考了河南师范大学梁晓冬教授指导的三篇翻译硕士学位论文，作者分别是张云、李楠楠、赵雨思，译者在此深表感谢！

## 浙江师范大学外国语学院
## “非洲人文经典译丛”

百年来，非洲的文化思想飞速革新，知识分子既尽力重现往日历史传统的光辉，又在全球化的碰撞下迸发出新的思想火花，在文化领域留下了不可磨灭的思想印记。非洲大陆为世界贡献了许多杰出的文学家、思想家、政治家等。在中非合作越来越紧密的今天，人文领域的相互理解也变得越来越迫切，需要双方学者进行全方位、深层次、多角度的系统研究。

浙江师范大学外国语学院拥有国内高校首个非洲文学研究中心。中心旨在搭建学术平台，深入战略合作，积极服务于中非文化的繁荣与传播，为推进中非学术和文化交流做出新贡献。

国内首套大型“非洲人文经典译丛”以“20世纪非洲百部经典”名单为基础，分批次组织非洲文学作品及非洲学者在政治学、社会学、哲学、人类学等领域的重要专著的汉译工作，在此过程中形成一个高效实干的学术团队，培养非洲人文社科领域的译介与研究人才，构建具有中国特色的非洲文学研究学术话语体系。

## 浙江师范大学非洲研究院
## “非洲研究文库”

非洲大陆地域辽阔，国家众多，文化独特。近年来，中国与非洲国家的交往合作迅速扩大，中非关系的战略地位日益重要。目前，中非关系已超出双边关系的范畴而对世界产生多方面的影响，成为撬动中国与外部世界关系的一个支点。

浙江师范大学非洲研究院是国内高校首家成立的综合性非洲研究院，创建的目标在于建构一个开放的学术平台，聚集海内外学者及有志于非洲研究的后起之秀，开展长期而系统的研究工作，以学术服务于国家与社会。

“非洲研究文库”是浙江师范大学非洲研究院长期开展的一项基础性、公益性工作，秉承非洲研究院“非洲情怀，中国特色，全球视野”之治学理念，并遵循“学科建设与社会需求并重，学术追求与现实应用兼顾”之编纂原则，由国内外知名学者、相关人士组成编纂委员会，遴选非洲研究领域的重大重点课题，以国别和专题之形式，集为若干系列丛书逐步编撰出版，形成既有学科覆盖面与知识系统性，同时又重点突出各具特色的非洲研究基础成果，为中国非洲研究事业之进步，做添砖加瓦、铺路架桥之工作。